羅振玉 著

羅繼祖 主编　王同策 副主编

王同策 張中澍 管成學 陳維禮 黃中業 羅繼祖 整理

羅振玉學術論著集

第八集／下

五史校議

五史校議序

幼治故訓，長耽金石，皆有資於班馬以下諸史。故乙部書亦頗瀏覽，然不違尃力也。光緒辛卯，始擬治全史。先從事於《梁》、《陳》、《北齊》、《後周》、《隋》五史，日盡數十紙，彌年而畢。於事迹之舛誤者，文字之譌脱者，隨筆校改；得千數百則，又汰其與《殿本考證》、王氏懋竑《讀書記疑》、錢氏大昕《廿二史考異》、王氏鳴盛《十七史商榷》、趙氏翼《廿二史劄記》、杭氏世駿《諸史然疑》、張氏熷《讀史舉正》、洪氏頤煊《諸史考異》、章氏宗源《隋書經籍志考證》暗合者凡數百則，而諸家未及者尚數百則，録之別紙爲《五史校議》五卷。明年歲朔，繕寫訖，識緣起於卷端。

梁書校議

武帝紀上

魏主帥十萬餘《南史》作「十餘萬」。騎奄至，慧景失色　《南齊書・崔慧景傳》作「數萬騎」。

山陽信之將數十人馳入　《蕭穎胄傳》作「將步騎數百」。《南齊書・〔蕭〕穎胄傳》亦作「數十人」。

沈難當率輕舸數千　《張惠紹傳》作「難當率輕舸數十」。

封齊帝爲巴陵王　《南齊書・和帝紀》作「丁卯，封巴陵王」，誤書後一日。

太子左衛率張惠紹克宿預城　《傳》作「右衛率」。

湘州刺史夏侯詳爲左光禄大夫　「左」《傳》作「右」。

吏部尚書袁昂爲左僕射　《傳》作「右僕射」。

以光禄大夫夏侯詳爲尚書左僕射　《傳》作「右僕射」。

高麗王高雲爲撫軍大將軍　《高麗傳》及《南史》作「撫東」。

以護軍將軍始興王憺爲中衛將軍　《傳》作「中軍將軍」。

驃騎將軍王茂爲司空　「驃騎」《傳》作「車騎」。

江州刺史建安王偉爲撫軍將軍　「撫軍」《傳》作「中撫」。

武帝紀下

裴邃破狄城　《傳》作「狄丘」。

又剋甓城，遂進屯黎將　「將」《裴邃》、《韋放傳》均作「漿」。

壬戌，裴邃攻壽陽之安城，尅之。丙寅，魏馬頭、安城並來降　「安城」《裴邃傳》作「安成」。又，壬戌既書「剋安城」，不應丙寅又書「安城降」。下「安城」疑「沙陵」之誤。《邃傳》：「是月剋安（成）〔城〕、馬頭、沙陵等戍。」

陳慶之攻魏梁城，拔之　「梁城」《慶之傳》作「滎城」。

加中撫大將軍、開府儀同三司袁昂中書監　大通元年已書「加袁昂中書監」，茲於中大通元年又書，復衍，當删。

護軍將軍蕭深藻爲安右將軍、尚書左僕射　「安右」《傳》作「安左」。「左僕射」《傳》作「右僕射」。

以行宕昌王梁彌泰爲平西將軍、河梁二州刺史　「梁」當據《宕昌傳》及《南史》改作「涼」。

簡文帝紀

立皇太子大鈞爲西陽郡王　「太」字衍。

著《昭明太子傳》五卷、《諸王傳》三十卷、《禮大義》二十卷、《老子義》二十卷、《法寶連璧》三百卷　《隋書·經籍志》並失書，惟諸子類載簡文撰《老子私記》十卷，已亡。不知即《老子義》否。

元帝紀

右衛將軍陰子春、太子右衛率蕭慧正、嶲州刺史席文獻等下武昌拒約　「右衛將軍」《子春傳》作「左衛」。

定州刺史杜多安帥衆下武昌　「多安」當據《徐文盛傳》作「幼安」。

王珣、尹悦、杜多安並降賊　「多」當作「幼」。

長寧縣侯王僧辯奉表曰　《傳》作「長寧縣公」。

魏遣太師潘洛辛等寇秦郡　「辛」下奪「術」字，當據《南史》補。

以吏部尚書王褒爲尚書左僕射　《傳》作「右僕射」。

遣大將邢杲遠步六汗薩東方老率衆會之　「邢杲遠」《王僧辯傳》及《南史》作「邢景遠」。

乙巳魏遣其柱國萬紐于謹率大衆來寇　《後周書·文帝紀》載「謹出師在十月壬戌」。此書前一月。

辛未西魏害世祖　《後周書》作「辛亥」。

所著《周易講疏》十卷、《老子講疏》四卷、《荆南志》、《南史》作「《荆南地記》」。《江州記》、《貢職圖》、《筮經》十二卷、《式贊》三卷　《隋書・經籍志》失書。

敬帝紀

四年二月癸丑，至自尋陽，入居朝堂　《陳書・武帝紀》作「三年十二月，自尋陽入居朝堂」。

敕周文育還頓方丘　「方丘」《陳書・武帝紀》作「方山」。

生擒徐嗣産　《陳書・武帝紀》作「徐嗣彦」。

勃從子孜爲前軍　《陳書・武帝紀》「從子」作「其子」。

文育前軍丁法洪於蹠口生俘傅泰　「蹠口」《陳書・武帝紀》作「摭口」，《南史》作「墌口」。

太祖獻皇后傳

天監元年五月甲辰，追上尊號爲皇后　《高祖紀》作「四月丙寅」，《南史》作「閏四月」，《南史・蕭懿傳》又謂「上太祖及獻皇后尊號在七月」，三者不知孰是。

高祖丁貴嬪傳

普通七年十月庚辰薨　錢氏《考異》曰：「《武帝紀》作『十一月』。」玉案：《昭明太子傳》亦作「十一月」。

昭明太子傳

又撰古今典誥文言，爲《正序》十卷　《隋書·經籍志》失書。

哀太子傳

尋爲侍中、中衛將軍　武帝中：大通五年。《紀》作「中軍將軍」。

時年二十八　太子以普通四年生，至大寶二年，當是二十九。

愍懷太子傳

世祖承制，拜王太子，改名元良。承聖元年十一月丙子，立爲皇太子　《紀》作「十一月己卯，立爲皇太子，改名元良」。

柳慶遠傳

十二年遷安北將軍、寧蠻校尉、雍州刺史　《紀》在十三年。

楊公則傳

魯山城主孫樂祖　錢氏《考異》曰：「《武帝紀》作『張樂祖』。」玉案：《南齊書·和帝紀》及《張沖傳》均作「孫樂祖」。

四年，徵中護軍　《紀》作「三年」。

韋叡傳

十七年，徵散騎常侍、護軍將軍　《武帝紀》及《南史》作「十五年」。

沈約傳

奉策之日，左僕射范雲等二十餘人咸來致拜　《范雲傳》雲是時官「右僕射」，非「左僕射」。

著《晉書》百一十卷、《高祖紀》十四卷、《邇言》十卷、《謚例》十卷　《隋書・經籍志》失書。

謝朏傳

徵朏爲侍中、光禄大夫　《紀》作「左光禄大夫」。

三年元會，詔朏乘小輿升殿。其年遭母憂　《武帝紀》朏丁母憂在四年。

王瑩傳

遷侍中、光禄大夫　武帝天監八年《紀》作「右光禄大夫」。

馬仙琕傳

魏豫州人白皁生　《武帝紀》同《南史》及《北史・魏南安王楨》附《子英傳》作「早生」。

朐山民殺琅邪太守劉晣　《武帝紀》作「鄧晣」，《南史》作「劉晣」。案：作「劉晣」是。晣附《魏書・劉芳傳》。

張惠紹傳

攻宿預，執城主馬成龍　《武帝紀》在五年五月，此誤作「四年」。

六年，魏軍攻鍾離，詔左衛將軍曹景宗督衆軍爲援　「六年」《紀》在五年十一月。「左衛將軍」《曹景宗傳》作「右衛」。

昌義之傳

六年四月，高祖遣曹景宗、韋叡帥衆二十萬救焉　《紀》叙「景宗赴援」在五年冬。

王暕傳

復遷右僕射　《武帝紀》及《南史》作「左僕射」。

張充傳

入爲尚書僕射　武帝天監十年《紀》作「左僕射」。

江蒨傳

文集十五卷　《隋書·經籍志》失書。

子紑、經在《孝行傳》　《孝行傳》有「紑」無「經」。

臨川王弘傳

以公事左遷驃騎大將軍　《武帝紀》及《南史》叙「弘左遷」在十一年十一月。此叙在八年，誤。

鄱陽王恢傳

八年，復進號平西將軍　《武帝紀》在七年。

始興王憺傳

天監元年加安西將軍　《武帝紀》在六年。

八年，爲平北將軍、護軍將軍，領石頭戍事　《武帝紀》加「護軍」在七年五月。《忠武王碑》作「七年十二月」。

長沙嗣王業傳

普通三年，徵爲散騎常侍、護軍將軍　《武帝紀》在普通元年。

有文集行於世　《隋書·經籍志》失書。

長沙王業附弟藻傳

二年爲中權將軍　《武帝紀》在中大通元年。

徐勉傳

撰《別起居注》六百卷、《南史》作「《流別起居注》六百六十卷」。《左丞彈事》五卷、《太廟祝文》二卷　《隋書·經籍志》失書。

陸杲傳

著《沙門傳》三十卷。弟煦撰《陸氏驪泉志》一卷　《隋書·經籍志》失書。

明山賓傳

著《禮儀》二十卷、《孝經·喪禮服義》十五卷　《隋書·經籍志》失書。

夏侯亶傳

貞威將軍韋放自北道會焉　《放傳》作「明威將軍」。

廬陵王續傳

三年爲使持節、都督南徐梁秦沙四州諸軍事、西中郎將、南徐州刺史　《紀》作「雍州刺史」，誤。

中大通三年又爲使持節、都督雍梁秦沙四州諸軍事、平北將軍、寧蠻校尉、雍州刺史　《紀》及《南史》作「二年」。

邵陵王綸傳

七年出爲使持節、都督郢定霍司四州諸軍事、平西將軍、郢州刺史　《紀》在六年二月。

忠等至於汝南，綸嬰城自守。會天寒大雪，忠等攻之不能克，死者甚衆。後李素中流矢卒，城乃陷　《後周書·楊忠傳》作「詰旦陵城，日昃而克」。與此不合。

袁昂傳

復兼右僕射，未拜，有詔即真　武帝天監十二年《紀》「以兼尚書右僕射袁昂爲尚書左僕射」，誤。

十四年，馬仙琕破魏軍　《武帝紀》「仙琕破魏軍」在十年。

十五年遷右僕射，尋爲尚書令　《紀》及《南史》作「左僕射」。又「昂爲尚書令」，《紀》在十八年。

復爲尚書令　《紀》在普通四年。此誤，先一年。

詔曰：侍中、特進、左光禄大夫司空昂　《紀》作「右光禄」。

陳慶之傳

常山王元昭等率馬步十五萬來援　《韋放傳》作「五萬」。

渦陽城主王緯乞降　《韋放傳》作「王偉」。

時有劉助者　《南史》及《北史·藝術傳》作「劉靈助」。

揚州刺史玄云一作「是玄」。寶　《後周書·怡峰傳》作「是云寶」。《北齊書·堯雄傳》作「是育寶」。《南史》作「是玄寶」。

王僧孺傳

撰《東宮新記》　《隋書·經籍志》載「蕭子雲《東宮新記》」，不知與此一書否。

《東南譜集抄》十卷、《兩臺彈事》五卷　《隋書·經籍志》失書。

張率傳

著《文衡》十五卷　《隋書·經籍志》失書。

張緬傳

《晉鈔》三十卷、《文集》五卷　《隋書·經籍志》失書。

張緬附弟綰傳

安成人劉敬宫挾祆道，遂聚黨攻郡，内史蕭侻棄城走　「敬宫」高祖大同八年《紀》作「敬躬」。「蕭侻」《紀》作「蕭説」。

蕭子恪附弟子顯傳

表置助教一人，生十人　《武帝紀》叙此事在四年，此列先一年。

著《普通北伐記》五卷、《貴儉傳》三十卷、《南史》作「三卷」。《文集》二十卷　《隋書·經籍志》失書。

孔休源傳

《奏議彈文》十五卷　《隋書·經籍志》失書。

謝舉傳

大通二年，入爲侍中、五兵尚書。未拜，遷掌吏部　舉由五兵尚書遷吏部尚書，《武帝紀》在中大通三年。

六年入爲侍中、中書監　《紀》在五年。

賀琛傳

撰《三禮講疏》、《五經滯義》及《諸儀法》凡百餘篇　《隋書·經籍志》失書。

到溉傳

有集二十卷　《隋書·經籍志》失書。

許懋傳

有集十五卷　《隋書·經籍志》失書。

王規傳

普通初，陳慶之北伐，尅復洛陽　《慶之傳》「尅復洛陽」在中大通元年，非「普通」。

六年，高祖於文德殿餞廣州刺史元景隆　據《紀》，景隆是時刺衡州，刺廣州者乃元景仲。

其年王立爲皇太子　晉安王爲太子在三年。此誤，先一年。

注《續漢書》二百卷、《文集》二十卷　《隋書·經籍志》失書。

子褒，字子漢　「漢」當作「淵」。

除武昌王文學　《後周書·王褒傳》作「宣成王文學」。

以爲忠武將軍　世祖大寶二年《紀》作「智武」。

劉孺傳

有文集二十卷　《隋書·經籍志》失書。

劉孺附弟遵傳

中大通二年，王立爲太子　「二年」《簡文紀》作「三年」。

劉潛傳

弟孝威、孝勝、孝先。兄弟並善五言，詩文集值亂，今不具存　《隋書·經籍志》有《孝威集》十卷，云不存，何也？

江子一傳

續《黄圖》及班固「九品」並辭賦文筆數十篇　《隋書·經籍志》失書。

潯陽王大心傳

大寶元年，封潯陽王　《紀》作「太清三年」。

南海王大臨傳

大寶元年，封南海王　《紀》作「太清三年」。

南郡王大連傳

大寶元年，封爲南郡王　《紀》作「太清三年」。

安陸王大春傳

大寶元年，封安陸郡王　《紀》作「太清三年」。

建平王大球傳

大寶元年，封建平郡王　《紀》作「建安郡王」。

忠壯世子方等傳

撰《静住子》《南史》作「《篤静子》」。　《隋書·經籍志》失書。

王僧辯傳

魯山城主支化仁　《侯景傳》作「張化仁」。

杜崱傳

武興氐王楊紹反　「紹」即「楊紹先」。《武興傳》及《本紀》皆不言其反。其反事詳《北史·氐傳》。

齊將邢一作「郭」。元建攻秦州刺史嚴超遠於秦郡　「邢元建」、「嚴超遠」，《南史》及《陳書·武帝紀》作「郭元建」、「嚴超達」。

謝藺傳

所製詩賦碑頌數十篇 《隋書·經籍志》失書。

孔子祛傳

著《尚書義》二十卷、《集注尚書》三《南史》作「二」。十卷、《續朱异集注周易》一百卷、《續何承天集禮論》一百五十卷 《隋書·經籍志》失書。

袁峻傳

抄《史記》、《漢書》各爲二十卷 《隋書·經籍志》失書。

庾於陵傳

文集十卷 《隋書·經籍志》失書。

劉昭傳

伯父肜集衆家注干寶《晉紀》爲四十卷 《隋書·經籍志》失書。

文集十卷 《隋書·經籍志》失書。

何遜傳

注《論語》 《隋書·經籍志》失書。

鍾嶸傳

兄岏著《良吏傳》十卷，弟嶼並有文集　《隋書・經籍志》失書。

周興嗣傳

所撰《皇德記文集》十卷　《隋書・經籍志》失書。

吴均傳

撰《齊春秋》，高祖以其書不實，焚之　《隋書・經籍志》曾著録，何也？

注范曄《後漢書》九十卷、《十二州記》十六卷、《錢唐先賢傳》五卷、《續文釋》五卷　《隋書・經籍志》失書。

劉勰傳

文集行於世　《隋書・經籍志》失書。

王籍傳

文集行於世　《隋書・經籍志》失書。

何思澄傳

文集十五卷　《隋書・經籍志》失書。

宗人子朗文集行於世　《隋書・經籍志》失書。

劉杳傳

范岫撰《字書音訓》　《隋書・經籍志》失書。

撰《高士傳》二卷、《東宮新舊記》三十卷、《古今四部書目》五卷　《隋書・經籍志》失書。

謝徵傳

其文二十卷　《隋書・經籍志》失書。

臧嚴傳

文集十卷　《隋書・經籍志》失書。

伏挺傳

文集二十卷　《隋書・經籍志》失書。

庾仲容傳

《衆家地理書》二十卷、《列女傳》三卷，文集二十卷　《隋書・經籍志》失書。

何點附弟胤傳

永元中徵太常　「永元」當作「永明」。

《禮記隱義》二十卷　《隋書・經籍志》失書。

陶弘景傳

著《帝代年曆》　《隋書·經籍志》失書。

沈顗傳

所著文章數十篇　《隋書·經籍志》失書。

庾詵傳

子曼倩所著《喪服儀》、《文字體例》、《莊老義疏》、《注算經》及《七曜曆術》並所製文章凡九十五卷　《隋書·經籍志》失書。

顧憲之傳

所著詩賦銘讚並《衡陽郡記》數十篇　《隋書·經籍志》失書。

范述曾傳

注《易文言》，著雜詩賦數十篇　《隋書·經籍志》失書。

丘仲孚傳

《南宮故事》百卷，又撰《尚書具事雜儀》　《隋書·經籍志》失書。

伏暅傳

初，暅父曼容與樂安任瑤皆暱於齊太尉王儉，瑤子昉　《任昉傳》父「遥」，不作「瑤」。

林邑國傳

功曹區達殺縣令　「達」《隋書》作「連」。

天監九年，文贊子天凱奉獻白猴　《武帝紀》在元年。

宕昌國傳

大同十年，復授以父爵位　「十年」當據《紀》作「七年」。

鄧至國傳

號安北將軍　武帝天監元年《紀》作「安西將軍」。

武陵王紀傳

大同十一年，授散騎常侍、征西大將軍、開府儀同三司　《紀》作「九年」。

河東王譽傳

大通三年，封河東郡王　「大通」上奪「中」字，當據《紀》正。

出爲琅邪彭城二郡太守　「琅邪」上奪「南」字，當據《紀》正。

侯景傳

乃以書喻景曰　此書亦見《北齊書・文襄紀》，與此互有異同。

前譙州刺史趙百超　「百超」《邵陵王綸傳》作「伯超」。

陳書校議

高祖本紀上

賁竄入屈獠洞中，屈獠斬賁，傳首京師。是歲太清元年也　《梁書・武帝紀》「賁入屈獠洞」在中大同元年正月，賁死在太清二年三月。

承制授高祖使持節、散騎常侍　《南史》載「帝是時進封長城縣公」，此失書。《章后傳》亦稱高祖爲長城縣公，后拜夫人。《隋書・譙國夫人傳》作「長城侯」。

三月進高祖位司空　《梁書・元帝紀》作「四月癸酉，進司空」。

給高祖班劍二十人　《梁書・敬帝紀》作「三十人」。案：此後又有「加班劍十人，並前三十人」語，則《梁紀》誤。

四年五月，齊送貞陽侯淵明還主社稷，王僧辯納之，即位，改元曰天成　《梁書・敬帝紀》：「淵明三月還，七月即位。」《北齊書・文成帝紀》：「正月送淵明還。」

十月己酉，晉安王即位，改承聖四年爲紹泰元年　《梁書・敬帝紀》作「九月丙午即位，十月己巳改元」。

嗣徽留柳達摩等守城，自率親屬腹心往南州采石以迎齊援　《梁書・敬帝紀》叙「迎齊援」在十二月庚戌，此列前一月。

二年正月癸未誅杜龕於吴興　《梁書・敬帝紀》：「太平元年，杜龕降，詔賜死。」

弟休先侍中、使持節、驃騎將軍、南徐州刺史、武康縣侯謚曰忠壯，食邑二千户　《南康愍王曇朗傳》作「武康縣公」。《高祖紀下》作「縣侯」。又《傳》稱「忠壯」之謚追贈於高祖即位後。「食邑二千户」《傳》作「一千户」。

秉羽杖戈　南監本作「衣製杖戈」。案：監本是也。「衣製」用《春秋・定公九年》、《左傳》「東郭書晳幘而衣貍製」故事。《南史》亦誤作「秉羽」。

各曆歲時　「各」，南監本作「多」，是。

高祖紀下

可封臨川郡王邑三千户　《世祖紀》作「二千户」。

三月，王琳立梁永嘉王蕭莊於郢州　《北齊書・文宣帝紀》：「十二月癸酉，詔梁王蕭莊爲梁主。」

以仁威將軍、高州刺史黄法𣰰爲開府儀同三司，進號鎮南將軍　《黄法𣰰傳》作「進號平南將軍」。《南史》同。《世祖紀》「平南將軍黄法氍進號安南將軍」，亦不作「鎮南」。

世祖紀

周迪進號鎮南將軍　《迪傳》作「安南將軍」。

以鎮南大將軍淳于量進號征南大將軍　《鎮南傳》作「鎮西」。

庚戌，封皇子伯茂爲始興王，奉昭烈王後，徙封始興嗣王頊爲安成王　《始興王伯茂傳》載「封始興王、安成王詔」在十月，不作「八月庚戌」。

周將賀若敦率馬步一萬，奄至武陵　《周書·敦傳》作「步騎六千」。

侯安都破留異於桃支嶺　《安都傳》作「桃枝嶺」。

以平南將軍華皎爲南湘州刺史　錢氏《考異》曰：「《皎傳》作『湘州』，無『南』字。」玉案：《廢帝紀》「湘州刺史華皎反」，亦作「湘州」。

臨川太守駱文牙斬周迪　錢氏《考異》曰：「《陳寶應傳》作『駱牙』。」玉案：《周迪傳》及《南史》亦然。

若其經綸三業　「三」南監本作「王」，是。

猶行杞宋之計　「計」南監本作「邦」，是。

廢帝紀

八月庚戌，立爲皇太子　《世祖紀》作「九月辛酉立」。

以御史中丞徐度爲吏部尚書　《徐度傳》無御史中丞、吏部尚書職。度於本日拜司空，無一日進兩職之理。以《徐陵傳》考之，知徐度乃徐陵之譌。陵於是年以御史中丞拜吏部尚書，《紀》、《傳》正符。

秋八月丁酉，立妃王氏爲皇后　《南史》作「七月」。

以征東將軍，始興王伯茂爲中衛大將軍　「征東」本《傳》作「鎮東」。

淳于量爲侍中　「淳于」上奪「中撫大將軍新除征南大將軍」十二字。南監本有。

宣帝紀

新除中撫大將軍章昭達進號車騎大將軍　《南史·昭達傳》：「宣帝即位，進號車騎大將軍，以還朝遲留，爲有司所劾，降號車騎將軍。」案：《南史》是也。觀此下二年六月，又書車騎將軍章達昭進號車騎大將軍，可證。蓋元年進車騎將軍，二年進車騎大將軍。此誤。

維是荒境自投　「投」南監本作「拔」，是。

江陰王蕭季卿以罪免　「季卿」事詳《淳于量傳》。

己亥，以特進周弘正爲尚書左僕射　本《傳》及《南史》作「右僕射」。此下六年六月，書「尚書右僕射周弘正卒」，亦作「右」。

以平南將軍、湘州刺史、長沙王叔堅爲平西將軍郢州刺史　《叔堅傳》無平南將軍、湘州刺史之職，殆平北將軍、合州刺史之誤。其時，湘州刺史爲始興王叔陵，非叔堅也。

以右將軍丹陽尹徐陵爲中書監　「右將軍」本《傳》作「安右將軍」。

後主紀

翊右將軍、廬陵王伯仁進號安前將軍　「翊右」《傳》作「翊左」。

豫章王叔英進號驃騎大將軍　以下「禎明元年，以驃騎將軍豫章王叔英爲驃騎大將軍」考之，則此當作「驃騎將軍」。「大」字，衍文。《叔英傳》亦作「四年進號驃騎大將軍」，誤與《紀》同。

蕭琮所署尚書令太傅安平王蕭巖、中軍將軍荆州刺史義興王蕭瓛，遣其都官尚書沈君公詣荆州刺史陳紀請降　「義興王」《陳慧紀傳》作「晉熙王」。「陳紀」本《傳》作「陳慧紀」。《岳陽王叔慎傳》、《晉熙王叔文傳》、《隋書・高祖紀》亦作「紀」。

辛卯，巖等率文武男女十萬餘口濟江　「十萬」《陳慧紀傳》作「二萬」。

三年春正月乙丑朔，隋賀若弼自北道廣陵濟京口　《隋書・高祖紀》作「辛未，拔京口」。

高祖章皇后傳

永定九年，立爲皇后　「九年」誤，《南史》作「元年」是。

崩於太極殿　《南史》作「紫極殿」。

世祖沈皇后傳

兄欽，光大中爲尚書右僕射，尋遷左僕射　《廢帝紀》：「天康元年五月，以沈欽爲尚書右僕射。」非「光大中」。

高宗柳皇后傳

大業十一年，薨於東都　「十一年」《南史》作「十二年」。

後主沈皇后傳

太建三年，納爲皇太子妃　《宣帝紀》：「太建元年七月辛卯，皇太子納妃沈氏。」《沈君理傳》：「二年，以君理女爲皇太子妃。」與此並異。

后妃傳贊

乃於光熙殿前起臨春、結綺、望仙三閣　「光熙」南監本作「光照」，《南史》作「光昭」。

又有王、李二美人　「李」《南史》作「季」。

宦者蔡脱兒、李善度　「脱兒」《南史》作「臨兒」。

侯安都傳

曉，斬其騎士十一人　《南史》作「十二人」。

多伐松木堅柵　「堅」南監本作「豎」，是。

吴明徹傳

高祖受禪，拜安南將軍　《高祖紀》「明徹授安南將軍」在永定二年，此叙在「侯周兵敗」之前，與《紀》不符。蓋「侯周之敗」在永定元年。

天嘉三年，授安西將軍　《世祖紀》作「安右將軍」。

淳于量傳

世祖嗣位，進號鎮南大將軍　《世祖紀》作「征南」。案：「征南」是也。南監本亦作「征南」。

五年，徵爲中護大將軍　《宣帝紀》作「中權大將軍」。

章昭達傳

徵爲護軍將軍　《世祖紀》「護軍將軍」授於四年正月，此叙在四年前，誤。

沈恪傳

劉師知引恪令勒兵入　南監本「入」下有「辭」字。

光大二年，遷平西將軍、荆州刺史　《廢帝紀》「恪拜荆州刺史」在光大元年十一月己未。

周炅傳

五年，進授安州刺史　《宣帝紀》：「五年七月，齊遣衆二萬援齊(安)〔昌〕，西陽太守周炅破之。己巳，克巴州城。」案：《紀》書「安州刺史」在克巴州後，故五年七月仍書「西陽太守」。《傳》書「拜安州」在克巴州前，似誤。

衡陽王昌傳

船壞，以溺薨　「昌之溺」，侯安都爲之。見《安都傳》。

南康王曇朗子方慶傳

以勇爲超武將軍、東衡州刺史　《衡陽王伯信傳》作「西衡州刺史」，誤。《南史・伯信傳》作「東衡州」，是。

陳詳傳

詳躬下安吉、原鄉、故鄣三縣　「躬」南監本作「別」，是。

王通傳

尋爲尚書右僕射，吏部如故。高祖受禪，遷左僕射　《梁書・敬帝紀》：太平元年，授右僕射。二年，改左僕射。此誤。

王勱傳

授尚書右僕射　《宣帝紀》「勱授右僕射」在太建四年正月，此誤叙在四年前。

袁敬傳

加特進　《後主紀》「敬加特進」在至德三年，此敘在三年前。

袁樞傳

又領丹陽尹。五年秩滿，解尹　《世祖紀》：「天嘉五年正月，以吏部尚書袁樞爲丹陽尹。六年，以丹陽尹袁樞爲吏部尚書。」則「領尹」在五年，「解尹」在六年。

虞荔傳

尋領大著作、東揚、揚州二州大中正　《文帝紀》：「天嘉二年十二月甲申，太子中庶子虞荔以國用不足，奏立煮海鹽賦及榷酤之科」云云。然則東揚、揚州二州大中正當授於二年後，故《紀》於二年十二月尚稱「中庶子」舊職，然《傳》又稱「荔二年卒」，何也？

虞寄傳

王是特令停王府公事　「是」上奪「於」字。南監本有。

傳贊

冀郎署其薄官　「其」南監本作「之」，是。

張種傳

遷右丞，建康令、太府卿　南監本作「大舟卿」。案：作「舟」是也。「大舟卿」，即「都水使者」。

梁天監七年，改「都水使者」爲「大舟卿」。陳仍梁制，見《隋書·百官志》。

蕭允傳

唯允與尚書僕射謝仙辭以老疾　「謝仙」《本紀》作「謝伷」。《南史·允傳》亦作「謝伷」。

錢道戢傳

與陸子隆焚青泥舟艦　《子隆傳》不載「從征蕭歸」事。其時子隆刺荆州，是年且卒，是此《傳》有誤。又以《陳慧紀》、《陳文季傳》考之，與道戢焚青泥舟艦者，二陳也。

王瑒傳

太建六年卒　《宣帝紀》「瑒」以太建八年卒，此誤。

周弘正傳

少陳於聽諫　「諫」南監本作「覽」，是。

袁憲傳

禎明元年，隋軍來伐　「元年」《南史》作「三年」，是。

孫瑒傳

遂遣使奉表詣闕　《世祖紀》「瑒」以天嘉元年三月降，此叙在元年前，欠核。

徐陵傳

八年，加翊右將軍　《宣帝紀》作「翊左將軍」。

姚察傳

父僧坦　《北周書》本《傳》作「僧垣」。案：垣字法衛，作「垣」是。《南史》亦誤作「僧坦」。

察輕其戰役　「戰」南監本作「賦」，是。

察在祕書省　「省」南監本作「日」。

始興王伯義傳

封義興郡公　《南史》同。《高祖紀》作「封長城縣公」。

重贈太傅、揚州牧　《高祖紀》作「贈太尉」。

鄱陽王伯山傳

十一年，入爲護軍將軍加開府儀同三司　《宣帝紀》「加開府」在十三年。

明年，起爲鎮衛大將軍　《後主紀》「授鎮衛大將軍」在禎明元年，此書後一年。

晉安王伯恭傳

太建元年，入爲安前將軍　《宣帝紀》作「安南」，誤。

衡陽王伯信傳

十一年，進號鎮前將軍　《後主紀》「進號鎮前將軍」在禎明元年正月。

江夏王伯義傳

太建初，爲宣惠將軍、東揚州刺史　《世祖紀》：「太建十年，以江夏王伯義爲東揚州刺史」，非「太建初」。

永陽王伯智傳

太建中，立爲永陽王　《南史》同。《廢帝紀》作「光大二年七月壬戌，立」。

至德二年，入爲侍中、翊左將軍　《後主紀》：「三月，即位。己巳，以新除翊左將軍伯智爲尚書僕射。至德二年五月，以尚書僕射永陽王伯智爲平東將軍。」據是，則後主即位，已由「翊左將軍」改「僕射」。《傳》欠核也。

桂陽王伯謀傳

太建中，立爲桂陽王　《廢帝紀》作「光大二年七月壬戌，立」。

豫章王叔英傳

五年，進號平北將軍、南豫州刺史　《宣帝紀》作「南徐州刺史」。

十一年，爲鎮前將軍、江州刺史　「鎮前」《世祖紀》作「鎮南」。案：「鎮南」是也。陳江州刺史皆進「鎮南將軍」號。

其年遷司空　《鄱陽王伯山傳》亦作「司空」。後主禎明元年、三年《紀》作「遷司徒」。

長沙王叔堅傳

四年，進號中軍大將軍、開府儀同三司　《後主紀》：「三年正月，以長沙王叔堅即本號開府儀同三司。」此誤列後一年。

河東王叔獻傳

尋爲南徐州刺史　「叔獻刺南徐」，《宣帝紀》在十二年，此誤列十二年前。

晉熙王叔文傳

進號輕車將軍、揚州刺史　《後主紀》「叔文刺揚州」在至德元年，此誤列元年前。

岳陽王叔慎傳

出爲使持節、都督湘衡桂武四州諸軍事、智武將軍、湘州刺史　上已云「拜智武將軍」，此處不應更出。衍文，當删。

巴山王叔雄傳

叔雄字子猛　《後主紀》作「叔熊」。

永嘉王彥傳

尋爲忠武將軍　「爲」南監本作「除」。

南海王虔傳

禎明三年，出爲平北將軍　「三年」《後主紀》作「二年」。「平北」《紀》作「安北」。

諸王傳後附録

其餘大國　「其」南監本作「自」。

蕭摩訶傳

以功授散騎常侍、車騎大將軍，尋改授侍中、驃騎大將軍，隋賀若弼鎮廣陵，授南徐州刺史　《後主紀》：「太建十四年正月，帝即位。癸亥，以右衛將軍蕭摩訶爲車騎將軍、南徐州刺史。禎明元年八月，遷驃騎將軍。」《傳》誤以「驃騎將軍」爲「驃騎大將軍」。又書「南徐州刺史」在遷驃騎將軍後。

子世廉　摩訶尚有子「世略」，見《隋書·趙綽》、《元壽傳》。

樊毅傳

七年，進克潼州、下邳、高栅等六城　《宣帝紀》：「七年正月乙亥，樊毅克潼州城。二月戊申，又克下邳、高栅等六城。」據此，則所克共七城。《傳》作「六城」，誤。

魯廣達傳

十三年，與豫州刺史樊毅率衆北討，克郭默城　此當是「與豫州刺史任忠」之譌。其時任忠刺豫州，毅官鎮西將軍。又「十三年」《南史》作「十二年」。案：《南史》是。《宣帝紀》「克郭默城」正在十二年。

周安州總管元景將兵寇江州　《南史》同。「元景」《隋書》有《傳》，作「元景山」。

徵拜侍中，又爲安左將軍　《後主紀》作「安右將軍」。

謝貞傳

祖綏父藺　《梁書》、《南史·謝藺傳》「綏」作「經」。

王元規傳

著《春秋發題辭》及《義記》十一卷　《經典釋文序録》：「《春秋義略》，沈文阿撰。闕下卷，王元規續成。」《隋書·經籍志》：「王元規續沈文阿《春秋左氏傳義略》十卷。」此《義記》，當即《義略》之譌。

杜之偉傳

令之偉製其父　「父」字誤，當作「文」。

江德操傳

江德操，字德藻　原校：「或本江德藻，字德藻，疑。」玉案：或本是也。《劉師知》、《沈洙傳》皆作「江德藻」，不作「德操」。以名爲字，古人多有，不足爲異。如顏見遠、庾仲容、郭子儀皆是。

庾持傳

潁川鄢陵人　南監本「人」下有「也」字。

父沙彌，梁長城令　《南史》同。《梁書·庾沙彌傳》作「長沙令」。

許亨傳

祖勇慧，父懋　《南史》同。《梁書·許懋傳》作「勇惠」。

始興王叔陵傳

時從殄滅　南監本「殄」作「仆」。

新安王伯固傳

四年，入爲侍中、翊前將軍，遷安前將軍　《宣帝紀》「遷安前將軍」在六年。

北齊書校議

神武紀上

追破之於赤洪嶺，兆自縊　慕容紹宗及段韶等《傳》作「赤嶺」。

神武紀下

前開府參軍房子遠等謀賊神武　《爾朱文暢傳》作「房子建」。

孝寬奪據土山，頓軍五旬，城不拔　《後周書・文帝紀下》作「六旬」。

文襄紀

百尺高竿摧折，水底然燈，燈滅　「燈滅」《隋書・五行志》作「澄滅」。

文宣紀

高顯國爲襄樂王，高叡爲趙郡王　「顯國」《傳》作「獻國」。「趙郡」《傳》作「南趙郡」。

可朱渾道元爲扶風王　《傳》作「通元」。

司徒潘相樂爲使持節、東南道大都督　《傳》作「南道」，誤。上云「以清河王岳爲南道大都督」，知此當作「東南道」。

辛巳，梁王蕭繹即帝位於江陵　「辛巳」《梁書・世祖紀》作「丙子」。

梁秦州刺史徐嗣輝、南豫州刺史任約等襲據石頭城　《北史》及《陳書・高祖紀》作「徐嗣徽」。

冬十月乙亥，陳霸先弒其主方智自立　梁「主」永定二年四月乙丑薨。見《陳書・高祖紀》。此「弒其主」，當是「廢其主」之誤。

誅始平公元世、東平公元景式等二十五家　「元世」《元韶傳》作「元世哲」。「元景式」《韶傳》作「元景武」。

廢帝紀

後文宣登鳳臺，召太子　「鳳」上奪「金」字。《北史》有。

十年十一月，文宣崩　「文宣」十月崩。見《文宣紀》及《北史》，此衍「一」字。

壬申，封文襄第二子孝珩爲廣寧王，第三子長恭爲蘭陵王　《文宣紀》天保六年已書「孝珩封廣寧王」，此復書。又，《長恭傳》「長恭」爲文襄第四子，非第三子。

令食一郡　「令」《北史》作「全」，是。「全」古或書作「仝」，與「令」相似，致誤。

薨三旬而孝昭崩　帝以九月殂，孝昭十一月崩，相距當不只三旬。

孝昭紀

三月甲戌，帝初上省，朝士咸集，坐定，酒數行，於坐執尚書令楊愔　《廢帝紀》書「楊愔之誅」在三月前乙巳，《隋書・五行志》亦作「二月乙巳，太師、常山王誅尚書令楊遵彦」。考是年正月爲癸丑朔，乙巳乃二月下旬，甲戌乃三月下旬。彼此互歧，不審孰是。

武成紀

十二月己酉，周將楊忠帥突厥阿史那木可汗等二十餘萬人，自恒州分爲三道殺掠吏人。是時大雨雪連月　「木可汗」《後周書・突厥傳》作「木汗可汗」。又，《後周書》武帝保定三年《紀》稱「楊忠率騎一萬伐齊」。又稱「達奚武率騎三萬以應楊忠」。又，《忠傳》「突厥以十萬騎來會」。則忠等共十四萬衆。此云「二十萬」，未核。又，《忠傳》叙「大雨雪」在次年正月。

六月，殺樂陵王百年，歸宇文媪於周　百年見殺《傳》在五月。又，下七月《北史》作「九月」。書「歸閻媪於周」，與「歸宇文媪於周」一事復出。宇文媪，乃周宇文護母閻氏。

彗星見，有物隕於殿庭，如赤漆鼓帶小鈴　「如赤漆鼓帶小鈴」不可解。《隋書・五行志》作「色赤，形如數斗器，衆星墮者如小鈴」。

後主幼主紀

封太上皇帝子儼爲東平王，仁弘爲齊安王，仁固爲北平王，仁英爲高平王，仁光爲淮南王　武成帝河清三年《紀》已書「封子儼爲東平王」，此復出。又，「齊安王弘仁」以下，《傳》皆失書封年。

十二月辛未，太上皇帝崩　《徐之才傳》作「十月」。

追贈故琅邪王儼爲楚王　《北史》及本《傳》作「楚帝」，是。

拜右昭儀胡氏爲皇后　《傳》作「左昭儀」。

其年十月，立爲皇太子　《後主紀》作「九月」。

令侍中斛律孝卿送禪文及璽紱於瀛州，孝卿以之歸周　《周書·武帝紀》作「孝卿未達，被執」。

封帝温國公。至建德七年，誣與宜州刺史穆提婆謀反，及延宗等數十人無少長咸賜死　《周書·武帝紀》「温國公賜死」在六年十月。

武成皇后胡氏傳

天保初，選爲長廣王妃　河清元年，立爲皇后，此不書何耶？

後主皇后穆氏傳

先是，童謡曰：黄花勢欲落，清觴滿盃酌　「滿盃酌」《隋書·五行志》作「但滿酌」。

彭城王浟傳

河清三年二月，羣盗田子禮等數十人謀劫浟爲主　《武成帝紀》及《北史》作「三月」。

子寶德嗣，位開府兼尚書左僕射　《後主紀》作「右僕射」。

任城王湝傳

天統三年，拜太保　《後主紀》作「二年」。

漢陽敬懷王洽傳

五年薨　《文宣帝紀》：「七年五月丙申，薨。」

西河王紹仁傳

文宣第四子也　據《廢帝紀》「紹仁初封上黨王」，此失書。又，「西河王」《廢帝紀》作「漁陽王」，與此不合。

始平王彦德傳

定陽王彦康、汝南王《北史》作「汝陽」。彦忠　「定陽王」《後主紀》作「定陵王」。「汝南王」《後主紀》作「梁郡王」。

北平王貞傳

字仁堅　後主天統二年《紀》作「仁固」，當是避隋文帝諱改。武平三年《紀》亦作「仁堅」。

淮南王仁光傳

次西河王仁幾　後主天統三年《紀》作「仁機」。

次樂平王仁邕　後主天統三年《紀》作「樂浪王仁約」。

次丹陽王仁直　後主天統三年《紀》作「仁統」。

婁昭傳

兄子叡　叡《外戚》有《傳》，不應又附此。蓋此卷乃後人采《北史》補缺，而未遑刪去者。

段榮附子韶傳

乃留儀同敬顯儁、堯雄等圍守宿預　堯雄卒於興和中，天保五年，烏得尚在！

斛律金傳

從高祖破紇豆陵於河西　《神武紀下》：「天平元年正月，破紇豆陵伊利於河西。」此「紇豆陵」下，奪「伊利」二字。

天統二年薨　《後主紀》及《北史》作「三年」。

斛律金附子光傳

周遣將達奚成興等來寇平陽，詔光率步騎三萬禦之，興等聞而退走　「興等」當作「成興等」，此奪「成」字。「成興」，達奚武字。

劉貴傳

劉貴，秀陽陽曲人也　貴有《墓誌》云：「君名懿，字貴珍。」殆以字行，而《傳》失書其名。字貴珍，又奪「珍」字，賴《誌》正之。又《高季式傳》亦作「劉貴珍」。

兼左僕射西道行臺　《墓誌》作「右僕射西南道行臺」。

薛孤延傳

改食河間郡幹　此《傳》未畢，有奪文。

斛律羌舉傳

又以中書侍郎薛道衡爲侍中，封北海王　《隋書・道衡傳》不載道衡在齊官爵，賴此知之。

堯雄傳

(穎)〔潁〕州長史賀若徽執刺史田迅　《周書》文帝大統四年《紀》作「賀若統」。《任延敬傳》作「賀若徽」。

宋顯傳

時梁州刺史鹿永吉據州外叛　《周書》文帝大統三年《紀》：「鄭榮業、鄭偉等攻梁州，擒其刺史鹿永吉。」則永吉非叛。

步大汗薩傳

改封義陽郡公　此下未畢，有脱文。

高乾附弟季式傳

爲之羽翼者呼延族、劉貴珍、劉長狄、東方老、劉士榮　《陳書・高祖紀上》作「劉仕榮」。

魏蘭根傳

愷從子彦卿，魏大司農季景之子　《隋書・魏澹傳》作「齊大司農」。

王紘傳

作《鑒誡》二十四篇　《隋書・經籍志》失書。

李渾附族子公緒傳

撰《質疑》《北史》作「《禮質疑》」。五卷、《喪服章句》一卷、《古今略記》二十卷、《趙語》十三卷《北史》作「十二卷」。《隋書・經籍志》失書。

高德政傳

七年，遷尚書右僕射　《文宣紀》作「十年」。

王昕傳

有文集二十卷　《隋書・經籍志》失書。

陸卬傳

所著文章十四卷　《隋書・經籍志》失書。

祖珽傳

又説謡言：高山崩，槲樹舉　與《斛律光傳》略異。

皮景和傳

又隨斛律光率衆西討，剋姚、白亭二城　「姚」下奪「襄」字，當據《斛律光傳》補。

生擒子饒，送京師烹之。及吴明徹圍壽陽　《後主紀》「明徹陷壽陽」在四年，「子饒被擒」在五年，此叙述顛倒。

獨孤永業傳

爲行軍總管崔彦睦所殺　彦睦《周書》有《傳》，作「彦穆」。

盧潛傳

又撰《中表實録》二十卷　《隋書・經籍志》失書。

陽休之傳

所著文章三十卷，又撰《幽州人物志》　《隋書・經籍志》失書。

儒林傳叙

李鉉又傳授刁柔、張買奴、鮑季祥　《傳》作「鮑季詳」。

又有衛覬　《蘇瓊傳》作「衛覬隆」。案：此疑是避唐玄宗諱，省。

李鉉傳

撰定《孝經》、《論語》、《毛詩》、《三禮義疏》及《三傳異同》、《周易義例》合三十餘卷　《隋書・經籍志》失書。

删正六藝經注中謬字，名曰《字辨》　《隋書·經籍志》失書。

李廣傳

義雲集其文筆十卷《北史》作「七卷」。　《隋書·經籍志》失書。

宋世良傳

撰《字略》五篇、《宋氏別録》十卷　《隋書·經籍志》失書。

蘇瓊傳

字珍之　《隋書·食貨志》作「蘇珍芝」。

婁叡傳

父壯　「壯」《婁昭傳》作「拔」。

信都芳傳

又著《樂書》、《遁甲經》、《四術》、《周髀宗》　《四術》、《周髀宗》《隋書·經籍志》失書。

周書校議

文帝紀下

企子元禮尋復洛州，斬東魏刺史杜密　「杜密」《泉企傳》作「杜窋」。

東魏將高于、陜州刺史李徽伯拒守　「徽伯」《于謹傳》作「徵伯」。《北史・謹傳》作「徽伯」。

二年五月，蕭紀潼州刺史楊乾運以州降　據《尉遲迥傳》，乾運乃梁州刺史，時鎮潼州，以州降。此誤作「潼州刺史」。《梁書・蕭紀傳》亦誤作「潼州刺史」。

孝閔帝紀

四月己巳，以少師、平原公侯莫陳順爲柱國　「平原公」《順傳》作「安平郡公」。

武帝紀上

年十二，封輔城郡公　帝以大統九年生，據《文帝紀》，「帝以魏恭帝元年受封」。以此推之，其時年十三。

保定元年十一月乙巳，進封柱國、廣武公竇熾爲鄧國公　「廣武」《熾傳》作「廣成」。

天和三年七月己未，客星見房，漸東行入天市，犯營室，至奎，四十餘日乃滅　《隋書・天文志》作「七月己未起，九月壬戌滅，凡六十九日」。考己未至壬戌，凡六十四日。

四年十一月，長孫儉薨　《儉傳》：「儉薨，遺啓世宗，請葬太祖陵側。」據此，儉薨於武帝朝，烏得遺啓世宗？《傳》誤無疑。

六年二月己丑夜，有蒼雲，廣三尺許，經天　「三尺」《隋書・天文志》作「三丈」。

封斛斯徵爲岐國公　《徵傳》不載封爵，此及《北史》皆有之。

以鄭國公達奚震爲柱國　據《傳》，震改封鄭國公在建德初，此時仍當書「廣平公」。

七月，以越國公盛爲柱國　《傳》稱「天和中進爵爲王」，叙在五年前，不應六年仍稱公。

十月，翼國公通薨　「翼國公」當據《冀康公傳》改作「冀國公」，此誤。

二年二月壬戌，熒惑犯輿鬼　《隋書・天文志》作「癸亥」，後一日。

五月丁丑，以周昌公侯莫陳瓊爲大宗伯　「周昌」《侯莫陳崇傳》作「同昌」。

三年四月丁巳，有星孛於東北紫宫垣，長七尺　「丁巳」《隋書・天文志》作「乙卯」。「長七尺」《隋志》作「長一丈五尺」，與《紀》不同。

武帝紀下

五年十月，帝總戎東伐，以大將軍竇泰爲左二軍總管　文帝諱「泰」，此不當有「竇泰」，「泰」字疑誤。

六年，封齊洛州刺史獨孤永業爲應國公　《齊書・永業傳》失書。

故崔季舒等七人或功高獲罪，或直言見誅　「七人」：斛律明月、崔季舒、張雕、劉逖、封孝琰、裴澤、郭遵，見《北齊書・崔季舒傳》。

宣帝紀

建德元年四月，立爲皇太子，巡撫西土　《武帝紀》「巡撫西土」在二年二月。

辛酉，封趙王招第二子貫爲永康縣王　「縣王」《趙王招傳》作「縣公」。

乙未，帝不豫，還宮，詔隋國公堅入侍疾。己酉大漸，是日帝崩　《隋書・文帝紀》：帝以乙未崩，秘不發喪，直至丁未始發喪，與此不合。當以《隋書》爲得其實。

静帝紀

六月，以神武公竇毅、修武公侯莫陳瓊爲上柱國　「毅」當署「成都公」，不應仍書舊爵。又據《侯莫陳崇傳》，「瓊」未嘗封修武公，當作「武威郡公」。

宇文冑舉兵，遣大將軍、清河公楊素討之　據《隋書・素傳》，素封「清河公」在平冑後，此時爵「臨貞縣公」。

司馬消難奔陳，遣宋安公元景山率衆追擊　《隋書・景山傳》：「齊平，進封平原郡公。」此不應仍書舊封。

氏帥楊永安聚衆應，王謙遣樂寧公達奚儒討之　《隋書》達奚長孺有《傳》。此作「達奚儒」，誤。又，「樂寧公」，《長孺傳》作「樂安公」。

以柱國、邗國公楊雄爲，普安公賀蘭暮，郕國公粱士彦，上大將軍、新寧公叱列長义，武鄉公崔弘度，大將軍、中山公宇文恩，濮陽公宇文述，渭原公和干子，任城公王景，漁陽公楊鋭，上開府、廣宗公李崇，隴西公李詢，並爲上柱國　「楊雄」下衍「爲」字。

文帝叱奴皇后傳

建德二年三月癸酉崩，四月丁巳葬永固陵　「二年」當據《武帝紀》作「三年」。「四月丁巳」當據《紀》作「五月庚申」。

邵惠公顥附孫廣傳

三年，除秦州總管　「三年」《武帝紀》作「二年二月」。

邵惠公顥附孫亮傳

會亮國官茹寬知其謀　「國官」當據《韋孝寬傳》作「園官」。

晉蕩公護附叱羅協傳

遣儀同伊婁訓、大都督司馬裔等將步騎千餘人，夜渡涪水擊雄傑　「伊婁訓」當是「伊婁穆」之譌。《穆傳》亦載「與協破雄傑」事。

齊煬王憲傳

建德二年，進爵爲王　「二年」當從《北史》作「三年」。

齊王憲附子質傳

貢出後莒莊公　「貢」《莒莊公洛生附穆公賓傳》作「真武」。帝建德六年《紀》作「負」。

衛剌王直傳

出爲梁州總管　「梁州」武帝保定五年、天和二年《紀》作「襄州」。《伊婁穆傳》亦云「衛公直出鎮襄州」。此作「梁州」，疑誤。《北史》作「襄州」，是。

其子賀、貢、塞、響、贾、秘、津、乾理、乾璪、乾悰等十人　齊王憲子名「貢」，此不應與同名。

趙僭王招傳

三年，進爵爲王，除雍州牧　《武帝紀》「除雍州牧」在四年三月。

越野王盛傳

天和中，進爵爲王　據《武帝紀》，盛以建德三年進爵爲王，非天和中。

代奰王達傳

三年，進爵爲王，出爲益州總管　《武帝紀》「達總管益州」在四年。

滕聞王逌傳

滕聞王逌　《隋書·經籍志·集部》有《滕簡王集》，此作「聞王」，疑誤。

于謹傳

大統元年，夏陽人王遊浪聚此下似脱「衆」字。據楊氏壁謀逆，謹討擒之。是歲大軍東伐，謹爲前鋒《賀蘭祥傳》：「大統三年，從于謹攻楊氏壁。」《文帝紀》「大軍東伐」在大統三年，此並誤作「元年」。《北史》正作「三年」，得之。

稽胡帥夏州刺史劉平叛　「劉平」《梁椿》、《豆盧寧》、《梁臺》、《陸通》、《稽胡傳》並作「劉平伏」，此奪「伏」字。

六官建，拜大司徒　《文帝紀》作「大司寇」，此誤。

獨狐信傳

善子伏陁　「子」當作「字」。

侯莫陳崇傳

保定三年，崇從高祖幸原州，高祖夜還　《紀》書「崇賜死」在三年正月，「帝幸原州」在三年七月。是崇不得有從幸原州事，二者未審孰誤。

弟瓊，建德二年拜大宗伯，出爲秦州總管　《紀》書「瓊總管秦州」在三年。

怡峰傳

大統二年，從太祖破竇泰於小關　「二年」當據《文帝紀》作「三年」。

宇文仲和反，峰與于謹討之　《謹傳》不載「征仲和」事。據《獨孤信》、《李賢》、《史寧傳》，知討仲和者乃獨孤信，非于謹。

達奚武傳

封昂鄭國公　《静帝紀》作「鄀國公」，《北史》作「長沙郡公」。

武以三萬騎自東道期會　「東道」《楊忠傳》作「南道」。

武後期不進，而忠已還，乃班師　據《楊忠傳》「忠班師」在保定四年，此書在三年，誤。《北齊書・神武紀》亦書「忠退師」在河清三年，正當保定四年。

宇文貴傳

東魏行臺任祥又率衆四萬餘　《怡峰傳》作「步騎萬餘」。

楊忠傳

弟惠，竟陵縣公；達，周郡公　「惠」即《隋書》之「觀王雄」。《雄傳》失書「竟陵公」爵。「達」《隋書》附《雄傳》亦失書「周郡公」爵。

賀蘭祥傳

造富平堰，開渠引水，東注於洛　《隋書·食貨志》失書。

保定四年薨　《武帝紀》作「保定二年閏月己亥，薨」。

閻慶傳

進爵大安郡公　武帝天和六年《紀》作「太安」。

尉遲迥傳

撝與紀子宜都王肅及其文武官屬詣軍門請見　「宜都王肅」當作「宜都王圓肅」。此脱「圓」字，當據《蕭圓肅本傳》及《蕭撝傳》改。

孝閔踐祚，封寧蜀公，進蜀公　《孝閔帝紀》「元年，以魏安公尉遲迥爲柱國」，在寧蜀公前，此失書。又，「進蜀公」在明帝武成元年，此亦欠核。

王謙傳

阿史那瓌爲謙畫三策　「阿史那瓌」當作「高阿那肱」，説詳《隋書校議·豆盧寧傳》。

柳慶附子機傳

弟弘有文集行於世　《隋書·經籍志》失書。

蘇綽傳

追封邳國公，邑二千户　《隋書·蘇威傳》作「三千户」。

李賢附子端傳

弟崇，崇弟孝軌，孝軌弟詢　《隋書·李崇傳》：「兄詢，時爲元帥。」以詢爲崇兄，與此異。《北史》亦云「詢弟崇」。

辛威傳

從齊王憲東伐，拔伏龍等五城　《憲傳》作「四城」。

三年，遷少傅，出爲寧州總管　據《武帝紀》，「威總管寧州」在四年。

庫狄昌傳

從隋公楊忠破蠻賊田社清　《蠻傳》作「田杜清」。

史寧傳

子雄嗣。雄字世武　《隋書·史祥傳》：「弟威，字世武。」《北史》：「威字世儀。」

雄弟祥，祥弟雲　《隋書·史祥傳》：「兄雲。」

賀若敦傳

引蠻帥向白彪爲援　《蠻傳》作「向日彪」。《北史·蠻傳》作「向白虎」。

又與鑾帥向五子等聚衆爲寇　「子」下奪「王」字，當據《鑾傳》補。

王雅傳

弟誼，海陵縣公　《隋書・賀若誼傳》作「海陵郡公」。

韋孝寬傳

子世積，大象(未)〔末〕上大將軍、宜陽郡公　《隋書》作「高祖受禪，進封宜陽郡公」。

元定傳

又言高山不摧自崩　《北齊書・斛律金傳》「摧」作「推」。

楊檦傳

改封長湖郡公　《陳書・華皎傳》作「長胡公」。

遂爲度等所執　《陳書・華皎傳》作「定詣徐度，請降」。

薛善附弟慎傳

其將韓軌、潘洛　潘洛《北齊書》有《傳》，作「潘樂」。

裴果傳

有文集，頗爲世所傳　《隋書・經籍志》失書。

鄭偉之等以梁州歸款　鄭偉之本書有《傳》，作「鄭偉」。此疑衍「之」字。

高賓傳

開皇中，贈賓禮部尚書、武陽公　《隋書·高熲傳》作「贈渤海公」。《北史·熲傳》亦作「武陽公」。

蘇亮傳

所著文筆數十篇　《隋書·經籍志》失書。

柳虯傳

有文章數十篇行於世　《隋書·經籍志》失書。

吕思禮傳

所爲碑誄表頌並傳於世　《隋書·經籍志》失書。

薛寘傳

所著文筆二十餘卷　《隋書·經籍志》失書。

尉遲運傳

二年帝幸雲陽宫　「二年」《紀》作「三年」。

宇文神舉傳

令神舉與原國公如願等率兵五道俱入　如願武帝宣政元年《紀》作「姬願」。

顔之儀傳

有文集十卷　《隋書·經籍志》失書。

顔之儀附樂運傳

録夏殷以來諫諍事集而部之，凡六百三十九條，合四十一卷，名曰《諫苑》　《隋書·經籍志》失書。

王褒傳

宣成王大器　「宣成」《梁書·哀太子傳》作「宣城」。

轉智武將軍　《梁書·王規傳》作「忠武」。

蕭撝傳

東魏遣李諧、廬元明使於梁　「廬」當作「盧」。

蕭圓肅傳

有文集十卷，又撰時人詩筆爲《文海》四十卷，《廣堪》十卷　《隋書·經籍志》失書文集及《廣堪》。

蕭大圜傳

撰《寓記》三卷、《士喪儀注》五卷、《要決》兩卷，文集二十卷　《隋書·經籍志》失書。

盧光傳

撰《道德經章句》　《隋書・經籍志》失書。

沈重傳

遣小司門上士楊注送之　「楊注」當據《北史》作「楊汪」。

樊深傳

賜姓萬紉于氏　「紉」當從《北史》作「紐」。

樂遜傳

所著《孝經、論語、毛詩、左氏春秋序論》十餘篇，又著《春秋序義》　《隋書・經籍志》失書。

姚僧垣傳

撰行記三卷　《隋書・經籍志》失書。

蕭詧傳

所著内典《華嚴般若法華金光明義疏》四十六卷　《隋書・經籍志》失書。

蕭詧附巋傳

所著文集及《孝經、周易義記》及《大小乘幽微》　《隋書・經籍志》失書。

蔡大寶傳

所著文集三十卷《隋書·經籍志》失書。

岑善方傳

所著文集十卷《隋書·經籍志》失書。

蠻傳

其後蠻帥杜清和《泉企傳》作「杜清河」。

語在《泉仲遵》及《景宣傳》仲遵附《泉企傳》，此當云「見《泉企傳》」。

隋書校議

高祖紀上

嘏生平原太守烈，烈生寧遠將軍禎　「平原太守」《周書・楊忠傳》作「太原郡守」。「寧遠將軍」《忠傳》作「建遠將軍」。

宇文憲破齊任城王高湝於冀州　「宇文」上似奪「從」字。

癸酉上柱國、鄖國公韋孝寬卒　「癸酉」《周書・静帝紀》作「丁未」。

大將軍、金城公趙煚奉皇帝璽紱　《煚傳》「煚拜大將軍，封金城公」在高祖受禪後，此欠核。

開皇元年二月，以昌國縣公元巖爲兵部尚書　《巖傳》初封「昌國縣伯」，高祖受禪，進封「平昌郡公」。此作「昌國縣公」，疑誤。

三月乙酉，以上柱國元景山爲安州總管　《景山傳》叙「授安州總管」在受禪前。

戊子，以上開府當亭縣公賀若弼爲楚州總管，和州刺史新義縣公韓擒〔虎。避唐諱省。〕爲廬州總管　《若弼傳》在周已由「當亭縣公」改「襄邑縣公」，此不應仍書舊封。《擒〔虎〕傳》「和州刺史」作

「利州」，「新義縣公」作「郡公」。

五月辛未，介國公薨　「辛未」《周書・静帝紀》作「壬申」。

九月壬申，以上柱國薛國公長孫覽、上柱國宋安公元景山並爲行軍元帥以伐陳，仍命尚書左僕射高熲節度諸軍　覽《景山傳》叙「爲行軍元帥」，均在二年。《熲傳》「奉詔節制伐陳諸軍」，亦在二年。

十一月乙卯，以永昌《北史》作「富」。郡公竇榮定爲太武侯大將軍　「永昌郡公」《榮定傳》作「永富縣公」。

十二月壬寅，以申州刺史爾朱敞爲金州總管　「壬寅」毛本作「戊寅」。案：是月丙子朔初三日爲戊寅，二十七日爲壬寅。下文又有甲申、己丑，則作「戊寅」，是。又，《敞傳》叙「敞由膠州刺史拜金州總管」，不載「申州刺史」。

二年十二月乙酉，遣沁源公虞慶則屯弘化備胡　據《慶則傳》，開皇元年已進封「彭城郡公」，此不應仍書「沁源公」舊封。

三年四月丁丑，以滕王瓚爲雍州牧　「丁丑」毛本作「丁酉」。案：是月甲戌朔四日爲丁丑，二十四日爲丁酉。下文又有己卯、甲申，知作「丁丑」是。

五年八月丙戌，沙鉢略可汗遣子庫合真特勒來朝　「庫合真」《突厥傳》作「窟含真」。

六年九月丙戌，上柱國宋安郡公元景山卒　據《景山傳》，是時已進爵「平原郡公」，此不應仍書舊封。

高祖紀下

九年四月辛酉，以宗正少卿楊异爲工部尚書　《异傳》作「刑部尚書」，誤。

十一年五月乙巳，以左《北史》作「右」。衛將軍元旻爲左衛大將軍　《隋書》無《旻傳》。據太子《勇傳》「旻以諫廢立誅」，則旻隋之誠臣，史不爲立《傳》疏已。

十二年四月辛卯，以壽州總管周摇爲襄州總管　《摇傳》叙「摇官終於壽州總管」，失書「襄州總管」職，賴《紀》知之。仁壽二年，《紀》亦書「襄州總管周摇卒」。

十三年正月己未，以信州總管韋世康爲吏部尚書　「己未」毛本作「癸巳」。案：是月壬寅朔，作「己未」，是。

十七年七月丁丑，桂州人李代賢反　「李代賢」《虞慶則傳》作「李賢」。《權武傳》及《北史》作「李世賢」。案：當以《權武傳》爲得。此作「代」，避唐太宗諱改。

二十年正月癸亥，以代州總管宇文弼爲吴州總管　案：是時吴州總管爲楊异，是年九月异始卒。然則弼授吴州總管當在九月後。此疑有誤。

四年七月己亥，以大將軍段文振爲雲州總管　「雲州」《段文振傳》作「靈州」，是。

煬帝紀上

尋授武衛大將軍　「武衛」高祖開皇二年《紀》作「左武衛」。

六年，轉淮南道行臺尚書令　《高祖紀》：「八年，置淮南道行臺省於壽春，以晉王廣爲尚書令。」此作「六年」，疑誤。

二年八月辛卯，封皇孫倓爲燕王　《倓傳》失書封爵年月，賴此知之。

五年四月，高昌、吐谷渾、伊吾並遣使來朝　《高昌傳》遣使朝貢在四年，此敘高昌朝貢在五年，誤。據《北史》，知「高昌」乃「高麗」之譌。

帝分命内史元壽南屯金山　「内史」下奪「令」字。

六年十二月己未左光禄大夫、吏部尚書牛弘卒　《弘傳》「左光禄」作「右光禄」，「十二月」作「十一月」。

七年秋大水，山東、河南漂没三十餘郡　《食貨志》作「四十餘郡」。

十二月己未，西面突厥處羅多利可汗來朝　《傳》作「泥撅處羅可汗」。

煬帝紀下

九年六月庚午，遣左候衛將軍屈突通等馳傳發兵，以討玄感　「左候衛」《宇文述傳》作「武衛」。

十二月丁亥，扶風人向海明舉兵作亂　《楊義臣傳》作「向海公」。

十年春正月甲寅，以宗女爲信義公主，嫁於突厥曷娑那可汗　「曷娑那」《西突厥傳》作「曷薩那」。又，此當依七年《紀》例稱「西突厥」，以别於「啓民可汗」。

十二年七月，濟北公樊子蓋卒　《子蓋傳》稱「進爵爲濟公，言其功濟天下，特爲立名，無此郡國也」云云。此作「濟北公」，疑誤。

恭帝紀

大業三年，立爲陳王。後數載，徙爲代王　《煬帝紀》作「大業二年八月辛卯，封爲代王」。

二年正月壬戌，將軍王世充爲李密所敗，河内通守孟善誼、武賁郎將王辯、楊威、劉長恭、梁德、董智通皆死之　「梁德」《李密傳》作「梁德重」。

三月丙辰，宇文化及殺太上皇於江都宫，右禦衛將軍獨孤盛死之　「右禦衛」《盛傳》作「右屯衛」。

光禄大夫宿公麥才、折衝郎將朝請大夫沈光同謀討賊　「麥才」《麥鐵杖傳》作「麥孟才」。

戊戌，詔唐王備九錫之禮　「戊戌」殿本、監本作「戊辰」。案：是月丙子朔，作「戊戌」，是。

禮儀志一

陳制，明年正月上辛，有事南郊，以皇考德皇帝配　「德皇帝」《陳書·高祖紀》作「景皇帝」。

高祖平陳，明堂未立。開皇十三年，詔命議之。禮部尚書牛弘、國子祭酒辛彦之等定議　《牛弘傳》叙議明堂事在六年除太常卿之前。又，弘官「禮部尚書」在三年。此疑有誤。

禮儀志五

大業元年，更製車輦，五輅之外設副車　《煬帝紀》叙「更製車輦」事在二年二月丙戌。

天文志下

普通元年九月乙亥，有星晨見東方，光爛如火。其三年，義州刺史文僧朗以州叛　「三年」《梁書・武帝紀》作「二年」。「僧朗」《紀》作「僧明」。

六年四月丁卯，熒惑在南斗。其年十二月，北梁州刺史蘭欽舉兵反　據《梁書・蘭欽傳》，欽未嘗反隋。《志》謬戾至此。

三年正月壬午，熒惑守心。七月，九江大饑，人相食十四年　「十四年」乃「十四五」之譌，當據《梁簡文紀》正。

陳武帝永定三年九月辛卯朔，月入南斗。後二年帝崩　武帝即以三年崩，不得云「後二年」。

文帝天嘉三年十一月辛巳，熒惑犯歲星　「辛巳」《周書》作「壬午」。

四年六月癸丑，太白犯右執法　「癸丑」《陳書・文帝紀》作「癸巳」。案：是月癸巳朔，作「癸丑」，誤。

九月辛卯，熒惑犯(右)〔左〕執法　「辛卯」《周書》作「壬辰」。

六年六月辛酉，有彗長可丈餘　「辛酉」《周書》作「庚申」。

宣帝太建十一年四月己丑，歲星太白辰星合於東井　「己丑」《周書》作「戊子」。

齊文宣帝天保元年十二月甲申，熒惑犯房北頭第一星。其二年二月壬申，太尉彭樂謀反，誅　「壬申」《文宣紀》作「壬辰」。案：是月乙亥朔，作「壬辰」，是。

八年二月己亥，歲星守少微。其十年五月誅諸元宗室四十餘家　《北齊書·文宣紀》作「二十五家」。

肅宗皇建三年七月乙丑，熒惑入鬼中　皇建無「三年」，「三」乃「二」之譌。「乙丑」《周書》武帝保定元年《紀》作「己巳」。

武成帝河清元年七月乙亥，太白犯輿鬼。其年十月壬申，冀州刺史、平秦王高歸彥反。其二年，殺太原王德紹　「十月」《武成帝紀》作「七月」。又據《紀》，德紹亦殺於元年。此作「二年」，亦誤。

五年二月戊辰，歲星逆行掩太微上將。至武平三年五月，誅右丞相、咸陽王斛律明月。四年七月，誅蘭陵王長恭　據《後主紀》，斛律光誅在七月，長恭誅在五月。

武平三年八月癸未，辰星、歲星、太白合於氐宋之分野。四年，廢胡后爲庶人　胡后廢，《紀》在三年。

四年五月癸巳，熒惑犯右執法。其年誅右丞相斛律明月，明年誅蘭陵王長恭，後年誅右僕射崔

季舒　明月誅於三年，長恭、季舒誅於四年，此誤。

周天和三年七月己未，客《周書》作「孛」。星見，心房白如粉絮，大如斗，漸大，東行，九月壬戌滅。凡六十九日　《周書》作「四十餘日」。案：七月己未，至九月壬戌，凡六十四日，此誤。

六年四月甲寅朔，日有蝕之　「甲寅」《周書》作「戊寅」，是。

建德元年七月丙午，辰與太白合於井，相去七寸。九月己酉，月犯心中星，相去一寸　《周書》：「七月丙午，辰星太白合於東井。己酉，月犯心中星。」案：是月辛丑朔，丙午爲月之六日，己酉爲月之九日。此云「九月己酉」，「九月」字衍。

大象元年六月己丑，有流星一，大如斗，色青，有光明照地，出營室，抵壁入濁　「己丑」《周書》作「乙酉」。

高祖開皇十九年十二月乙未，星霣於渤海　「乙未」《高祖紀》作「丁丑」。

仁壽四年六月庚午，有星入於月中　《高祖紀》作「庚申」。案：是月乙丑朔，作「庚午」，是。

煬帝大業九年五月，禮部尚書楊玄感於黎陽舉兵反。丁未，熒惑逆行入南斗。七月，宇文述討玄感平之　《煬帝紀》書玄感反在六月乙巳，斬玄感在八月壬寅。又，「丁未，熒惑入南斗」，《紀》在丁丑。

十一年十二月戊寅，大流星如斛，墜賊盧明月營　《袁充傳》作「十一月二十日」。《紀》亦作「十二月戊寅」。案：十二月己未朔，戊寅乃十二月二十日。《袁充傳》「十一月」乃「十二月」之譌。

十三年五月辛亥大，流星如甕，墜於江都　《煬帝紀》作「辛卯」。《北史》作「辛酉」。案：是月庚戌朔，第二日爲辛亥，十二日爲辛酉。辛亥、辛酉未知孰是。作「辛卯」，誤。

五行志上

仁壽四年八月，河間柳樹無故枯落，既而花葉復生　《紀》作「七月乙卯」。

梁天監二年六月大末、信安、安豐三縣大水　《梁書》作「東陽、信安、豐安」。案：三縣當是太末、信安、豐安。據《南齊書·地理志》，此三縣皆隸揚州東陽郡。安豐則隸豫州安豐郡，《梁書》誤。

後齊河清二年十二月，兖、趙、魏三州大水　《武成紀》「山東大水」在河清三年。

大同三年七月，青州雪害苗稼。是時交州刺史李賁舉兵反　《梁紀》賁反在七年，且賁乃土民，非刺史。

後齊河清二年二月，大雪　《武成紀》作「十二月，大雪」。

陳太建元年七月，大雨，震萬安陵華表　《陳書》作「九年」。此作「元年」，譌。

後齊天保二年，雨木冰三日。初，清河王岳爲高歸彥所譖，是歲以憂死　「岳」以天保六年死，此誤。

武平元年冬，雨木冰。其年七月，尚書右僕射馮子琮賜死　「右僕射」，誤。《後主化及》、《子琮傳》並作「左僕射」。

河清三年，長廣郡廳事梁忽剥若人狀，其年帝崩　武成崩於四年，此誤。

後齊天保九年夏，大旱。先是，大發卒築長城四百餘里　文宣天保七年《紀》作「三千餘里」。

梁大同十二年正月，送辟邪二於建陵，左雙角者至陵所，右獨角者，將引，於車上振躍者三　此與上「建陵石麒麟」當是一事，復出。

五行志下

陳太建十四年三月，御座幄上見一物，如車輪，色正赤。尋而帝患，無故大叫數聲而崩　帝以正月崩，此作「三月」，誤。

梁天監四年十一月，天清朗，西南有電光，有雷聲二　「二」《梁書》作「三」。

十九年九月西北隱隱有聲如雷。是歲盗殺東莞、瑯邪二郡守，以朐山引魏軍　天監無十九年，「九」字衍文。《梁書》「盗殺東莞、瑯邪二郡守」在十年。

中大通六年十二月，西南有聲如雷。其年北梁州刺史蘭欽舉兵反　「十二月」《梁書》作「閏十二月」。又，蘭欽未嘗反，《志》乃累書其反，何耶？

齊(神武)〔後主〕武平七年，相州鸕鷀泊魚盡飛去　「武平」乃温公年號，此云「齊神武」，誤。

太建十二年九月夜，又風發屋拔樹　「十二年」《紀》作「十三年」。

禎明三年六月丁巳，大風，自西北激濤水入石頭、淮　《陳書·後主紀》：「禎明二年六月丁巳，大風，自西北激濤水入石頭城。淮渚暴溢。」此用《陳書》文而誤於「石頭」下去「城」字，以下句「淮渚暴溢」之「淮」字上屬。又誤以「二年」爲「三年」。

七年三月，大風起西北，發屋拔樹，五日乃止　「七年三月」《後主紀》作「武平七年二月」。

梁天監五年十一月，京師地震。是時交州刺史李凱舉兵反　《梁書》凱以四年反，是時平久矣。

普通三年正月，建康地震。是時義州刺史文僧朗以州叛　《梁書》僧朗之叛在二年。此作「三年」，乃「二年」之譌。

大同三年十一月，建康地震　「三年」《梁書》作「二年」。

普通五年六月，龍鬬於曲阿王陂，因西行至建陵城。所經之處，草木皆折，開數十丈　《梁書》作「開地數十丈」，此奪「地」字。

食貨志

於是計帳進四十四萬三千丁，新附一百六十四萬一千五百口　「四十四萬」《裴蘊傳》作「二十四萬」。「一百六十四萬」《蘊傳》作「六十四萬」。

九年陳平，帝親御朱雀門　《紀》作「廣陽門」。

於是命宇文愷率水工鑿渠引渭水，自大興城東至潼關三百餘里，名曰廣通渠　《郭衍傳》作「漕運四百餘里，名之曰『富民渠』」。

又命黄門侍郎王弘、上儀同於士澄往江南諸州采大木　「於士澄」《紀》作「于士澄」。

明年，帝北巡狩，又興衆百萬北築長城　「百萬」《紀》作「百餘萬」。

刑法志

二年四月癸卯，法度表上新律，又上新《令》三十卷，《科》三十卷　《梁書》作「科四十卷」。

其年十月甲子，詔以金作權典，宜在蠲息，於是除贖罪之科　「十月」《梁書》作「十一月」，此奪「一」字。

正長隱五户及丁以上及地頃以上皆死　「丁以上」《周書武帝紀》作「十丁以上」。「頃以上」《周書》作「三頃」以上。

十五年制，死罪者三奏而後決　死罪三奏之制，《高祖紀》在十六年八月丙戌。

十六年盜邊糧者一升以上皆死，又諸州縣佐史三年一代　盜邊糧者死之制，《高祖紀》在十五年十二月戊子。「州縣佐史三年一代」之制，《高祖紀》在十四年十一月壬戌。

經籍志一

《周易》十卷，梁處士何胤注。梁有臨海令伏曼容注《周易》八卷　《梁書·曼容傳》「曼容官臨海太守」，非「臨海令」。

《周易幾義》一卷，梁南平王撰　當作「南平王蕭偉撰」，此失書其名。

《周易講疏》三十卷，陳諮議參軍張機撰　《陳書・張譏傳》作「《周易義》」。又，「機」當從《傳》作「譏」。

《周易義疏》十六卷，陳尚書左僕射周弘正撰　《弘正傳》作「《周易講疏》」。

《周易繫辭義疏》二卷，蕭子政撰　此書復見，當刪。

《尚書疏》二十卷，顧彪撰　《彪傳》作「《古文尚書疏》」。

《毛詩章句義疏》四十卷，魯世達撰　《世達傳》作「四十一卷」。

梁（人）〔又〕有《周官寧朔新書》八卷，晉燕王師王懋約撰，亡　《新唐書・藝文志》作「司馬伷撰，王懋注」。

《集注周官禮》二十卷，崔靈恩注　《梁書・靈恩傳》作「四十卷」。

《禮記義疏》四十八卷，皇侃撰　《梁書》武帝大同四年《紀》及《侃傳》作「五十卷」。

《三禮義宗》三十卷，崔靈恩撰　《梁書・靈恩傳》作「四十七卷」。

《三禮雜大義》三卷，《注答問》五十卷，何胤撰，亡　《梁書・胤傳》作「五十五卷」。

《春秋嘉語》六卷　《新唐書・藝文志》作「沈宏撰」。

王元規《續沈文阿春秋左氏傳義略》十卷　《元規傳》作「十一卷」。

《孝經私記》二卷，周弘正撰　《傳》作「《孝經疏》」。

《經典大義》十二卷，沈文阿撰　《傳》作「十八卷」。

《遊玄桂林》九卷，張譏撰　此書又見下子部道家類，復出，當刪。

《謚法》三卷，劉熙撰　《新唐書・藝文志》作「荀顗演、劉熙注」。

《小學篇》一卷，晉下邳內史王義撰　《新唐書・藝文志》作「王羲之撰」，誤。

《玉篇》三十一卷，陳左衛將軍顧野王撰　《野王傳》作「三十卷」。

凡六藝經緯六百二十七部　案：經部之見於《列傳》而《志》失載者：梁許懋《毛詩風雅比興義類》十五卷，見《陳書・許亨傳》。陳張譏《尚書義》十五卷、《毛詩義》二十卷、《孝經義》八卷、《論語義》二十卷，王元規《禮記音》二卷、《左傳音》三卷、《孝經義記》二卷、《續經典大義》十四卷，戚衮《禮記義》四十卷，沈文阿《儀禮》八十餘卷，沈不害《五禮儀》百卷，周弘正《論語疏》十一卷，張沖《喪服義》三卷，隋萬寶常《樂譜》六十四卷，潘徽《韻纂》三十卷、《萬字文》，周斛斯徵《樂典》十卷。

經籍志二

《後漢書》九十七卷，宋太子詹事范曄撰　《後漢書》計九十二卷，《論贊》五卷，共九十七卷。是九十七卷，《論贊》已在內，後乃又別出《後漢書・論贊》，何也？

《三國志》二十五卷　當作「六十五卷」。

《魏紀》十二卷，左將軍陰澹撰　《新唐書・藝文志》作「魏澹」。

《晉八王故事》十卷　《新唐書・藝文志》作「盧琳撰」，此失書。

《晉東宮舊事》十卷　《新唐書・藝文志》作「張敞撰」，此失書。

《開業平陳記》二十卷　《新唐書・藝文志》作「裴矩撰」，此失書。《唐志》又作「十二卷」。

《後魏儀注》五十卷　《新唐書・藝文志》作「常景撰」，此失書。

《新儀》三十卷，鮑泉撰　《泉傳》作「四十卷」。

《陸史》十五卷　失撰人。《新唐書・藝文志》作「陸煦撰」。案：《唐志》是也。《梁書・陸杲傳》亦稱「煦撰《陸史》」。

《靈異記》十卷　此書許善心、崔祖濬撰。見《陳書・許善心傳》。

《荆南地志》二卷，蕭世誠撰　《新唐書・藝文志》作「梁元帝撰」。案：《梁書・元帝紀》「撰《荆南志》三卷」，與《唐志》合。此作「蕭世誠撰」，疑誤。

《聘北道里記》三卷，江德藻撰　《傳》作「《北征道里記》」。

《後魏辯宗録》二卷，元暉業撰　《北齊書・魏收傳》作「元暉業撰《辯宗室録》三十卷」。《暉業傳》作「四十卷」。此誤。

凡史所記八百一十七部　案：史部之見於《列傳》而《志》失載者：陳顧野王《通史要略》百卷、

《建安地記》二篇、《顧氏譜傳》十卷、《國史紀傳》二百卷、《洞冥記》一卷、《符瑞圖》十卷，姚察《西聘建康記》一卷，隋何妥、沈重《三十六科鬼神感應等大義》九卷，明克讓《續名僧記》一卷，韋世康《韋氏譜》七卷。

經籍志三

《莊子講疏》二卷，張譏撰，亡　《陳書·張譏傳》：「撰《莊子内篇義》十二卷、《外篇義》二十卷、《雜篇》十卷。」

《莊子内篇講疏》八卷，周弘正撰　《傳》作「《莊子疏》五卷」。

《玄子》五卷　此書李公緒撰。見《北齊書》本《傳》。

《鴻寶》十卷　《梁書·張纘傳》：「撰《鴻寶》一百卷。」不知即此書否。

《典言》四卷，後魏人李穆叔撰　《北齊書·李公緒傳》作「十卷」。

《會林》五卷　《梁書·徐勉傳》：「撰《會林》五十卷。」當即此書。

《華林遍略》六百二十卷，梁綏安令徐僧權等撰　《南史·何思澄傳》：「天監十五年，勑徐勉舉學士撰《遍略》。勉舉、思澄、顧協、劉杳、王子雲、鍾嶼等八年乃成書七百卷。」

《聖壽堂御覽》三百六十卷　據《北齊書》後主武平三年《紀》，此書後改名《修文殿御覽》。此宜從改名。又，此書乃北齊勑撰，此亦未注明。

《内典博要》三十卷　《梁元帝紀》：「撰《内典博要》百卷。」

《瑣語》一卷，梁金紫光禄大夫顧協撰　《梁書·協傳》作「十卷」。

《邇説》一卷，梁南臺治書伏捶撰　《梁書·伏挺傳》：「撰《邇説》十卷。」此作「伏捶撰」，誤。捶，挺弟。

《瓊林》七卷，周獸門學士陰顥撰　《梁書·陰子春傳》作「二十卷」。

《金策》十九卷　《梁書·武帝紀》「撰《金策》二十卷」，當即此書。

《靈臺秘苑》一百一十五卷，太史令庾季才撰　《天文志》作「百二十卷」。《季才傳》同。

《七曜(麻)〔曆〕術》一卷　《梁書·庾詵傳》：「子曼容撰《七曜(麻)〔曆〕術》。」不知即此書否。

《集驗方》十卷，姚僧坦撰　「僧坦」當作「僧垣」。《周書》有《傳》。「十卷」《傳》作「十二卷」。又，前載「姚大夫《集驗方》十二卷」，即是書復出。僧垣官太醫下大夫，故稱「姚大夫」。

凡諸子合八百五十三部　案：子部之見於《列傳》而《志》失載者：陳張譏《老子義》十一卷，姚察《説林》十卷、《玉璽》、《三鍾》等記各一卷，馬樞《道覺論》二十卷，顧野王《分野樞要》一卷、《玄象表》一卷，隋劉祐《婚姻志》三卷、《産乳志》二卷。

經籍志四

《離騷草木疏》二卷，劉杳撰　《杳傳》作「一卷」。

《梁簡文帝集》八十五卷　《周書・蕭大圜傳》作「九十卷」。

《梁元帝集》五十二卷　《紀》作「五十卷」。

梁《蕭琮集》七卷，梁又有《安成煬王集》五卷，亡　「煬王」即「蕭機」。下別出「《蕭機集》」，而此云「《煬王集》，亡」，何也？

梁尚書僕射《范雲集》十一卷　《雲傳》作「三十卷」。

梁太常卿《任昉集》三十四卷　《昉傳》作「三十三卷」。

南徐州秀才《諸葛璩集》十卷　《璩傳》作「二十卷」。

梁尚書左丞《范縝集》十一卷　《縝傳》作「十卷」。

梁《蕭洽集》二卷　《洽傳》作「二十卷」。

梁黄門郎《張率集》三十八卷　《率傳》作「三十卷」。

梁都官尚書《江革集》六卷　《革傳》作「二十卷」。

梁儀同三司《徐勉前集》三十五卷，《徐勉後集》十六卷　《勉傳》前、後二《集》四十六卷。

梁鴻臚卿《裴子野集》十四卷　《子野傳》作「二十卷」。

梁仁威府長史《司馬褧集》九卷　《褧傳》作「十卷」。

梁始興内史《蕭子範集》十三卷　《子範傳》作「三十卷」。

梁太常卿《陸倕集》十四卷　《倕傳》作「二十卷」。

梁太子洗馬《王筠集》十一卷、并録。王筠《中書集》十一卷、并録。王筠《臨海集》十一卷、并録。王筠《左佐集》十一卷、并録。王筠《尚書集》九卷并録。　《筠傳》：筠自撰其文章，以一官爲一集。《洗馬》、《中書》、《中庶子》、《吏部》、《佐臨海太府》各十卷，《尚書》三十卷，共一百卷。

梁雍州刺史《張纘集》十一卷并録。　《纘傳》作「二十卷」。

梁太常卿《劉之遴前集》十一卷、《劉之遴後集》二十一卷　《之遴傳》作「《集》五十卷」。

梁護軍將軍《甄玄成集》十卷　《周書·玄成傳》作「二十卷」。

北齊尚書僕射《魏收集》六十八卷　《收傳》作「七十卷」。

北齊儀同《劉逖集》二十六卷　《逖傳》作「三十卷」。

後周《明帝集》九卷　《周書·明帝紀》作「十卷」。

後周《趙王集》八卷　《周書·趙王招傳》作「十卷」。

後周儀同《宗懔集》十二卷　《懔傳》作「二十卷」。

陳大匠卿《杜之偉集》十二卷　《之偉傳》作「十七卷」。

陳鎮南府司馬《陰鏗集》一卷　《陳書・阮卓傳》：「陰鏗官至晉陵太守員外散騎常侍，有集三卷。」

陳左衛將軍《顧野王集》十九卷　《野王傳》作「二十卷」。

陳少府卿《陸玢集》十卷　「玢」當從《陸琰傳》，作「玠」。

司隸大夫《薛道衡集》三十卷　《道衡傳》作「七十卷」。

《續文章流別》三卷，孔寧撰　《北齊書・顔之推傳》：「《觀我生賦》注：『《修文殿御覽》、《續文章流別》等皆詣進賢門奏之。』」是《續文章流別》亦勅撰。

《文海》五十卷　《周書・蕭圓肅傳》：「撰《文海》四十卷。」殆即是書。

《婦人集》二十卷。梁有《婦人集》三十卷，殷淳撰。又有《婦人集》十一卷，亡　《梁書・徐勉傳》：「撰《婦人集》十卷。」不知即此書否。

《古今詩苑英華》十九卷，梁昭明太子撰　《昭明太子傳》：「撰五言詩之善者爲《文章英華》二十卷。」與此名目、卷數不合。

《毛伯成詩》一卷　此已列前別集類，復見，當删。

《正流論》一卷　此書已見上簿録類，復出。

凡集五百五十四部　案：集部之見《列傳》而《志》失載者：陳《岑之敬集》十卷，《許亨集》六卷,《庾持集》十卷,《江德藻集》十五卷,《顔晃集》二十卷,《沈不害集》十四卷,《陸瓊集》二十卷,《毛喜集》十卷,《謝嘏集》、《江總集》三十卷,《姚察集》二十卷,《傅縡集》十卷,《周弘立集》二十卷,見《陳書·周弘正傳》。隋《杜臺卿集》十五卷,《鮑宏集》十卷,杜正藏《文章體式》。

文獻獨孤皇后傳

弟陀以猫鬼巫蠱呪詛於后,坐當死。后三日不食,爲之請命,於是減死一等　《獨孤陀傳》作「以弟司勳侍中整請,得免死」。

宣華夫人陳氏傳

因呼兵部尚書柳述、黄門侍郎元巖曰　「元巖」與第六十二卷之「元君山」同名而非一人。

李穆附子渾傳

破突厥阿勿俟斤於納遠川　「阿勿俟斤」《突厥傳》作「阿勿思力俟斤」。

李穆附兄子詢傳

開皇元年,引杜陽水灌三趾原　《高祖紀》:「開皇二年三月戊申,開渠,引杜陽水於三時原。」

梁睿傳

進爵蔣國公　據《周書·武帝紀》「睿進爵」在天和四年，此叙在閔帝時，誤。

盧賁傳

奏改周代旗幟，更爲嘉名，其青龍、騶虞、朱雀、玄武、千秋、萬歲之旗，皆賁所創也　《禮儀志五》僅載「青龍、白獸、即「白虎」，避唐諱，改。「白虎」即「騶虞」。朱雀、玄武」，不載「千秋、萬歲」二名。

賁以古樂宫懸七八，損益不同，歷代通儒，議無定準。於是上表曰云云。上竟從之，即改七懸八，以黄鍾爲宫。　賁奏不載。《音樂志》云：「高祖從何妥説，用黄鍾。」不云從賁議。

竇榮定傳

未幾，復爲右武候大將軍　《高祖紀》二年四月、八月兩見，皆作「左武候」。

突厥沙鉢略寇邊，以爲行軍元帥，率九總管步騎三萬出涼州。與虜戰於高越原，數挫其鋒。歲餘，拜右武衛大將軍　據《高祖紀》，榮定於三年五月破突厥於涼州，閏十二月拜右武衛大將軍，相距數月，不得云「歲餘」。

豆盧勣傳

父寧柱國、太保　據《周書·寧傳》，寧無子，勣乃寧弟永恩子，此叙述未核。

宣帝大象三年，拜利州總管　大象無三年，「三」字疑誤。

益州總管王謙作亂。勣嬰城固守，謙遣其將達奚惎、高阿那肱、乙弗虔等衆十萬攻之　「高阿那肱」《梁睿傳》作「高阿那瓌」。《周書・王謙傳》作「阿史那瓌」。案：作「肱」，是。據《北齊書・高阿那肱傳》，「肱」字，世人皆稱爲「瓌」音，此致譌之由。《李德林傳》亦作「高阿那肱」。

十年，以疾徵還京師，其年卒　據《高祖紀》，勣卒於開皇十二年八月丁酉。

梁士彦傳

梁默者，士彦之蒼頭。開皇末，以行軍總管從楊素北征突厥　「默從素征突厥」在仁壽元年，見《素傳》及《突厥傳》，此誤。

宇文忻傳

父貴，周大司馬　《貴傳》官大司空，歷大司徒，遷太保，未爲大司馬。

王誼傳

武帝即位，授儀同，累遷内史大夫，封楊國公　據《周書・宣帝紀》及《王盟傳》皆謂「誼於宣帝初由平陽郡公封楊國公」。

王世積傳

闡熙，新囶人也　《周書・王雅傳》作「新固人」。

高熲傳

高祖受禪，拜尚書左僕射兼納言，進封渤海郡公　《高祖紀》：「開皇元年二月，帝即位，以相國司馬、渤海郡公《北史》無此四字。高熲爲尚書左僕射。」似封渤海郡公在受禪前，誤。

又拜左領軍大將軍　據《高祖紀》，「熲拜左領軍大將軍」在五年正月，《北史》作「三月」。此叙在二年前，疑誤。

蘇威傳

襲爵美陽縣公　《周書·蘇綽傳》作「縣伯」。案：作「伯」，是也。綽由美陽縣子進爵爲伯，未嘗進爵爲公。

屬山東諸州民饑，上令威賑恤之　高祖五年《紀》作「河南諸州」。案：《食貨志》「青、兖、汴、許、曹、亳、陳、仁、譙、豫、鄭、洛、伊、潁、邳等州大水，命蘇威分道開倉賑給」。是山東、河南皆饑。《紀》書河南而略山東，《傳》書山東而略河南，皆未核。

李德林傳

大象初，賜爵成安縣男　高祖開皇二年《紀》作「咸安男」。

蘇威又言廢郡　「廢郡」事倡議於楊尚希，不盡出於蘇威。《尚希傳》有《請廢州郡表》。

觀德王雄傳

初名惠，高祖族子也　據《周書·楊忠傳》，「高祖弟整，整弟惠」，則惠亦高祖弟，非族子也。

觀德王雄附弟達傳

煬帝嗣位，轉納言　《高祖紀》：「仁壽二年十月癸未，《北史》作「癸丑」。以工部尚書楊達爲納言。」此誤。

道悼王靜傳

早卒　《高祖紀》靜卒在開皇十七年，此未著明。

庶人諒傳

煬帝遣楊素率騎五千，襲王聃、紇單貴於蒲州，破之　「王聃」《楊素傳》作「王聃子」。

長孫平傳

開皇三年徵拜度支尚書　《高祖紀》「平拜度支尚書」在開皇二年五月。

韋師傳

其族人世康爲吏部尚書，與師素懷勝負　《韋世康傳》稱「世康性恬素好古，不以得喪干懷」，又稱其「寡者欲，不慕貴勢，未嘗以位望矜物」，與此殊相矛盾。

蘇孝慈傳

蘇孝慈，扶風人也　《蘇孝慈墓誌》作「君諱慈，字孝慈」。

父武周　《墓誌》作「父武」。

累遷工部上大夫　《誌》作「中大夫」。

李雄傳

李雄字毗盧，趙郡高邑人也。祖楂，魏大中大夫。父徽伯，齊陝州刺史　徽伯名裔，《北史》有《傳》。父秀林，《北史》誤作「伯父秀林」。小名楂。「雄」《北史·裔傳》作「子雄」。

閔帝受禪進爵爲公　上文並未書封某爵，此處忽著進爵爲公，何也？

拜豪州刺史　《北史·子雄傳》作「亳州刺史」。

柳機附從子謇之傳

令謇之送義成公主於突厥　《突厥傳》前作「裴成公主」，後作「義成」。據此，則作「義成」，是。

楊素傳

十八年，突厥達頭可汗犯塞，以素爲靈州道行軍總管，出塞討之。素奮擊，大破之。達頭被重創而遁，殺傷不可勝計　《史萬歲傳》：「開皇末，突厥達頭可汗犯塞，上令晉王廣及楊素出靈武道，漢王諒與史萬歲出馬邑道。萬歲出塞，達頭大懼，引去。萬歲馳追百餘里乃〔反〕〔及〕擊，大破之。虜逃遁而還。」則破達頭者，乃史萬歲，非楊素。兩《傳》不合。考《煬帝紀》，「突厥寇邊，復爲行軍元帥，出靈武，無虜而還」。據此，則素與煬帝同出靈武道，實未遇敵。兹之所述，蓋誤記也。不如高祖開皇十九年《紀》稱「達頭可汗犯塞，遣行軍總管史萬歲擊破之」爲得其實。

牛弘傳

次子方裕，與裴虔通等同謀弑逆，事見《司馬德勘傳》　方裕謀逆見《宇文化及傳》，此誤。

龐晃傳

遷原州總管　高祖十六年《紀》作「夏州總管」。

長孫覽傳

及誅宇文護，以功進封薛國公　考《周書》，誅護在建德元年，覽封薛國公在天和六年，此誤。

長孫覽附從子晟傳

詐言彭北雍本添「城」字。公劉昶共宇文氏女謀欲反隋　《突厥傳》及《周書·劉亮傳》作「彭國公」。

賀婁子幹傳

明年突厥寇蘭川　「川」當作「州」。

十四年以病卒　據《高祖紀》，子幹以開皇十三年七月壬子卒。

史萬歲傳

漢王諒與萬歲出馬邑道　「馬邑道」《裴矩傳》作「定襄道」。又據《庶人諒傳》：「十九年，突厥犯塞，以諒爲行軍元帥，竟不臨戎。」則諒雖奉命出塞，並未身在行間。

劉方傳

賊乘巨象四面而至，方以弩射象　《林邑傳》載方破象陣事，與此小異。

杜彦傳

十八年遼東之役，以行軍總管從漢王至營州，及還，拜朔州總管　《高祖紀》「遼東之役」在十八年二月，軍還在其年九月，彦「拜朔州總管」在三月。《紀》、《傳》不符。

周摇傳

拜爲幽州總管，後六載，徙爲壽州　《高祖紀》「摇總管幽州」在開皇三年七月，「總管壽州」在十一年，相距八年。此作「六載」，誤。

盧愷傳

父柔，終於魏中書監　《周書·盧柔傳》：柔在魏官中書監，仕周至開府，卒。此誤。

其後襲爵容城伯　《周書·盧柔傳》初封容城縣男，後進爵爲子，未嘗進伯。

許善心傳

祖茂　「茂」《陳書・許亨傳》、《梁書本傳》並作「懋」。

元德太子昭傳

詔内史侍郎虞世基爲哀册，文曰：　維大業二年七月癸丑朔二十三日，皇太子薨於行宫　《煬帝紀》：「二年七月甲戌，皇太子昭薨。」是月爲癸丑朔，甲戌乃二十二日，非二十三日。

齊王暕傳

煬帝即位，進封齊王。大業二年，帝初入東都，暕爲軍導，尋轉豫州牧　《煬帝紀》：　暕以大業元年正月己亥爲豫州牧，二年六月，封齊王。《紀》、《傳》不合。

崔仲方傳

父宣猷　《周書・崔猷傳》：　字宣猷。此當稱名。

史祥傳

襲爵武遂縣公　《周書・史寧傳》：　寧爵安政郡公。祥以父功賜爵武遂，非襲爵也。

楊義臣傳

大破士達，斬金稱　據《楊善會傳》，士達亦爲義臣所斬，此叙述未核。

李圓通傳

李圓通，京兆涇陽人也　煬帝大業二年《紀》作「李通」。

張定和傳

徵拜左屯衛大將軍　煬帝大業四年《紀》作「右屯衛」。《北史》作「左屯衛」。

沈光傳

時孟才、錢傑等陰圖化及　「孟才」當作「麥孟才」。

來護兒傳

煬帝即位，遷右驍衛將軍　《煬帝紀》作「右武衛將軍」。

十三年轉爲左《北史》作「右」。翊衛大將軍　《煬帝紀》護兒進左翊衛將軍在十二年十二月，此誤。

陳稜傳

與朝請大夫張鎮周　煬帝六年、十三年《紀》及《流求傳》、《食貨志》並作「張鎮州」。

周羅睺傳

煬帝即位，授右武侯大將軍。漢王諒反，詔副楊素討平之　《煬帝紀》授羅睺右武侯大將軍在十二月，漢王反在八月，此叙述顛倒。

權武傳

進位大將軍、檢校潭州總管。其年桂州人李世賢作亂　《高祖紀》武拜潭州總管在十二年，李世賢反在十七年，相距甚遠。此以爲一年事，誤。

吐萬緒傳

及陳平，拜夏州總管　《高祖紀》平陳在九年，吐萬緒總管夏州在十一年三月，此誤。

賊窮蹙，請降，元進、朱燮僅以身免，於陣斬管崇　《劉元進傳》作「燮戰死」，不作「管崇戰死」。

趙才傳

率衛尉卿劉權、兵部侍郎明雅等出合河道　《劉權傳》作「出伊吾道」。

裴蘊傳

盡取榮公護兒節度　「護兒」上奪「來」字。

裴矩傳

矩又白狀令反間射匱潛攻處羅，語在《突厥傳》　「語在《突厥傳》」當作「語在《西突厥傳》」。

宇文愷傳

拜工部尚書。及長城之役，詔愷規度之。時帝北巡，欲誇戎狄，令愷爲大帳，其下坐數千人

案：《煬帝紀》「長城之役」及作大帳在三年，愷「拜工部尚書」在四年三月，與此不符。

子儒童游騎尉　《裴仁基傳》載「儒童官尚書左丞」。又案：儒童與裴仁基、陳謙等謀誅王世充，復立越王侗事，見《裴仁基》及《越王侗傳》。是儒童隋之誠臣，此不應略而不書。

皇甫誕傳

諒用諮議王頍之謀　「頍」當作「頍」。

元文都傳

大業十三年，帝幸江都　《煬帝紀》「幸東都」在十二年。

劉斌傳

復爲劉闥中書侍郎　「劉闥」當作「劉黑闥」。

獨孤羅傳

獨孤羅字羅仁　高祖十七年《紀》作「獨狐羅雲」。

高麗傳

次意侯奢　《周書》作「意侯奢」。《北史》作「竟侯奢」。

大業七年，帝將討元之罪　「七年」《紀》作「八年」。

林邑傳

高祖既平陳，乃遣使獻方物　《高祖紀》「林邑朝貢」在開皇十五年。

真臘傳

大業十三年，遣使貢獻　《紀》作「十二年二月」。

吐谷渾傳

其名王十三人各率部落而降　《元諧傳》作「名王十七人，公侯十三人」。

旭州刺史皮子信出兵拒戰　「旭州」高祖開皇二年《紀》作「洮州」。

伏允遁逃，部落來降者十萬餘口　《宇文述傳》作「前後虜男女四千口」。

安國傳

大業五年遣使貢獻，後遂絶焉　《紀》於五年無安國貢獻事，大業十一年載「安國朝貢」，與此不合。《北史》無「後遂絶焉」四字，校此爲當。

突厥傳

於是河間王弘、上柱國豆盧勣、竇榮定、左僕射高熲、右僕射虞慶則並爲元帥，出塞擊之　《高祖紀》及《慶則傳》作「慶則拜右僕射」在討突厥之後，是時慶則方官内史監，此誤。

染千夜以五騎與隋使長孫晟歸朝　「五騎」《長孫晟傳》作「五百騎」。

拜染千爲意利珍豆啓民可汗　「珍」《長孫晟傳》作「彌」。

大業三年四月，煬帝幸榆林　《煬帝紀》「駕次榆林」在六月。

宇文化及傳

許弘仁、薛良　「薛良」《煬帝紀》作「薛世良」。此避唐太宗諱，省「世」字。

王充傳

吴人朱燮、晉陵人管崇起兵江南以應之，自稱將軍　《吐萬緒傳》、《劉元進傳》作「自稱僕射」。

新唐書宰相世系表補正

光緒壬辰，予曾著《唐書宰相世系表考證》二卷，其書乃依據諸史列傳而佐以唐人文集及金石文字成之。顧其時家居，見聞簡陋。及宦游南北，每得碑誌，見有可補正是表者，輒録之書眉，備異日增入。以故《考證》雖久成書，訖未授梓。及辛亥避地扶桑，唐尚書（景）〔璟〕崇以書來，言：「聞尊著《唐書藝文志斠記》、《宰相世系表考證》久已脱稿，鄙人以數十年之力注歐書，今將以桑榆暮景成之，大著擬全行采入，敢以爲請。」予因以舊稿付之，當時徵求迫，未及録副也。乃尚書不久下世，所著亦未就，而舊稿則不可復返矣。幸書眉所記「續校之稿」尚存，且歲有增益，三十年來中州所出唐誌千餘品，每得墨本，輒取校讐，久之遂得如干則。今始以養痾餘暇，别紙繕録成書二卷。《歐表》舊例，書名、書官、書字、書爵、書謚，其有未備者則補之，子孫有可考而遺之者則補之，至世次顛倒錯迕、名字譌舛，或一人而析爲二，或二人而混爲一，則正之。其大端根據誌墓之文，而輔以諸家文集，復校以宋槧本。與前書蓋稍異，故名之曰《補正》。回憶少時治此書，予年未及三十，今且逾七十矣。中更世變，未轉溝壑，尚得爲此寂寞以遺餘年。熒熒青燈，蕭蕭白髮，自幸且自慨也。丁丑仲冬，貞松羅振玉記。

新唐書宰相世系表補正　卷上

裴氏

一云晉平公封顓頊之孫鍼於周川之裴中，號裴君。《寧州刺史裴撝墓誌》：「秦景公母弟曰鍼者，始居於晉平公邑之同川裴中，因而得姓。」「周川」作「同川」。

西眷裴

訥之，字士言，北齊中書舍人。《舊書·裴矩傳》作「太子舍人」。世矩，字弘大，相高祖。《舊書》本傳作「矩」，避太宗諱，省「世」字。

洗馬裴

元簡，尉氏尉。韓愈《河南少尹裴復墓誌》：「大父元簡，大理正。」

復生璟、質、望郎。《裴復墓誌》：「男三人，璟、質皆冠，其季始六歲，曰充郎。」

南來吴裴

正，隋散騎常侍。《裴耀卿碑》：「大王父正，隋豐州司馬、蘇州大總管府贊治。」又《王同福夫人裴氏墓誌》：「曾祖正，隋長平郡贊治。」

守真，字方忠。邠、寧二州刺史。《太子司議郎盧寂墓誌》：「夫人河東裴氏，祖守忠，寧州刺史。」又《左清道率府録事參軍于公夫人裴氏墓誌》：「王父寧州刺史、贈户部尚書諱守忠。」均作「守忠」。

耀卿，字涣之，相玄宗。沈校：「涣」本傳作「焕」。案：《裴耀卿碑》作「字子涣」。

佶字弘正，國子祭酒。《裴耀卿碑》作「京兆少尹」。

春卿生淑，倉曹參軍。《裴耀卿碑》載耀卿諸子有「淑，吏部侍郎」。《表》耀卿下無之。而季卿下則又書「子淑，汝州參軍」。從兄弟三人，不應同名。《表》殆誤書。

守祚，下邳令。《王同福夫人裴氏墓誌》：「曾祖正。祖德，太學明經出身，辭疾不仕。父守祚，皇泗州下邳令。」《表》作守祚父「歸仁，潞府司兵參軍」，與《誌》不合。

中眷裴

定高，襲琅邪郡公，馮翊郡公。沈校《隋書·仁基傳》無「高」原誤作「定」。字。案：《祠部員外郎裴稹墓誌》：「高祖定，大將軍，襲琅邪郡公。」又《裴光庭碑》：「大王父定。」均與《隋書》同。然張說《贈太尉裴行儉神道碑》：「大父定高。」則有「高」字。《舊書・裴行儉傳》亦作「祖定高」。

行儉，襄武道大總管、聞喜憲公。沈校本傳：仁基子，非思諒子。「憲」本傳作「獻」。案：《裴行儉神道碑》：「公諱行儉，字守約。大王父伯鳳，大父定高，考仁基。」又《裴光庭碑》亦云：「大王父定，大父仁基，父行儉。」又獨孤及《尚書祠部員外郎裴積行狀》：「曾祖仁基，祖行儉。」又《裴積墓誌》：「曾祖仁基，祖行儉。」均不以行儉爲思諒子。至《裴積行狀》及《墓誌》均云：「行儉，謚獻。」亦不作「憲」。惟《行儉神道碑》及權德輿《尚書度支郎中裴倩神道碑》作「憲」，與《表》同。又《裴行儉神道碑》稱「長子貞隱，早卒。孫參玄嗣封。次子延休，并州文水令；次子慶遠，協律郎；季子光庭，侍中兼吏部尚書」。《表》誤以貞隱爲行儉兄行儼子，以延休、慶遠爲貞隱子，舛謬殊甚。

積，司勳員外郎，襲正平縣子。積字安道，見《墓誌》。又《行狀》與《墓誌》并作「祠部員外郎」。《表》載積子倩、儆二人，《墓誌》謂：「積有才，子四人：長曰倩，次曰儆，次曰倚，殿中侍御史，試守萬年縣令。《比丘尼正性墓誌》：「考倚，駕部郎中、御史中丞。」季曰侑，太原府榆次縣尉。」《表》又誤以倚、侑爲儆子。

瑾，字封叔。吉州刺史。「瑾」宋本作「墐」。案：柳宗元《萬年令裴墐墓碣》亦作「墐」。

乂，福建觀察使。元稹《福建等州都團練觀察處置等使、福州刺史、贈左散騎常侍裴公墓誌》：「公諱某，字某。唐故長安縣令諱安期、贈左散騎常侍諱後已、贈工部尚書諱部，其父、祖、其曾也。

昭應縣令稷、虔州刺史悉、盩厔縣令及，其季也。進士誨、進士謍，其子也。」案：此《誌》雖不著裴公名，以《表》證之，乃乂也。《誌》所叙先世及其子皆與《表》合，惟《表》載乂弟「稷，虔州刺史」、「墠，字右郊，越州觀察判官」，與《誌》不合。《表》既失書悉，又誤以悉官稷，而别出墠一人。又書及于墠後一行，低二格，復失書其官。宋本則列及低於墠一格，然世次錯亂則一也。

東眷裴

澄，字静慮，後魏汾州刺史。沈校《北史·裴寬傳》名静。案：《北周書·裴寬傳》：「父静慮。」《北史》同，不作「静」。唐《裴鏡民碑》：「祖靖慮。」又李迥秀《齊州長史裴希惇碑》：「曾祖澄，字静慮。」與《表》同，殆以字行者。

景漢，字仲霄，後周車騎將軍。沈校《北史·裴寬傳》無「景」字。案：《裴鏡民碑》：「父漢，周車路大夫、儀同三司、晉州刺史。」亦不作「景漢」。

鏡民，隋兵曹郎。鏡民，字君倩，仕至益州總管府司馬。見《鏡民碑》。

熙勣，洛州長史。《裴鏡民碑》：「第二子，太僕少卿、洛州都督府長史、上柱國、翼城縣開國公勣。」又《裴可久墓誌》：「祖勣，衛尉少卿、邢州刺史、翼城公。」並作「勣」。

居業，官梁州都督府司馬。子可久，字貞遠，官左親衛。均見《裴可久墓誌》。又《表》後一葉大方子，亦有居業復出，待考。

尼，字景尼，後周御正大夫。李迥秀《齊州長史裴希惇神道碑》：「祖尼，後魏給事中、奉車都尉、通直散騎常侍、贈輔國將軍、隨州刺史。」

之隱，梓州長史、會稽安男。《裴希惇神道碑》：「父之隱，隋侍御史、上儀同三司、駕憲二部侍郎、扶風河間二郡贊治、皇太僕司農二少卿、武安郡太守、始州刺史、通直散騎常侍、益州長史、會稽縣開國男，謚曰安。」

希惇，字處實。齊州長史。《希惇神道碑》：「字虔實，祖尼，父之隱。」《表》誤以爲之隱弟之爽子。

思政《希惇神道碑》作「思正，太學生」。

之爽《表》失書之爽官職。《寧州刺史裴撝墓誌》：「曾祖尼，祖爽，不作「之爽」。隋洛州澠池令，皇朝正議大夫。」

撝，寧州刺史。《裴撝墓誌》：「字思敬，有子琬、玠、瑒、瓊、璵、璘、琥、玘。」《表》失書。

鴻智，襄州長史、高邑縣侯。沈校：據《表》：鴻智，客兒之弟。則父名鴻琳，子不當復名鴻智。案：《衛尉卿韋頊墓誌》：「夫人河東裴氏，魏龍驤將軍、雍州長史、高邑縣開國男、周車騎大將軍、儀同三司、豐遂資三州刺史鴻智之曾孫。」又《魏國太夫人河東裴氏墓誌》：「曾祖鴻智，後魏雍州長史、高邑縣男、周襄州道大總管高邑侯。」是鴻智名固不誤，或「鴻琳」名有誤耳。

師武　師武，隋蜀王府記室參軍。見《韋項及魏國太夫人裴氏墓誌》，《表》失書其官職。

劉氏

通，字子將，隋毗陵郡通守。《定州長史李謙墓誌》：「夫人彭城劉氏，隋大將軍子將之曾孫。」《元和姓纂》亦作「畛生子將」。是子將以字行。

爲輔　《彭城縣君劉氏墓誌》：「曾祖延景，祖瑗。父爲輔，朝散大夫、（歧）〔岐〕州司馬。」《表》失書爲輔官職。

偉，字世英，北齊睢州刺史。沈校：《北齊書》本傳：「名禕，字秀英。」案：李邕《贈太子少保劉知柔墓誌》：「高祖，魏驃騎大將軍、北州刺史禕府君，謚曰懿。」亦作「禕」。

珉，北齊睢陽太守。《劉知柔墓誌》：「祖，齊散騎常侍、文林館學士珉府君。」

知柔，工部尚書、彭城侯。《劉知柔墓誌》：「高祖禕，曾祖岷，祖朝散大夫、陳留縣長元邃，考宋州司馬、贈徐州刺史藏器。」《表》稱知柔祖「務本，隋留縣長」，當是「陳留縣長」，脱「陳」字。不作元邃，與《誌》不合。

廣平劉氏

齊賢，更名景先，相高宗。《吉州刺史劉齊賢墓誌》：「齊賢，字景山。曾祖會，周濮陽太守、儀同三司、大將軍城陽□公，祖林甫，父祥道。」《表》林甫上空一格，失書會名，當據補。又「更名景先」，《誌》作「字景山」，與《表》亦不合。又《安國寺尼劉大德墓誌》：「法師諱性忠，唐右相林甫公五葉孫。曾祖齊敬，徐州司馬。祖正心，趙州平棘縣令。考從乂，鄭州滎陽縣令。」是林甫尚有孫齊敬，《表》失其系。

令植，禮部尚書。沈校：《祥道傳》：「齊賢從父弟令植。」不言應道子。案：《元和姓纂》：「林甫生祥道、慶道、應道。應道生植，殆脱「令」字。禮部侍郎。」與《表》合。惟「禮部尚書」作「侍郎」。《河南府福昌縣丞李君夫人劉氏墓誌》及《唐書·劉從一傳》均作「禮部侍郎」，《表》作「尚書」誤。又令植尚有子曆之，河南府永寧縣令，孫從倫，滁州刺史。見《李君夫人劉氏墓誌》。《表》均失書。

曹州南華劉氏

暹，字士昭。杭州刺史。《新〔書〕(史)·晏傳》作「潮州刺史」。又云：「暹孫潼，字子固。官至檢校尚書、右僕射。」《表》失書。

蕭氏

齊梁房

直，給事中。獨孤及《給事中贈吏部侍郎蕭公墓誌》：「公諱直，字正伸。嗣子策、密、莒。」

《表》作子策、節、革。不及密、莒，而多節、革。

琮，隋莒國公。琮尚有弟瓛，見《隋書・文帝本紀》，《表》失書。

灌，字玄茂。渝州長史。《舊書・蕭瑀傳》作「瓘」。案：張説《贈吏部尚書蕭公神道碑》及韓休《梁宣帝明帝二陵碑》並作「灌」，與《表》同。

鉞，給事中。《比丘尼惠源和上誌銘》：「父諱鈛，給事中。利州刺史。」作「鈛」不作「鉞」。

巖，安平王。巖，字義遠。見《周書・蕭詧傳》。巖，有子瑶、勝。瑶字達文，子休明。勝字元寂，隋蜀王西閤祭酒，並有《墓誌》傳世，《表》均失書。

岑，吴王。岑有子瑾，字昞文，仕至滎陽郡新鄭縣令。見《蕭瑾墓誌》。又《蕭令臣墓誌》：「祖瑾，隋親衛大將軍。父凝，趙州司功，左授雅州盧山令。令臣仕至太原府太原縣丞。長子寛，濮州濮陽主簿，次子寂。」《表》均失書。

球，隋秘書監、文化侯。見蕭思一、蕭繕兩《墓誌》。《表》失書官職。

膳，衢州刺史。「膳」宋本作「繕」。案：《衢州刺史蕭繕墓誌》：「繕，字懿宗。」又《珍州録事參軍蕭思一墓誌》：「父繕，銀青光禄大夫、衢州刺史、蘭陵縣開國男。」又《蕭言思墓誌》：「父繕，皇朝衢州刺史。」並作「繕」，與宋本同。《表》不書繕子，據《誌》則有子思一、言思。《蕭繕誌》又作「子思謙、思讓」。與兩《誌》不同。

竇氏

德素，南康郡太守。《蘭陵公主碑》作「銀青光禄大夫、少府監。」

善，一名温。西魏汾華隴三州刺史，永富縣男。沈校：《周書·竇熾傳》：「縣公。」案：《元和姓纂》亦作「善，永富公。裴耀卿太子賓客」。《竇希球神道碑》同。

衍，左武候將軍。《舊書·竇威傳》作「左武衛將軍」。

孝禮，良原令。《洛陽縣尉竇寓墓誌》：「曾祖孝禮，太子洗馬。」

寓，官洛陽縣尉。見《墓誌》，《表》失書。

弘儼，屯田員外郎。《崔公後夫人竇氏墓誌》：「皇尚書屯田員外郎儼之孫，皇寧州真寧縣令少廣之長女。」弘儼作「儼」，乃避孝敬諱省。《表》失書少廣。

琮，晉州總管、譙敬公。《李少府公夫人竇氏墓誌》：「曾祖倧，譙國駙馬都尉、左衛大將軍、贈特進。」字作「倧」，不作「琮」。

孝謙，洛州刺史。宋本「洛」作「洺」。案：《李少府夫人竇氏墓誌》：「祖孝謙，丹、坊、鄜、恒、定、洺六州刺史。」正作「洺」。又孝謙有子思文，《表》不載。《誌》稱：「父宣文，蜀郡大都督府法曹參軍、唐安郡晉原縣令。」

懷亶，洪州都督，襲公。生胤，同昌郡司馬，襲公。沈校《常傳》：單名亶，又無胤一世。亶爲常祖，同昌司馬乃亶官。案：沈校是也。竇氏《聯珠集序》：「祖亶，同昌郡司馬。」又褚藏言《竇常傳》：「祖亶，同昌郡司馬。」韓愈《國子司業竇牟墓誌》則云：「同昌諱胤，生考叔向。」然則亶與胤爲一人，或稱亶，或稱胤者。殆一爲初名，一爲改名耶？抑亶其名，而胤其字耶？雖未能斷定，然其非有二人，則可知也。

庠生蹊、載。褚藏言《竇庠傳》：「嗣子匡餘，次曰蹊，晉州司法。次曰載，國子監直講。」《表》失書匡餘及蹊、載官職。

鞏生景餘、師裕。褚藏言《竇鞏傳》：「有子六人：長曰景餘，次師裕，現任晉陽令。」但不載其他四人名，當是此《表》所本。惟失師裕官職。

陳氏

曇倩，陳世祖文皇帝。沈校《陳書·本紀》：「諱蒨。」案：《僞周左衛翊衛陳崇本墓誌》亦作「高祖蒨，陳文皇帝」。

伯義，字堅之，江夏王。生察。《文州刺史陳察墓誌》：「父伯義，江夏郡王、宣惠將軍、東揚州刺史，入爲侍中、忠武將軍。在隋授蘭州刺史。察嫡孫幽州范陽縣令抱一。」《表》失書伯義在隋官職，又失書寮孫抱一。

鄲，隋番吾令。生瓘、瓚。《陳崇本墓誌》：「崇本，字光一。祖鄲，隋鼎州弘農縣令。不作「番吾令」。父纘，見任使持節都督黔辰等卅七州諸軍事、黔州刺史，許昌縣開國子。」「纘」字不作「瓚」，然以兄「瓘」字從玉旁，則似從《表》作「瓚」爲得。《表》失書崇本，當據《誌》補之。

曇頊，高宗孝宣皇帝。沈校《陳書·本紀》：「名頊。」案：《河南縣丞陳希望墓誌》亦作「祖項，陳孝宣皇帝」。

莊，字承肅，隋昌陽令。《盧全壽夫人陳氏墓誌》：「夫人陳後主叔寶之玄孫也。曾祖莊，陳會稽王、揚州牧。祖元順，皇朝散大夫、考城縣令。父希沖，朝議郎懷州司士參軍。伯父衢州長史希寂，叔父衡州刺史希固。」《表》於莊子元順，孫希寂、希沖、希固均失書。又《元和姓纂》：「叔寶生允、深、莊、蕃。」《表》書莊、蕃，而遺允、深。

叔明，字子昭，隋鴻臚卿。《隋禮部侍郎陳叔明墓誌》：「君諱叔明，字慈尚，前陳武皇帝之孫，孝宣皇帝第六子。」不作「字子昭」。

叔達，字子聰，相高祖。《陳希望墓誌》：「高祖叔達，義陽王兼侍中。叔達在陳封義陽王，唐武德四年拜侍中。曾祖弼，皇朝柘城縣令。祖懿，中散大夫、沔州別駕。考乾盛，朝散大夫、播州司馬。嗣子采。」《表》載叔達子政德、元德、賢德、紹德四人，而不及弼。自弼以下五世均失書。

陳氏宰相三人。叔達、希烈、夷行。案：《表》末書希烈，而《表》中失其系。近洛陽出土《左相許國公陳希烈墓誌》稱：「希烈，字子明。曾祖沖用，皇陳州刺史。祖許州刺史。《誌》失其名。父瑾，皇贈工部尚書。希烈第二子、前太僕少卿、少府少監汭。」又《河南户曹參軍陳諸墓誌》：「曾祖瑾，祖希烈，父汭。」可據補《表》闕。

封氏

封丘有封父亭，即封父所都。至周失國，子孫爲齊大夫，遂居渤海蓨縣。裔孫岌，字仲山。《元和姓纂》作「封岌，始居蓨」，與《表》不合。

廣城，生希顔。《姓纂》「廣城」作「廣成」，「希顔」作「希彦」。

行高，禮部郎中。《姓纂》作「禮部侍郎」。《舊書·封倫傳》亦作「郎中」。

德輿，隋南田令。《湖州刺史封泰墓誌》：「父德輿，齊著作郎、隋扶風南由令。」案：作「由」是。隋雍州扶風郡有南由縣，《表》誤。

安壽，湖州刺史。《封泰墓誌》：「公諱泰，字安壽。」其人殆以字行。《表》失其名，《誌》稱：「子中年令玄朗，次子玄景、玄震、玄節、玄度。」《表》但著玄景一人，而遺他四人。

言道，汝、宋二州刺史，駙馬都尉。「汝」、「宋」《姓纂》作「汝」、「汴」。

踐一《大理評事封無遺墓誌》：「曾祖君夷，隋兖州都督府任城縣令。祖道弘，皇朝太府少卿。父踐一，皇朝揚州都督府法曹參軍。弟無擇。」《表》不著君夷、踐一官職，又失書無遺、無擇二人。但《表》于踐一弟踐福行下書「無遺」，殆即「無遺」之譌，而誤以爲踐福子。

良弼，京兆府士曹參軍，生洄。《姓纂》「良弼」作「廷弼」，「洄」作「綱」。

楊氏

棻，字德順，嗣鄴國公。楊炯《鄴國公墓誌》：「公諱柔，字懷順。恭帝之孫，鄴國公行基之子。」案：字「順」似以名「柔」爲得。又以弟「懷讓」例之，則字「懷順」爲得。

觀王房

定，并州刺史、晉昌穆侯。沈校《周書·楊紹傳》：紹祖興，父國。無定一世。《北史》傳同。案：薛道衡《後周大將軍楊紹碑》：「祖國，鎮西將軍。父定，新興太守。」又《僞周順陵碑》：「曾祖定，父紹。」是誤在《周書·紹傳》，《表》固不誤也。

紹，字子安，後周驃騎大將軍、儻城信公。《順陵碑》：「紹，後魏驃騎大將軍，周開府儀同三司、封儻城郡公。」《表》作「後周驃騎大將軍」，與《碑》不合。

士雄，隋雍州牧、司空、觀德王。《隋書》本傳：「名雄，初名惠。」又《楊紹碑》：「第二子司空公、廣平王雄。」廣平乃雄初封。亦作「雄」，《隋書・雄傳》：「弟達，字士達。」以此例之，殆雄字士雄也。

恭仁，相高祖。《舊書》本傳：本名綸。《表》失書。

慎交，駙馬都尉、秘書監。《舊書・恭仁傳》作睿交，本名璥。案：「慎」古作「昚」，「睿」與「昚」相似致譌，殆以《表》爲得。惟《表》失書慎交本名。

績，都水使者、弘農公。「績」宋本作「續」。案：《舊書・紹傳》亦作「續」。張説《河東公楊執一碑》：「弘農公續之孫。」字亦作「續」。

沖寂，司僕卿。《竇公夫人楊氏墓誌》作「司衛卿」。

令一，吏部員外郎。張説《故宣威將軍楊令一碑》：「公諱令一，字令一。厥弟五人：曰踐一、獻一、循一、惟一、尚一。」《表》書令一弟憋、愿、恕、志、慫。豈踐一、獻一、循一、惟一、尚一乃其初名耶？《竇公夫人楊氏墓誌》：「大父愿，汝州刺史。」與《表》同。

執一，朔方節度使、河東郡公。張説《贈户部尚書河東公楊執一神道碑》：「覲公、侍中恭仁，公之伯父也。安德公、尚書令師道，公之叔父也。」據《表》則恭仁、師道均爲執一大父行，與《碑》不同。又執一謚「忠」，《表》失書。

師道，相太宗。《新書・楊恭仁傳》：「字景猷。」

綱，主爵郎中、平阿公。生思謙，光禄卿。《房陵郡太守盧君夫人楊氏墓誌》作「曾祖綱，皇巖州刺史。祖思謙，銀青光禄大夫、司宰、司稼卿」。

履言　《表》失書履言官職。《盧君夫人楊氏墓誌》：「父履言，河南府河陽縣令。」

士貴，隋道撫二州刺史、邢國公。張説《贈太州刺史楊志誠碑》：「大王父隋直閤將軍，岷蔚撫豪道五州刺史，邢國公諱貴。」《隋書·觀王雄傳》作「弟士貴」，與《表》同。案：紹子士貴、士雄、士達，石刻皆作雄、貴、達，無「士」字。以「達」字「士達」例之，則「貴」亦名「貴」，字「士貴」也。

達，字士達，隋納言、始安泰侯。「泰侯」宋本作「恭侯」。案：作「恭」是。《隋書·觀德王雄傳》正作「謚恭侯」。又《順陵碑》及《岐州司户參軍楊茂道墓誌》亦稱恭公。《茂道誌》又稱「祖達。父則，邛州臨邛縣令」。《表》失書達子則及茂道。

緘生全節。《表》失書二人官職。張説《節愍太子妃楊氏墓誌》：「曾祖緘，隋符璽郎，累贈靈州刺史。祖全節，左内率贈魏州刺史。」

順生琛。沈校：《魏書·楊播傳》：「順四子：長子辯，次仲宣、測、稚卿。」而無琛。《隋書·楊汪傳》：「曾祖順，父琛。」而不詳其祖。蓋琛乃順孫，非子。《表》闕一世。案：沈校是也。《幽州范陽令楊基墓誌》：「曾祖忻，魏鴻臚卿、汾隰二州刺史、林慮郡公。祖琛，父汪。」則《表》所闕一代，乃忻也。當據《誌》補正。

汪生令本。《楊基墓誌》：「基字政本，父汪。」又《楊君夫人韋氏墓誌》：「歸於隋尚書左丞、國子祭酒、弘農楊汪第五子、幽州范陽令政本。」又《玄武丞楊仁方墓誌》：「仁方，字懷則。祖琛，父汪。」《表》但書汪子令本一人，失書政本及仁方。

珣，宣州司士參軍。《楊珣碑》：「字仲珣，仕至杭州司士，贈武部尚書、鄭國公。」與《表》作「宣州」不合。

錡生晅。《太府寺主簿楊迥墓誌》：「迥字居然，曾大父玆珪。大父錡。父晅，任中散大夫、守光禄卿、尚宜□縣主。迥弟前司農寺丞逌，子宏。」《表》失書晅官及子迥、逌，孫宏。

越公房

發弟假。《表》失書發、假官職。《舊書・楊收傳》：「發字至之，嶺南節度使。」「假字仁之，常州刺史。」發子京兆府兵曹參軍檢，見《嶺南節度使右常侍楊公女子書墓誌》，《表》亦失書。

嚴生涉、注、洞。《舊書・楊收傳》：嚴二子：涉、注。而無洞。又：注，官戶部侍郎。《表》亦失書其官職。

寧，國子祭酒。《國子祭酒左散騎常侍楊寧墓誌》：「寧字庶玄。六代，隋内史令曰文异。五代，皇朝銀青光禄大夫、瀛州刺史曰峻。高祖，賀州臨賀令，諱德立。大王父，檀州長史，諱餘慶。大父，同州郃陽令，諱隱朝。王考，汝州臨汝令、贈華州刺史，諱燕客。」《表》作文异生安仁，不作「峻」。

安仁生德立，失書官職。德立下空一代失書「餘慶」。書隱朝，隱朝生燕客，脱誤殊甚。當據《誌》補正。

虞卿，字師皋。京兆尹。《舊書·楊虞卿傳》：「子知進、知退、壇、堪。」《表》作知退、元孫、知權、《舊書·虞卿傳》：知權，汝士子。磻、思方、壇、堪。案：《楊秀士墓誌》署「親叔鄂岳等州都團練判官、試大理評事壇撰」，稱「秀士諱晧，字肩目。我先公皇京兆尹、贈户部尚書諱虞卿，生我仲兄知言，京兆府司録。仲兄生秀士。」是虞卿尚有子知言，孫晧。《表》失書。

思方，字立之。鳳翔副使、檢校吏部郎中。《鳳翔節度副使檢校尚書兵部郎中《表》誤作「吏部」。兼御史中丞楊思立墓誌》，兄知退撰。稱「思立，字立之。曾祖燕客，大父寧，考虞卿」。其名作「思立」，不作「思方」。《表》載思方兄元孫，亦字立之，無兄弟同字之理，則元孫字立之亦誤。

魯士，字宗尹。長安令。《楊寧墓誌》作「殷士」。《舊書·楊虞卿傳》：「魯士本名殷士。」

師，武州刺史。《邛州司馬楊瑶墓誌》：「瑶，字瑶。曾祖懽，青陝青三州刺史、「青」字復出，有誤。湖城公，贈太常卿。祖師，慈州刺史，贈汾州刺史，謚忠武。公父元亨，鄭王府典籤、左監門兵曹、獲嘉尉。」《表》稱師父榮，不作「懽」。又「師，武州刺史」，均與《誌》不合。又失書元亨及瑶。

冠俗，奉先丞。李翱《贈司空楊於陵墓誌》作「奉先尉」。

嗣復生損、授、技、拭、撝。損字子默，淄青節度使。授字德符，刑部尚書。技，中書舍人。拭，考工員外郎。撝，兵部郎中。均見《嗣復傳》。《表》失書五人官職。

高氏

德政，生伯堅。伯堅生希傑。《蒲州猗氏縣令高隆基墓誌》：「高祖德政，曾祖伯堅，祖王臣。」又《光禄少卿高徵墓誌》：「五代祖德政，高祖伯堅，曾祖王臣。」又《高憲墓誌》：「其先有若北齊僕射府君名德政，德政生海州府君伯堅，伯堅生散騎府君名王臣。」均作「伯堅生王臣」，不作「希傑」。又《表》不載伯堅官職。據《高徵墓誌》作「東閤祭酒、贈海州刺史」。王臣，北齊給事中、通直散騎侍郎、藍田公。

敬言生崇業、子繼。《高隆基墓誌》：「公諱隆基，字繼。父敬言，唐給事中、吏部侍郎、許州刺史。」《高徵墓誌》作「果毅號許四州刺史」。《高憲墓誌》：敬言生猗氏府君名繼。均作「繼」，不作「子繼」。又案：繼名隆基，同玄宗諱。《表》之崇業，乃隆基之代字。《表》誤「繼」爲「子繼」，又以隆基、繼爲二人。

憲生蓋、丘。《高憲墓誌》：「字志平，孤放、蓋等。」《表》有蓋、遺放，而别出丘。又《表》稱憲弟慈，《高隆基墓誌》：「長子洛州合宫縣尉懿，次子陝州司兵參軍憲。」《表》又有憲，無懿。而别出慈。又失書憲官職。

光復生悆、寧、寬、密、察。《高徵墓誌》：「祖敬言，父光復。」是光復尚有子徵。《誌》又稱「嗣子寧、寬、密等。寬，邢州南和縣尉」。則寧、寬、密等乃光復之孫，懲之子。《表》既失書懲，又誤以寧、寬、密爲光復子。

宗儉，字士廉。相太宗。沈校：本傳：「單名儉。」案：《高文獻公碑》亦作「儉，字士廉」。陳子昂《循州司馬申國公高君碑》則作「祖，宗儉」。與《表》同。

文敏，字履行。《循州司馬高君碑》作「父懋，字履行」。

彪，著作郎、崇賢館學士。沈校：「彪」《元裕傳》作「髦」。案：《高元裕碑》：「高祖峻，曾祖迥，大父髦，考集。」亦作「髦」。與《傳》同，與《表》異。

嶸生惠恭。《表》失書嶸官。據《高嶸墓誌》：「仕至右監門中郎將。」《誌》稱「子祇」，亦不作「惠恭」。

房氏

裕孫後魏冀州刺史法壽，孫翼。《房彥謙碑》：「高祖法壽，魏封莊武侯、東冀州刺史。曾祖伯祖，州主簿、襲爵莊武侯、齊郡内史、幽州長史。祖翼。」《表》誤「東冀州」作「冀州」，又失書法壽父名。

熊，字子彪。本州主簿。《房彥謙碑》作「伯熊，清河、廣川二郡太守」。《房梁公碑》同。非本州主簿。惟書其名作「熊」，則與《表》同。

彦謙，隋司隸刺史。彦謙，字孝沖。官至涇陽令、贈徐州刺史、臨淄定公。見《彦謙碑》。

玄齡，字喬松。相太宗。沈校：本傳「名喬，字玄齡」。案：《房梁公碑》作「諱玄齡，字喬」。

遺則《房梁公碑》：「第三子遺則」，《玄齡傳》：「子遺直嗣，次遺愛。」《表》書遺則在遺愛之前，失其次矣。

河南房氏

乘，秘書郎。韓愈《清河郡公房啓墓碣》作「乘，仕至秘書少監」。

武，興元少尹。韓愈《興元少尹房武墓誌》：「公曾祖諱玄静，祖諱肱，父諱巒。」《表》則巒與武、式並列，誤子爲弟。《表》又失書肱官職，據《誌》乃「虢州司馬」。《洛陽縣尉王師正夫人房氏墓誌》作「京兆府同官令」。《誌》稱「公母弟式」，則式亦巒子，武、式均當列巒下一格。

次卿，字蜀客。《房武墓誌》：「男六人：長曰次卿，守京兆興平尉。次曰次公、次膺、次回、次衡、次元公。」《表》於次公以下五人均失書，又失書次卿官職。

垂生挺，常州刺史。《洛陽縣尉王師正夫人房氏墓誌》：「高祖玄静，曾祖肱。祖垂，河南府告成令。考挺，京兆少尹左庶子、常州刺史、爵清河男。」《表》失書垂官及挺爵。

頙，朗州刺史。《翼城令饒陽男房基墓誌》：「基字德本。曾祖虎，周大都督大將軍、太子太師，

□恂長恒四州刺史、平陽公。祖淵，周直閤將軍、隋豫章郡守、安政公。父蔛，隋右衛將軍、禮部尚書、崇國公，皇朝朗浙二州刺史、饒陽男。」《表》書蔛祖周平陽公巖，下空一格，失名。與《誌》作「祖虎」、「父淵」不合。又巖字從山，與蔛殆兄弟，誤爲祖孫。惟《表》稱巖爵周平陽公，則與虎同。殆譌「虎」爲「巖」，而失書巖子淵耳。蔛子基，《表》亦失書。

宇文氏

離惑，曾孫庭立。庭立生邈，邈生鼎、瓚。《李君夫人宇文氏墓誌》：「高祖遠惑，皇任梁王掾。曾祖成器，皇任絳州翼城縣丞、贈禮部員外郎。祖邈，任御史中丞、左遷澧州刺史贈太尉。父瓚，見任左散騎常侍。」邈以上數世，與《表》不合。《元和姓纂》：「離惑生庭立。」不言離惑下尚有二世。與《表》不合。意離惑與遠惑殆兄弟行，倘如《姓纂》以離惑直接庭立，則與《誌》世次正合，惟邈爲遠惑孫，非祖離惑。《表》有誤耳。瓚官左散騎常侍，《表》亦失書。

長孫氏

子裕，右武衛將軍、平原公。「子裕」《隋書·長孫覽傳》及《上臺通事舍人長孫仁墓誌》均作「裕」。

子哲，信安太守。獨孤及《潁川郡長史獨孤公靈表》：「夫人薛國長孫覽之玄孫，咸陽縣丞諱頡之女，左金吾將軍諱子哲之妹。」是子哲父頡。《表》於子哲上空二格，失書其名。

敞，宗正少卿、平原安男。《王美暢夫人長孫氏墓誌》：「曾祖敞，隋金紫光禄大夫、宗正卿、平原郡開國公。祖義常，唐通議大夫、華容郡公。」《表》「平原公」作「平原男」，與《誌》不合，又失書義常。

安世生祥。《長孫仁墓誌》：「君諱仁，字安世。」《通事舍人長孫府君陸夫人墓誌》同。《長孫祥墓誌》則逕作「父安世，隋通事舍人、□陵縣令」。殆以字行，《表》失書其名及官職，又《長孫夫人陸氏墓誌》：「子光等。」又《東宮門大夫長孫家慶墓誌》：「家慶，字恩餘。尚書之嫡孫、舍人之元子。」則安世尚有子光及家慶。《表》並失書。

義莊，邢州刺史。《元和姓纂》：「敞生无虎、義莊。」《表》則書義莊於《表》末，與敞平行，不知爲敞子，遂誤父子爲兄弟。又《王美暢夫人長孫氏墓誌》：「祖敞，父義常。」則敞尚有子義常。《表》但書敞生无虎，宋本作「无慮」。而失義莊、義常。義莊又别書《表》末，與敞平格，謬誤甚矣。

杜氏

皎生徽。徽字暉，隋懷州長史、豐鄉侯，生吒、淹，吒生如晦、楚客。《舊書·杜如晦傳》：「高祖徽，祖杲。」《新書》同。案：《元和姓纂》：「曄，懷州刺史，生吒、淹。吒生如晦、楚客。」與《表》同，與兩《傳》異。又《晉安縣令唐君夫人杜淑墓誌》：「曾祖曄，祖吒，父楚客。」亦與《表》合。足正《如晦傳》誤。

審權生讓能、彦林、弘徽、用礪。《舊史·審權傳》：「三子：讓能、彦林、弘徽。」無用礪，《元和姓纂》以用礪爲彦林子。

京兆杜氏

亞，字次公。檢校禮部尚書。沈校：兩《書》亞傳但云「亞，自云京兆人」，皆不著其先世，黄裳亦不詳父祖，疑非同祖兄弟。案：權德輿《東都留守檢校吏部尚書判東都尚書省事扶風縣伯杜亞神道碑》：「曾祖玄道，皇右千牛。王父含章，皇上郡司馬。《表》作「定州司法參軍」。烈考繹，忻州秀容縣令。」又云「公從父弟，太子賓客黄裳」。又《京兆杜夫人墓誌》：「曾大父含章，〔大〕父綰，父黄裳。」均與《表》合。沈校誤。

黄裳生勝、載。吕温《檢校司空平章事杜公夫人李氏墓誌》：「夫人子曰載，河南府功曹參軍。《表》失書其官。次曰翁歸，前太常寺奉禮郎。次曰寶符，前河南府參軍。次曰義符，弘文館明經。」又《左金吾衛兵曹參軍楊宇妻杜氏墓誌》：「唐丞相黄裳之孫，竟陵太守寶符之女。《京兆杜氏夫人墓誌》署「弟寶符撰」，其結銜爲「朝議郎、前太子少詹事、上柱國、新野縣開國男、食邑三百戶、賜緋魚袋」。《表》失書翁歸、寶符、義符三人。

襄陽杜氏

景仲，鄜州刺史、廣陽公。《柳君太夫人京兆杜氏墓誌》：「曾祖景仲，周司倉大夫、兵部侍郎、太常卿、(歧)〔岐〕山郡公。」不作「廣陽公」。

整生孝彝、孝奬。《表》失書整官職。《柳君太夫人杜氏墓誌》：「祖整，隋庫部郎中、衛尉卿、禮部侍郎。」又《登州司倉杜濟墓誌》：「大父孝奬，隋撫州刺史。考元琎，唐邢州司馬。」《表》失書孝奬子元琎、孫濟。

乾祐，《表》失書乾祐官職。顏真卿《京兆尹御史中丞杜濟神道碑》：「隋符璽郎乾祐之玄孫。」

知讓，明堂令。《杜濟神道碑》：「朝散大夫、明堂丞、贈潤州刺史知讓之孫。」不作「明堂令」。

崇懿，宮尹丞、右司員外郎、麗正殿學士。沈校：《佑傳》名慤。案：宋本作「崇殼」，「殼」殆「慤」之誤。權德輿《丞相岐國公杜佑墓誌》亦作「王父慤」。《元和姓纂》作「崇懿」，誤與《表》同。

希望，河西隴右節度使、太僕卿、襄陽縣男。《杜佑墓誌》作「鴻臚卿、恒州刺史、西河郡太守」。

詮，字詮夫。復州司馬。杜牧《復州司馬杜君墓誌》作「君諱銓，字謹夫」。

顗，字勝之，淮南節度判官。生无逸。杜牧《杜顗墓誌》作「官淮南節度支使、試大理評事、兼監察御史。一男曰麟郎」。

淪，水部郎中、澧州刺史。「淪」宋本作「倫」。案：《同州司兵參軍杜行方墓誌》：「行方，字友直。曾祖諱元志，王父諱參謨，烈考諱倫。」與宋本同。《誌》又稱「有子五人：碩、顥、顗、欣，其幼小字老老」。《表》失書淪子孫。

洹水杜氏

僑，懷州刺史。宋本作「懷州長史」。案：韓愈《河南尹杜兼墓誌》亦作「僑，懷州長史」。

廙，鄭州録事參軍，死安禄山難。《杜兼墓誌》作「死史思明亂」。

濮陽杜氏

伽，北齊膠州刺史、竟陵公。生保，隋雁門太守。孫逖《故滕王府諮議杜義寬神道碑》：「公則魏陳留守亮之曾孫，北齊膠州刺史、竟陵縣開國侯表作「公」。保之孫，隋本郡中正伽之子。」《元和姓纂》亦作「亮生保，保生伽」。與《表》伽、保二代互易。楊炎《安州刺史杜鵬舉神道碑》則作「亮生竟陵公伽，竟陵生雁門太守保」，又與《表》不同。未知孰是。《義寬神道碑》：「子長曰儉，早逝。次曰慎行，《姓纂》誤作「慎言」。終於益州長史、建平縣開國男、《表》作「正平侯」，《杜鵬舉神道碑》作「建平侯」。贈蜀州長史。次曰惟志，終於吏部員外郎、贈吏部□□。孝孫户部尚書暹。」《表》書義寬子無忝、慎行、承志。不作「惟志」。承志生暹，與《碑》不合。

鵬舉生靈瑤、鳳舉、鴻漸。「靈瑤」宋本作「靈瑗」。《杜鵬舉神道碑》作「長子靈瓊，次子奉遥，季子鴻漸」。

杜氏宰相十一人。錢氏《新書考異・宰相表》有「杜景佺相武后」。案：《舊書・傳》作「杜景儉」，《新書》作「景佺」。《新書》：「初名元方，垂拱中改名景佺。」考《南充郡司馬高曰琛夫人杜氏墓誌》：「隋冀州刺史曰婼，其曾門也。皇秘書郎曰愛，其大父也。皇刑部尚書、同中書門下平章事曰景佺，其顯考也。」則《新書》作「景佺」者是，《舊傳》誤也。又《舊書》：「子澄，官至鞏縣尉。」爰據《誌》、《傳》補其世系於此。

李氏

姑臧大房

揆，字端卿。《舊書・李揆傳》：「兄揩，司門員外郎。」《表》失書。

裒孫德基。《尚書左丞盧君夫人李氏墓誌》：「曾祖褒，齊驃騎將軍、東徐州刺史。祖子布，齊陽平郡守。父德倫，唐襄州荊山縣令。」案：「裒」與「褒」、「德倫」與「德基」，殆均兄弟行。《表》失書。

皓，字仁昭。後魏散騎侍郎。生士操，北齊儀同開府參軍事。沈校：《魏書・李寶傳》「名昭，字仁照」。案：《濟州別駕李君絢墓誌》：「祖皓，散騎侍郎、征虜將軍、涼州刺史。父士操，安東將軍、南兗州刺史、梁郡太守、富平縣開國子。」作「晧」，與《表》同。足正《李寶傳》之譌，《表》失書士操子君絢。

丹陽房 **從宋本。殿本作「丹陽李氏」**

權，後魏河秦二州刺史、杜縣公。《衛景武公李靖碑》：「曾祖懽。」《表》作「權」，誤。

客師生嘉、大惠、大志。《華州鄭縣主簿李景陽墓誌》：「曾祖客師，皇冠軍將軍、丹陽郡開國公。祖德謩，尚輦奉御。父守真，虢州司兵。」《表》失書德謩、守真、景陽三人。

昭德，相武后。沈校：本傳：「昭德，乾祐孽子。」則昭德當有兄，非乾祐長子。案：《張朏墓誌》：「夫人隴西郡君李氏，刑部尚書乾祐之孫，相州堯城縣令昭禮之女，中書令昭德之姪女。」是乾祐子尚有昭禮。《表》失書。但不知於昭德爲弟爲兄耳。

隴西李氏 **後徙京兆**

嵩，岷州刺史。生思恭，洮州刺史。思恭生欽，左金吾衛大將軍。《李晟傳》：「祖思恭，父欽，代居隴右，爲裨將。」未必爲州刺史，《表》之所書，必爲贈官。《李晟碑》作「嵩，贈洮州刺史。思恭，贈幽州大都督。欽，隴西節度經略副使、贈太子太保」。《表》稱嵩、思恭贈官與《碑》不合。當以《碑》爲確。

晟，字良器，相德宗。《舊書·李晟傳》：「晟十五子：侗、伷、偕早世。」故《表》不列三人。

愬，檢校左僕射、同平章事。《新書》：「字元直。」《表》失書。又不載愬子。《慈州太守謝觀夫人李氏墓誌》：「太尉兼中書令、西平王晟之曾孫，魏博節度使、同中書門下平章事愬之孫，鳳翔節度使、檢校尚書左僕射、贈太保玭之長女。」是愬有子玭。

惎，左羽林將軍。「左」宋本作「右」。案：作「右」是。《李晟碑》與《舊書・晟傳》並作「右」。

愍，嵐州刺史。《朝請郎行都水監丞雲騎尉李琮墓誌》：「琮字溫中，曾祖欽，祖晟。父愍，雲麾將軍、前右龍武軍將軍知軍事。」《誌》爲兄「承務郎、行潞州長子縣尉瑱書」，是愍子有瑱、琮，《表》失書。

趙郡李氏

素立生休烈，休烈生鵬，字至遠。鵬生畲，畲生承，承生潘。白居易《海州刺史裴君夫人李氏墓誌》：「六代祖素立，安南都護。《表》作「蒲州刺史、高邑平侯」。五代祖休烈，趙州刺史。表作「鄠令」。高祖至遠，天官侍郎。《表》作「璧州刺史」。曾祖畲，國子司業。《趙郡李氏殤女墓石記》作「國子司業、贈太子賓客」。《表》作「考功郎中」。祖諱承，工部尚書。《李氏殤女墓石記》作「皇正議大夫、檢校工部尚書、兼潭州刺史、贈吏部尚書、謚曰懿。子歷淮西道淮南道黜陟使、河中道山南東道節度觀察、都防禦都團練等使」。《表》作「山南東道節度使」。考諱藩，門下侍郎、同平章事、贈户部尚書。」案：「藩」《表》誤作「潘」。《新書糾謬》已爲舉正，茲更舉《裴夫人李氏墓誌》爲之佐證。《表》又不書藩昆弟。《李氏殤女墓石記》：「祖承，父藩。」署「仲父淳書」，則藩有弟淳。

并，揚州左司馬。生峴、規、覲、覿、觀。李華《揚州司馬李并墓誌》：「長子規，前刑部員外郎、兼侍御史。次子覲，故沂州沂水縣丞。次子覿，故太原府榆次縣尉。次子峴，前汾州平遥縣丞。沈校：《固言傳》作「現」，《誌》亦作「峴」，與《表》同。幼子觀，前左監門衛率府兵曹參軍。」是峴爲并第四子，《表》誤作長子。《表》又失書覲、覿、觀三人官職。

東祖

愻，度支郎中。《亳州刺史李愻墓誌》：「愻字訥言。曾祖陽平郡守仲通，通生洛州司兵孝□，端生晉陽府君知本，公即晉陽府君之第三子也。」《表》書「孝端，獲嘉縣丞」、「知本，夏津令」，與《誌》不合。

仁贍，梁州刺史。張九齡《果州長史李公碑》：「公諱仁贍。」又《瀛州司户參軍李元祐墓誌》：「父仁贍，朝散大夫、果州長史。」「贍」作「瞻」，「梁州」作「果州」，與《表》不同。

徹，北齊濟州長史、迎勞使、尚書右丞。《清河郡宗城縣尉李迪墓誌》：「祖澈，字倫。尚書左丞。」不作「徹」。

純，隋介州刺史。《李迪墓誌》：「高祖純，字正義。尚書左民部郎中、隋太常丞、廣介二州刺史。」

翫，給事中，生迪。《李迪墓誌》：「字安道。父愿，倉部員外給事中、博陳二州刺史、朝請大夫、襲贊皇縣上柱國、開國男。」迪父名作「愿」，不作「翫」。《表》又失書迪官職。據《誌》，官清河郡宗城縣尉。

式生憲，憲生希遠、希宗。魏《李憲墓誌》：「憲長子希遠，子長鈞，第二子希宗，第三子希仁，第四子騫，第五子希禮。」《魏書・李順傳》同。《表》誤以希仁以下三人爲式弟、奕孫。《魏書・順傳》稱希宗出後憲兄，但亦不言憲兄之名。

德瑋，鄂州司户參軍。沈校：祖勳，子德瑋。同祖兄弟當有一諱。案：《王君夫人李氏墓誌》：「曾祖祖欽，祖德瑋，父文敬。」此「德瑋」乃「德瑋」之誤。

希仁，字景山。北齊太子詹事、靈武文昭公。沈校：《魏書》、《北史》皆無謚及封。案：《吏部常選趙州刺史李元確墓誌》作「曾祖希仁，齊國子祭酒兼侍中、贈吏部尚書。謚曰文昭公」。乃希仁謚文昭之證。

公源，襲男，生善願，右衛倉曹參軍。《李元確墓誌》：「元確，字居貞。祖公源，隋離狐令。父□願，皇朝刑部郎中、大理正。君即正之第四子也。」《表》書公源襲爵，不及其官職。善願官職亦與《誌》不合。《表》書善願子彦之，而失書元確。

希騫，字希義。後魏黄門侍郎、文惠公。「希騫」《魏書・李順傳》及《李憲墓誌》均作「騫」，《傳》

作「字希義」，《憲誌》作「字景讓，譙郡永城縣令」。《李崗墓誌》：「五代祖諱希騫。」與《表》同。

大衍生惠登。惠登生第六子敬瑜，潞州録事參軍。《曹州冤句縣令李敬瑜墓誌》：「祖淪，封敬陵郡王、任渠州刺史。父登。」與《表》不合。《表》載大衍兄大倫，《誌》之「淪」疑即大倫。又《表》稱大衍弟處惠，敬瑜之父於處惠爲從子，似應避「惠」字。殆以《誌》作「登」爲得。

晉客，司農卿、元氏縣男。《李崗墓誌》作「司農少卿、元氏縣男」。

貞簡，司農卿。《李崗墓誌》：「顯考貞簡，河南府武臨縣令。」《太子司議郎李璩墓誌》亦作「貞簡，司農卿」。殆是贈官。

崗，成武令。《李崗墓誌》：「官譙郡永城縣令。」《李璆墓誌》亦作「曾王父崗，亳州永城縣令」，非成武令，《崗誌》稱「嗣孫涇，《表》作「經」，《李璩墓誌》亦作「涇」。次孫絳」，《表》書「涇」作「經」，又以絳爲經兄。

璆，河南録事參軍。生隱，字巖士。《李璆墓誌》：「璆字子韞，四子三天，一子右神武軍録事參軍曰陶。」與《表》不合。

經，司農少卿。生瑜、昈、況、璩、義、揖。《太子司議郎李璩墓誌》：「璩字子玉、元善，生涇，金州刺史。金州生府君。」《表》作司農少卿，當是贈官。《表》失書璩官，又據《誌》，璩男二人：長曰奉規，前襄州鄧城縣尉；次曰嵩老，《表》亦失書。

希禮，字景節，北齊信州刺史、文公。《寶鼎縣令李方乂墓誌》作「豫州刺史」，《益州大都督府士曹參軍李延祜墓誌》作「淮南大都督、驃騎大將軍、信州刺史、鴻臚卿文公」。

孝貞，字元揲，隋馮翊太守、武安縣公。《定州刺史李謙墓誌》：「曾祖孝貞，隋内史侍郎。」

思諒，金部郎中。《李方乂墓誌》作「倉部郎中」，「金」殆「倉」之譌。

敬忠，許王府典籤。《李方乂墓誌》作「敬中」。

胄，比部郎中。生乂、重。乂，監察御史。《李方乂墓誌》：「刑部郎中諱胄。生方乂，字道光，仕至秘書省秘書郎、河中寶鼎縣令。男長曰珣，次曰璋、曰邵、曰鄂。」《表》誤「胄」作「胃」，誤「方乂」作「乂」，又失書方乂四子。

允王，武安尉。《定州長史李謙墓誌》：「祖允王，皇朝台州刺史。」

謙，定州長史。謙字虚己，見《謙誌》。

孝衡生素王，隋左親仗。《益州士曹參軍李延祜墓誌》：「希禮生明威將軍孝衡，祖素王，隋左親侍。」《表》失書孝衡官職，「左親侍」《表》作「左親仗」。

延祐，益州司士參軍。生輞、韜。《李延祜墓誌》：「延祜，字同心。」《表》作「延祐」，誤。《表》前已有宣德子、信王府功曹參軍祐，則此當作「祜」無疑。《誌》稱三子曰回、曰韜、曰求，《表》失書求，又誤「回」作「輞」。

公淹生自挹，自挹生藏諸，藏諸生萱。《河中府虞鄉縣尉李翼墓誌》：「翼字子羽，五代祖公淹，爲左司郎中。《表》作「右司郎中」。生杭州刺史自挹，自挹生華原縣丞全素，全素生絳州刺史萱，公即絳州之元子，子八人：罕、㽙、章、隼、革、卓、旱、牟。」《表》書自挹子作「藏諸」，與《誌》不合。又失書翼及其子八人。

弘節生道謙。《河南府陸渾縣令李瑱墓誌》：「瑱字良玉，曾祖蔣，北齊永州刺史，襲爵清泉縣侯。蔣生弘節，桂州都督、工部侍郎，别封清平縣公。《表》作「北齊廣平郡太守」。弘節生道謙，營州都督、太府卿、清河郡公。公即清河府君少子。」《表》於弘節上空一格，失書蔣。又失書弘節、道謙封爵。又書道謙子思恭、去伐，而不及瑱。

吉甫生德修。《潞州涉縣主簿李同墓誌》：「曾祖吉甫，祖德修，父從質。解縣（摧）〔榷〕鹽使、守右庶子。」《表》失書從質及同，又《趙郡李氏女墓誌》：「曾祖吉甫，祖德修，考從質。」《誌》爲季弟鄉貢進士尚夷撰，是從質尚有子尚夷。

德裕，字文饒。相文、武。生椅、渾、燁。渾，比部員外郎。燁，郴尉，生殷衡、延古。殷衡，右補闕。延古，司勳員外郎。《郴縣尉李燁墓誌》：「燁字季長，曾祖栖筠，祖吉甫，考德裕，君爲衛公第五子。《茅山燕洞錬師劉氏墓誌》題「第四男燁記」。長子莊士、次子莊彦。」《燁妻鄭氏墓誌》亦作「莊士」、「莊彦」。《趙郡李氏女墓誌》德裕孫、燁女。撰文人書「兄度支巡官將仕郎、試秘省校書郎莊撰」，與《燁誌》不同，然均不作殷衡、延古。《德裕傳》：「燁子延古。」與《表》同。又《燁妻鄭氏墓誌》有「長兄故尚書比部郎，少子褒」語，則渾爲衛公長男，《表》誤作次子，渾子褒，《表》亦失書。

繼祖按：傅璇琮《李德裕年譜》謂莊士、莊彦乃幼時名，成人後改爲殷衡、延古。又德裕子長椅早夭，渾爲中子，燁則幼子。

江夏李氏

邕生歧、穎。《北海郡守李邕墓誌》：「子穎、歧、翹。」《表》誤以翹爲穎孫。

歧生正臣。《江夏李府君墓誌》：「公諱歧，字伯道。高祖贖，隋連州司馬。曾祖元哲，皇朝沂州別駕。《李翹墓誌》作「栝州栝蒼令」。祖善，父邕。公即北海第二子也。嗣子虔州刺史正臣。」《表》失書元哲父贖，又不書元哲與歧官職。歧爲邕仲子，《表》誤作長子。

翹《大理評事贈左贊善大夫李翹墓誌》：「曾祖元哲，祖善，父邕，公即北海第三子也。子五：增、覲、正叔、覬、正卿。正卿官江陵府松滋縣令。」《表》失書翹官職，且誤以翹子正叔爲翹父，正卿爲翹叔父，又失書其子增、覲、覬。

正卿，生公敏。公敏生潛、沆。《綿州刺史李正卿墓誌》：「正卿字肱生，曾祖善，祖邕，考翹，嗣子潛。」《表》失書正卿官職，又誤以爲穎子，又誤以其子潛爲孫。

師稷《曹州考城令柳均靈表》，李師稷撰，稱邕爲曾王父，是師稷爲邕曾孫。《表》誤以爲邕玄孫。《表》載師稷兄師諒亦當爲邕曾孫行。《表》書諸家世系，往往錯亂失次，然未有如江夏李氏之甚者也。

瑄生鄲、鄘。沈校：「瑄」當從《鄘傳》作「暄」。案：宋本正作「暄」。《李邕墓誌》亦作「從子暄」。又《江夏李氏室女墓誌》：「曾祖暄，皇起居舍人、贈刑部尚書。祖鄲，殿中侍御史、東都留守判官。父損，宿州蘄縣令。」《表》失書鄲官職，及鄲子損。

琅邪王氏

方泰生鴻，鴻生志悌。《襄陽縣尉同州馮翊縣丞王鴻墓誌》：「父皇朝中書舍人、司府少卿。《王志悌合祔誌》同，《表》作「少府少卿」。嗣子長安縣尉志悌、《志悌誌》作「南陽郡臨湍縣尉」，《表》作「宜壽尉」。襄垣縣主簿志凝，《表》作「襄垣尉」。嫡孫長胡子、次同恩。」《志悌誌》：「嗣子胡子。」《表》作志悌子汶，豈胡子之改名耶？又失書同恩。又志悌字子金，見《墓誌》。

固己，單父令。《宋州單父令忠王府文學王固己墓誌》：「固己，字炅，皇御史中丞諱弘訓之孫，户部郎中方智之季子，嗣子璵。」《表》失書弘訓官職及固己子璵。

同人，泗州刺史。《泗州刺史王同人妻裴夫人墓誌》：「嗣子京兆府三原縣尉渙。」《表》失書。

續生德素，德素生豫。《譙郡司馬王秦客墓誌》：「秦客字元賓，曾祖續，皇金紫光禄大夫、尚書吏部侍郎、《表》誤作「吏部郎中」。開府儀同三司。祖德素，銀青光禄大夫、閬中郡太守。父豫，侍御史、屯田郎中、正議大夫、東陽郡太守。府君即東陽第二子也。子五人：照之、黯之、兼之、晤微、少微。」《表》失書秦客及其五子。

太原王氏

邵生孝京，孝京生子奇，子奇生慶賢，慶賢生光謙。沈校：《正雅傳》：「正雅字光謙。」正雅翃子，不當以祖名爲名。且《翃傳》不言父名光謙。《表》疑誤。案：權德輿《楚州淮陰縣令贈尚書王光謙神道碑》：「隋秘書少監邵，生揚州户曹參軍來，《表》作「揚州司馬孝京」，與《碑》不同。户曹生皇青州司户參軍子奇，司户生美原丞、贈太常卿慶賢，公即太常府君長子。子五人：長曰翊，刑部吏部二侍郎、贈户部尚書，謚忠惠。次曰翺。次曰翃。次曰向。幼曰翽。」世次與《表》同。沈疑翃非光謙子，殊誤。惟《表》稱邵生孝京，《碑》作「來」，爲不同。至沈氏致疑之由，乃因《正雅傳》「字光謙」一語，此《正雅傳》誤，非《表》誤也。

衆仲，衢州刺史。司空圖《宣州觀察使王公行狀》：「曾祖翃，乃「翊」之誤字。皇任御史大夫、贈户部尚書、謚忠惠公。祖重，皇任河東縣令、贈潞州都督。父衆仲，皇任衡州刺史、贈司空。」《表》誤作「衢州」。《王正雅傳》亦作「衆仲，累官衡州刺史」。

洧生鉅。《舊書・王正雅傳》：「鉅位終兵部侍郎。」《表》失書。

正雅，山南東道節度使，謚忠惠。沈校：本傳「忠惠」翊謚。案：沈校是也。權德輿《王光謙神道碑》、司空圖《王凝行狀》並稱「翊謚忠惠」，與《新書・翃傳》同。

慶祚《岐州雍縣尉王慶祚墓誌》：「慶祚，字嘉胤。曾祖劭，北齊太子洗馬，□文朝著作上士，隋通直散騎常侍，聘陳使副、儀同三司、秘書少監。祖簡，隋揚州總管府司户參軍。《表》作「孝京，揚州司馬」。父子奇，唐青州司倉參軍。」《誌》稱子奇父簡，不但與《表》不合，與《王光謙碑》作「來」亦不同，未知孰是。《表》失書慶祚官職，當據《誌》補之。

第二房王氏

孝遠生崇。《表》失書孝遠、崇官職。《李夫人王氏墓誌》：「曾祖君儒，隋侍御史、御史中丞、太子左庶子。祖孝遠，皇朝盩厔縣令、大理正、紫微舍人、參知機務、同紫微黄門三品平章事、除京兆府少尹。考崇，皇朝左千牛、兖州司功、許州司户、黔州石城縣令、太子舍人。」

惠孚生温之。《崔孝公夫人王氏墓誌》：「曾祖仁緒，隋文林館學士。大父惠子。考温之，皇朝鄆州録事參軍。」「惠子」《表》誤作「惠孚」。又「惠孚」上空一格，失書仁緒。又失書惠孚、温之官職。

烏丸王氏

崇基生茂時，茂時生熹，熹生遘。《知鹽鐵福建院事監察御史裏行王師正墓誌》：「公諱師正，字中權。皇朝正議大夫、尚書主爵員外郎襲永寧公崇基，公之高祖也。皇朝洛州武臨縣令、贈陳州刺史茂時，公之曾祖也。皇朝給事中、房陵大寧彭城鄴四郡太守、累贈工部尚書、太子太師肅，公之皇祖也。皇朝銀青光禄大夫、楚州刺史兼團練營田等使、御史中丞贈衛尉卿遘，公之皇考也。有子四人：曰譔、曰談、曰詵、曰訙。」又《試大理評事王寵墓誌》：「寵字大受，王父遘，父師正。男五人：長曰敬貽、次曰敬嗣、敬休。」《表》失書崇基爵、茂時官，遘官「楚州」刺史誤作「蘇州」，又失書師正以下世次。至試大理評事寵，其名不見《師正誌》中，殆《師正誌》所載譔、談、詵、訙四子中之一之改名耶？

中山王氏

叡生襲。《吏部常選元温墓誌》：「夫人太原王氏，高祖叡，曾祖匡，周任使持節涼州諸軍事、涼州刺史、上柱國、眉山郡開國公。祖樂，隋婆□縣令、遂安司馬、除使持節滄州諸軍事、滄州刺史、始安縣開國男。父熾，唐任上柱國、冀州刺史。」《表》但書叡子襲，不及子匡一系。

忻生子景、真，真生怡。《華州下邽縣丞韋公夫人王氏墓誌》：「九世祖亮，後魏比部尚書、西河郡王、尚書令、中山郡王叡之弟也。曾祖真行，有唐汝州葉縣令。祖怡，河南尹、東都留守。父岯，京兆府奉先縣丞。」《表》失書叡弟西河郡王亮，誤以行真爲叡曾孫、忻之子，又誤行真爲真，又失書怡子岯，又《誌》稱亮爲九世祖，則由亮至行真中間當有四世。又韋端《玄堂銘》：「太夫人太原王氏，曾祖子真，皇襄州録事參軍。祖怡，父毗。」又《韋端妻王氏墓誌》作「曾祖真行」，均與《下邽縣令夫人誌》作「行真」不同，與《表》亦異，不知孰是。

汾州長史王滿，亦太原晉陽人，生大璡。白居易《揚州倉曹參軍王府君墓誌》：「公諱某，字士寬。其先出自周靈王太子晉。凡廿一代而生翦，翦爲秦將軍。又三世而生珣，珣居太原，故今爲太原人。十九代而生瓊，瓊爲後魏僕射、謚孝簡公。又二代而生曾祖諱滿，官河南府王屋縣令。王父諱大璡，爲梁州司馬。」所述較《表》爲詳。《表》稱滿「汾州長史」，與《誌》作「王屋縣令」亦不合。

昇弟昇生恕，恕生播、起、炎。《王府君墓誌》：「父諱昇，爲京兆府咸陽令。有子曰播、曰炎、曰起。」以恕爲昇子，與《表》不合。李宗閔《贈太尉王播神道碑》亦作「祖昇」，《碑》又稱「播嗣子式，秘書丞。次曰冰，始授京兆府參軍事」。《表》作播子鎮、冰，起子式。又以起爲炎兄，均與《誌》及《碑》不合。

京兆王氏

羆生明遠，明遠生壽，壽生喆。權德輿《太子右庶子王定神道碑》：「周太尉羆，三代至隋司金上士、邢孟洺相七州刺史明進，明進生同州河西縣令喜，喜生蒲州長史慶。」與《表》羆生明遠不合。又《碑》「明遠」作「明進」，「喆」作「喜」，亦與《表》異。然孫逖《太子右庶子王敬從碑》書羆以下世系，則全與《表》合。惟《表》稱慶官蒲州長史，《王敬從碑》作「冀州棗强主簿」，爲不合耳。至兩《碑》互異，殆《定碑》有誤字，姑記此俟考。

魏氏

士廓生乂。《鄭州長史魏慤墓誌》：「慤字處實。曾祖士廓，隋侍御史。祖文政，皇朝扶溝縣丞。父玄，子光乘。」《表》但書士廓子乂，失書文政一系。

恬，鄭州刺史。恬字安禮。見《新書·魏玄同傳》。

館陶魏氏

徵生叔瑜。張説《豫州刺史魏叔瑜碑》：「字思瑾。考太師鄭文貞公。」《表》失書其字。

鹿城魏氏

知古生喆。《秦州上邽縣令豆盧君夫人魏氏墓誌》：「夫人鉅鹿魏氏，曾祖行覽，贈瀛州刺史。祖諱知古，銀青光禄大夫、守侍中工户二部尚書、上柱國、梁國忠公。先府君諱喆，正議大夫、巴延邛歙寧五州刺史、《表》作「延安太守」。鉅鹿縣開國公。」《表》失書知古父名及喆爵。

温氏

瓚生焯、煒、炫。《温府君李夫人墓誌》：「適中書侍郎温彦將子易州司馬瓚第三子、潞州屯留縣令煒。」又云：「夫人四子：子喬外繼伯燁，餘並在遠。」《表》失書瓚、煒官職，又據《誌》知瓚尚有子燁，乃煒兄。《表》亦失書。

戴氏

胄弟仲孫，仲孫生至德。沈校：本傳：「兄子至德爲後。」則仲孫非弟。案：《僞周左千牛備身戴希晉墓誌》：「曾祖胄，唐户部尚書、贈尚書右僕射、封道國公。祖至德，唐户部尚書、尚書右僕射襲道國公。考良紹，皇朝水部員外郎、顯義陵署令。」《誌》不言至德以兄子嗣胄，《表》失書良紹官職及其子希晉。

張氏

弘籍生纘。《隋魏郡太守張軻墓誌》：「軻字子居，祖弘籍，父纘。」又《梁書・張纘傳》：「次子希，字子顔。」軻、希二人《表》並失書。

弘策生經。《隋贈朝散大夫張盈墓誌》：「盈字子謙，祖弘策，齊散騎常侍、衛尉卿、車騎將軍、洮河愍侯。《表》作「閔侯」。父綰，梁侍中右光禄大夫、開府儀同三司、謚靖公。」《表》失書綰、盈。經生則。《穀城縣令張曛墓誌》：「策生紒，紒生則。」《表》書「紒」作「經」，與《誌》不合。策即弘策，避孝敬諱省「弘」字。

玄弼生柬之。《益州大都督府功曹參軍張玄弼墓誌》：「玄弼，字神匡。玄弼諸子，柬之外尚有處士景之，字仲陽，子嶠，孫逖，孝廉。慶之，字仲遠，將仕郎。敬之，字叔騫，左率府兵曹參軍。晦之，子新定太守朏，孫回。」見景之、慶之、敬之《墓誌》。《表》並失書。

柬之生漪、嶧、琪。《舊書·柬之傳》但載漪，《張曛墓誌》有嶧，與《表》合。但琪當爲柬之玄孫，非柬之子。説見下。

漪生愿、㤪、勰、軫、某、昇。《著作郎張漪墓誌》：「子孚、㤪、勰、軫。」無愿、某、昇三人。愿爲漪弟嶧子，《表》誤以爲漪子。孚字孟信，仕至豫州郾城縣丞，嗣子徙。見孚《墓誌》。軫字季心，嗣子縪紹，見軫《墓誌》，又軫及夫人合祔《墓誌》作「縪緡」。《表》於柬之諸孫均失書，又《漪誌》：「㤪官邠王府掾。」《表》作「左補闕」，亦不合。

嶧　《表》不書嶧子，而誤以嶧子愿爲漪子，愿子秀士點，字子敬。見《張點誌》。又第八子穀城縣令纁，子珣、瑀、璪、璟，見《張曛誌》。《表》又誤書纁於《表》末，不書祖父，而失書纁子四人。應據《誌》改正。又珣、瑀、璪、璟爲柬之玄孫，以此例之，則《表》之琪亦柬之玄孫，《表》又誤以爲柬之子。

韙，晉散騎常侍，隋元帝南遷，寓居江左。　沈校：　《晉書·張華傳》：「韙與父華同時遇害。」未嘗過江。　案：　張説《周故通道館學士張弋墓誌》：「司空生韙，避胡過江。」此《表》所本。

弋生洛。「洛」當作「恪」。　張説《贈丹州刺史先府君碑》：「考諱恪。」又《處士張府君碑》：「君諱恪。」又張九齡《尚書左丞相燕國公張公碑》：「慶州都督諱恪之孫。」

始興張氏

九齡，字子壽，相玄宗。　徐浩《中書令張九齡碑》：「公諱九齡，字子壽，一名齊物。　四代祖守禮，隋鍾離郡塗山令。《表》作「塗山丞」。曾祖君政。　大父胄，《表》作「子胄」。　考弘愈。　仲弟九皋，季弟九章。」《表》失書「一名齊物」，又載九齡弟尚有九賓，爲《碑》所無。

藏器，長水丞。　徐浩《張九齡神道碑》作「河南府壽安尉」。

拯　沈校：　《九齡傳》作「極」。　案：　《張九齡碑》亦作「拯」，與《表》合。

撝，昭州刺史。　蕭昕《御史中丞張九皋神道碑》作「撝，大理司直、康州刺史」。

仲方生孟嘗、初名「景宣」。茂宣。　白居易《秘書監贈禮部尚書張仲方墓誌》：「右清道參軍景宣、進士茂玄，明經智周公之子也。」《表》失書智周，「茂玄」作「茂宣」。

吴郡張氏

後胤　《禮部尚書張胤碑》載賜葬詔稱「故金紫光禄大夫張胤」，張説《恒州刺史張承休墓誌》作「祖後胤」，與《表》同。

淮師，朱陽令。生承休。「淮師」宋本作「小師」。案：《張胤碑》：「第六子小師。」與宋本同。又張説《張承休墓誌》：「曾祖沖，祖後胤。考少師，位不充量，止於朱陽宰。」又《蘇州長洲縣令孫君夫人張氏墓誌》：「皇中大夫、虢州刺史當是贈官，其本官則朱陽宰也。少師之曾孫，大中大夫、左諫議珣之孫。」又作「少師」。「小」、「少」但差一畫，殆即一人。又《表》誤以珣爲律師孫。據《誌》則是少師之子。

彦師弟瑾，瑾生清朝，清朝生丹。「丹」宋本作「舟」。《柳文廣注》亦注「張舟」。柳宗元《國子祭酒兼安南都護張君墓誌》：「曾祖彦師，朝散大夫、尚書駕部郎中。祖瑾，懷州武德縣令。考清朝，朝議郎、試大理寺丞。」據《誌》，瑾乃彦師子，《表》誤作彦師弟。

清河東武城張氏

文琮生戬、挹、錫。《清河張氏女殤墓誌》：「高祖文琮，皇朝户部侍郎。《表》作「吏部侍郎」。大王父概，皇朝朝散大夫、許州司馬。王父巒，皇朝瀛州平舒縣令。父弈，朝散大夫、前尚書主客員外郎兼侍御史。次兄稌、次君雅，並舉進士。」《表》於文琮子失書概系五人。

魏郡張氏

公謹生大象。《潞州潞城縣令張忱墓誌》：「忱字士休。高祖敢之，齊司徒司馬。曾祖士儒，唐深州刺史、定遠郡公。祖公謹，左驍衛大將軍、荆州刺史、郯國公謚曰襄。父大象，太子右衛、率遼東左□軍總管兼司元太常伯、封郯國公。」《表》作「户部侍郎」。《表》失書公謹祖父及大象子忱。

大素生悱。《益州郫縣令張愃墓誌》：「愃字承寂。祖公謹，父大素，懷州長史。」《表》作「給事中」。《表》但書大素子悱，而遺愃。

馬氏

岫，字子岳，後周荆州刺史、扶風肅公。韓愈《贈絳州刺史馬府君行狀》：「梁有安州刺史、侍中、贈太尉岫，岫生喬卿。」書岫官與《表》不同。

繼祖，殿中少監。《興元府南鄭縣丞馬攸墓誌》：「攸字化居。父繼祖，皇朝議大夫、殿中少監、扶風縣開國男。子橈。」《表》失書繼祖爵及子攸、孫橈。

褚氏

漢，梁御史中丞、中書侍郎。「漢」《兩唐書·亮傳》均作「湮」。

象，太子舍人。沈校：《南史·褚裕之傳》作「蒙」，《陳書·褚玠傳》同。案：《太常卿褚亮碑》亦作「蒙，太子舍人」，《碑》作「太子中舍人」。

崔氏

齊丁公伋嫡子季子讓國叔乙，食采於崔，遂爲崔氏。《陽翟縣尉崔行規夫人鄭氏墓誌》：「齊太公望孫之子穆伯讓國於叔乙，退居於崔，因授氏焉。」《表》作「季子讓國叔乙」，「季子生穆伯」，與《誌》不合。

鄭州崔氏

君肅，隋黄門侍郎。《舊書·崔元綜傳》：附《豆盧欽望傳》。「祖君肅，武德中黄門侍郎、鴻臚卿。」又《中大夫并州盂縣令崔哲墓誌》：「祖君肅，□黄門侍郎、秦王府長史、襄州刺史、贈鴻臚卿。」則君肅仕唐，不當云隋。

哲生均、志廉、廣。《崔哲墓誌》：「祖彦，父思約。嗣子定王府參軍均、潞州司士志廉。」《崔哲夫人源氏墓誌》：「長子均，次志廉，次同州司倉忱、安東府兵曹惲、寧陵令志誠。」《表》失書忱、惲、志誠三人。

志廉生傑。《信王府士曹崔傑墓誌》：「曾祖哲，皇朝太原祁縣令。《表》作「巴令」，哲《誌》作「并州盂縣令」。祖元綜，鸞臺鳳閣侍郎、同平章事。父志廉，銀青光禄大夫、太子左庶子，《表》作「右庶子」。歷洺魏襄□□等五州刺史。」案：哲《誌》稱「哲子志廉」，此《誌》於哲、志廉中間横出元綜，《表》以元綜爲君宙孫，《舊書・元綜傳》作君肅孫。雖不能斷其得失，然元綜以長壽元年相武后，哲《誌》以久視元年立，不言有子元綜，則元綜絶非哲子。可知《墓誌》紀先人世次，乃亦不可信如此，可異也。

彦昇曾孫玄籍。《右率府翊衛崔歆墓誌》：「歆字仲俊，隋尚書右丞、太子右庶子、雍州長史、白水公至仁之曾孫，唐秦王府庫真上大將軍善福之孫，周銀青光禄大夫、利州刺史、清河公玄籍之第二子也。弟惲、恪、憬、恂。」又《前國子監太學生武騎尉崔韶墓誌》：「韶字子華。曾祖至仁，隋長安縣令、雍州司馬、尚書右丞、太子右庶子、白水縣開國公。祖善福，唐秦王府庫真上大將軍。父玄籍，雅隴兗茂四州長史、歸蔚循袁文巴黄利八州諸軍事、八州刺史、銀青光禄大夫、上柱國、清河縣開國子。」《表》於玄籍名上闕二格，失書祖父名。又玄籍子但書恪、憬、恂三人，失書歆、惲、韶。

許州鄢陵房

樞生義直。沈校：「直」《知温傳》作「真」。案：《太子右贊善大夫判太子率更令崔孝昌墓誌》：「曾祖樞，皇朝使持節陝州諸軍事、陝州刺史、司農卿、散騎常侍、上大將軍、武城縣開國公。《表》作「利州刺史」。祖義直，皇朝長安縣令、紀越二府長史、使持節陝州諸軍事、陝州刺史、武成縣開國公。」又《清河郡公崔泰之墓誌》：「曾祖世樞，《孝昌誌》及《表》作「樞」，避太宗諱，省「世」字。祖義直。」均作義直。《傳》作義真，誤。《表》失書樞及義直爵。

知温生泰之，泰之孫備。《新書・崔知温傳》：「知温，字禮仁。」《崔孝昌墓誌》：「父知温，皇朝英府司馬《舊書・知温傳》作「靈州都督府司馬」。兼尚書右丞、《傳》作「左丞」。黄門侍郎、同中書門下三品、監修國史、中書令、贈使持節荆州大都督，謚曰良文。」《新書》本傳作「謚曰忠」。又《崔泰之墓誌》：「泰之，字泰之。子秘書郎承禮。」《崔泰之夫人隴西郡君墓誌》：「夫人工部尚書崔泰之之妻，大理司直元之母，諫議大夫備之祖妣，涇州從事景裕之曾王母也。」《表》失書知温字，又失書泰之子，但書「孫備，工部郎中」。據泰之夫婦兩《誌》，知有子元及承禮、孫備、曾孫景裕。《表》失書元、承禮、景裕三人。

諤之，少府監，趙國公。《舊書・知温傳》作「官將作少監、博陵縣侯」。又知温子尚有孝昌，字度之，見《孝昌誌》。《表》亦失書。

南祖崔氏

融，字文成，清河文公。《新書・融傳》作「字安成」，又云「融六子：其聞者禹錫、翹」。《表》乃有八子，與《傳》不合。

安潛，字進之，太子太傅、貞孝公。《右拾遺崔巘與夫人鄭氏墓誌》：「父安潛，皇太子太師、贈太尉。」案：《新書・安潛傳》附《崔融傳》：「檢校太師兼侍中，後遷太子太傅，卒贈太子太師。」不言

「以太子太師贈太尉」。與《表》合，《誌》誤。古人誌墓，亦往往有誤，不皆可信。故特著之以示一斑。

清河大房

元彦，正平令。《邢州南和縣令崔涣墓誌》：「祖元彦，皇絳州太平令。」與《表》不同。案：唐河東道絳州屬縣有正平、有太平，未知孰是。

隱甫生澂。「澂」當作「徵」。《常州司士參軍、襲武城縣伯崔千里墓誌》：「千里，字廣源。曾祖元彦，贈右散騎常侍。大父隱甫，刑部尚書、東都留守、贈太子太保。考徵，監察御史、越府司馬。子應、憑、恕。」又《嶺南觀察支使試大理評事崔恕墓誌》：「恕字敏從。父千里。祖徵，朝散大夫、越州司馬。曾祖隱甫。」皆不作「澂」。又《表》於隱甫子但書澂、微、憖、涣，而失書千里及其子應、憑、恕。

微生溉，溉生倬。《河南府陽翟縣尉崔公夫人鄭氏合祔墓誌》：「高王父諱隱甫，曾王父諱微，大父諱溉。顯考府君諱耿，皇任太子賓客、贈工部尚書。公名行規，字寡悔，尚書府君長子也。生五男子：曰諷、曰調、曰訥、曰小通、曰三通。」《誌》爲「季弟鄉貢進士曄撰」。《表》但書溉生倬，而失書耿及耿子行規、曄及行規五子。又《表》不書倬官職，據《崔涣墓誌》作「守宋州刺史」。

涣，《崔涣墓誌》：「涣字海量。曾祖世濟，祖元彦，考隱甫公忠公之第七子也。公子曰汎，揚州江陽縣主簿。曰泌，故宣州寧國縣令。曰溱、曰注，未仕而終。第四子沆，監察御史裏行、武寧軍節度推官。第五子芑，前越州會稽縣尉、攝兗海團練推官。第六子慶，前揚州海陵縣尉。」又《江陵府江陵縣尉崔芑墓誌》：「芑字浚源，考諱渙，官至南和縣令。子偁、偕、鄑、鄒、儒、歸。」《表》失書渙子及芑子。

玄默生思慶，思慶生延賓。《盧夫人崔氏墓誌》：「曾祖合州司馬諱玄默，祖漢州德陽縣令諱思慶，父朝散大夫、太原祁縣令諱庭實。」《表》誤「庭實」作「延賓」，又失書三世官職。

清河小房

公華生大質。大質生玄覽。玄覽曾孫湛。《巫州龍標縣令崔志道墓誌》：「志道，字元閏。曾祖公華，齊主客郎中、接陳使。祖大質，隋復州司兵參軍事。《表》誤作「復州刺史」。父玄覽，皇朝相州録事參軍事。」又《唐鄭州長史崔湛墓誌》：「公，雞澤令玄覽之曾孫、滑州司馬志道之孫、涿城府果毅祥業之子。崔程、崔稃兩《墓誌》均作「幽州范陽令」。長子虔、次子幹。」《表》失書玄覽、湛中間二世，又失書公華、玄覽官職。湛子虔、幹二人《表》作虔、朝、粲。

虔生稱。《中書舍人崔詹墓誌》：「詹，字順之。曾祖稱，皇任尚書户部員外郎。祖植，皇任商州防禦判官、殿中侍御史、内供奉。父承弼，皇任河南府士曹參軍、贈尚書户部郎中。子二人：長叔則，次延業。君昆季四人：長兄荷，官終禮博。次曰藝，見任司業。次曰謂，狀頭及第，結綬而卒。」又《懷州録事參軍崔稃墓誌》：「稃，字嘉成。曾祖祥業，祖湛，父虔。」《表》書虔子稱、穜、秩，而失書稃。又失書稱子〔植、植子承弼、承弼子〕荷、詹、藝、諤，詹子叔則、延業。

朝，字懿忠。生稹、稧、程、税。牛僧孺《崔羣家廟碑》作「朝字守忠」。又《清河崔氏十六女墓誌》：「曾祖皇滎陽郡長史、贈鄭州刺史《崔程墓誌》作「鄭州長史、贈鄭州刺史」。《表》作「鄭州長史」。諱湛，祖皇懷州刺史、檢校太子左庶子、贈秘書監《崔程墓誌》同。諱朝，考皇江南西道南昌軍副史、試大理評事諱税。」又《崔程墓誌》：「程字孝式，曾祖祥業，祖湛，父朝。」《表》失書程、税官職，當據補。

佶，太子中允。沈校：《邠傳》名「結」。案：杜牧《浙西道都團練觀察處置等使清河郡開國公贈吏部尚書崔郾行狀》亦作「佶」，不作「結」。

陲子邠、酆、郾、郇、邯、鄯、鄲、鄜。劉禹錫《清河縣開國男贈太師崔公神道碑》：「太師諱陲，字平仲。生才子六人：長曰邠、次曰酆、次曰郾、次曰郇、次曰鄯、季曰鄲。」又杜牧《崔郾行狀》亦曰「親昆仲六人，皆至達官」。是陲六子。《表》多邯、鄜二人，或陲之從子，誤作陲子。又《碑》載邠二子璜、瓘。《表》又以瓘爲酆子。

道楨生子美。子美生漪。柳宗元《永州刺史崔敏墓誌》：「皇考吏部尚書、贈户部尚書諱漪，尚書之先曰貴鄉丞、贈太常少卿府君諱子美，太常之先曰揚州江都丞府君諱道禎。」「道禎」《表》作「道楨」。《表》又失書三世官職，當據補。

放，檢校郎中。《猗氏縣主簿盧公夫人崔氏墓誌》：「夏州行軍司馬兼御史中丞放之季女。」不作「檢校郎中」。

著生褒，褒生丕。《盧約夫人崔氏墓誌》：「曾祖著，河南士曹參軍。祖褒，河中府户曹參軍。顯考丕，虢州湖城縣令。」《表》失書三世官職。

義生儉。儉生隋。《壽州司馬崔植墓誌》：「植，字固本。大王父好義，皇河南府新安縣丞、贈左散騎常侍。《表》作「虞部郎中」。王父儉，汝州長史、贈秘書大監。」長子翦撰《誌》，有「仲父隋，守官京洛」語，知植爲隋兄。《表》書「好義」作「義」，失書儉官、儉子，但書隋而遺植及植子翦。

清河青州房

肇師孫道淹。道淹生方騫。方騫生貞固。李華《贈太子少師崔景晊墓誌》：「肇師，官至中書侍郎。元子北齊安州總管府掾諱道淹，公之曾祖也。生萬年縣主簿、臨洺令諱方騫，公之大父也。生武功主簿贈吏部尚書貞固，公之考也。」是道淹爲肇師子，《表》誤作孫，方騫官臨洺令，《表》誤作臨洛宋本作「洺」。子。又失書道淹官職。

子叶　《潤州司士參軍源君夫人崔氏墓誌》：「曾祖子叶，隋郡功曹。祖孝珣，皇朝貝州武城縣令。父晊，宋州宋城縣尉。」《表》失書子叶官職，名下空三格書漪，失書孝珣、晊二世。

博陵安平崔氏

大房崔氏

懿，字世茂。五子：連、琨、格、邈、殊。又三子怡、豹、侃爲一房，號六房。《唐州長史劉密夫人崔氏墓誌》：「二十七代祖峰，封汶陽侯。家於涿郡，漢桓帝時改爲博陵郡。至十一代祖懿，爲燕秘書丞。生八子，分爲六房。」所述博陵先世世系較詳。

嬰生貞固，貞固生戒。「戒」當作「戎」。兩《書》均有傳。《壽安縣令高府君夫人崔氏墓誌》：「曾祖諱嬰，皇刑部郎中、郢州刺史。祖諱貞固，皇太原府榆次縣令、贈太子少保。少保生皇兖海沂密等州都團練觀察使兼御史大夫、贈太傅諱戎。」《表》書「榆次縣令」作「榆次尉」，《戎傳》：「子雍，字順中。」《表》亦失書。

行功生景。《監察御史李君夫人崔氏墓誌》：「夫人曾祖行功，秘書監。祖景，鄠縣令。父仲容，醴泉丞。」《表》失書景官職及景子仲容。

秉德，驃騎大將軍，謚曰靖穆。沈校：《魏書・崔鑒傳》單名「秉」。案：《蘇州司馬崔泰墓誌》：「高祖秉，魏司徒公。」又《承務郎崔誠墓誌》：「高祖秉，後魏侍中、中書令、司徒公，謚曰静穆公。」均作「秉」，不作「秉德」。

子博生元平。《崔泰墓誌》：「泰，字元平。父子博，隋泗州刺史。」《表》書元平，失書其名。又泰官蘇州司馬，《表》作「侍御史」，與《誌》亦不合。

第二房崔氏

奕生大方。《溱州司户崔思古墓誌》：「思古，字官奴，唐芮州刺史、散騎常侍奕之孫，海州刺史、陽信縣子大方之嫡子。」《表》失書思古，又失書大方爵。

彭生寶德，寶德孫道斌，道斌生鎮、鎔，鎔生延。《光禄卿崔廷墓誌》：「廷，字彦實。五代祖彭。高祖寶德，皇朝司封郎中□□。生昭儉，皇朝汾州司馬。生道斌，皇朝鄭州滎澤主簿。生鎔，皇朝試大理評事。嗣子計，河南温州縣丞。」《表》失書寶德子昭儉，又失書道斌、鎔官職。鎔子「廷」誤作「延」，廷官「光禄卿」，《表》作「職方員外郎」。又失書廷子計。又《新安縣尉李君夫人崔氏墓誌》：「高祖彭，曾祖寶德，祖儉，不作「昭儉」。考義斌，豫州司户。」義斌爲道斌兄弟，《表》亦失書。

知德，絳丞、安陽男。生景運。《揚州揚子縣丞崔光嗣墓誌》：「光嗣，字光嗣。曾祖彭。祖知德，皇朝朝散大夫、果州長史。父景運，皇朝泉州龍溪令。」《表》書知德官絳丞，與《誌》不合。又失書景運官職，及景運子光嗣。

説，後周大將軍、安平壯公。生弘度、弘昇、弘峻、弘壽、弘正、弘舟。「説」當作「訦」。《汝州長史安平男崔嵦墓誌》：「烈曾涼州刺史、大將軍訦，烈祖銀青光禄大夫弘峻。」

弘昇生處直、處仁，處直玄孫胷。《濟陰郡參軍崔義邕墓誌》：「義邕，字嵒。高祖弘昇，隋開府儀同三司、黄臺縣開國公。曾祖處直，隋漢王府長史。大父玄應，皇高平郡詞曹。皇考元嘉，皇歷陽含山令。嗣子序。」《表》處直下空三格，失書處直子、孫、曾三世名，當據《誌》補之。又失書義邕及其子序。

弘峻生儼。儼生暄，汝州長史；皓，安平公。案：《表》暄、皓二字皆「皚」字之譌。「皚」字與「暄」相似，始譌「皚」作「暄」，又由「暄」譌「皓」。皚官汝州長史、贈衛尉少卿、爵安平男。《表》既譌「皚」爲「暄」、「皓」，又以汝州長史、安平男分屬兩人，誤一人爲二。唐代崔皚後人諸墓誌或稱皚爲汝州長史，或稱衛尉少卿、安平男。《崔孝公墓誌》稱「曾祖弘峻。祖儼。考皚，安平縣男，贈衛尉少卿。」《冠氏縣尉盧公夫人崔氏墓誌》稱「衛尉少卿皚之孫」，《濮州臨濮縣尉竇公夫人崔氏墓誌》亦稱「衛尉少卿皚之曾孫」，《崔契臣墓誌》稱「太子文學、汝州長史、安平公皚之曾孫」，《鄭賓妻崔氏墓誌》稱「曾祖皚，衛尉少卿」。

暄生證。皓生渾、沔。《崔皚墓誌》稱「皚元子渾、次子沔」，《表》既誤(折)〔析〕皚爲暄、皓二人，又於暄下出子證。《皚誌》無此子，待考。

渾，監察御史。《崔皚墓誌》：「安平公之元子渾，字若濁。長子孟孫，仕至向城縣令。嫡子衆甫，仕至朝散大夫、著作佐郎，嗣安平男。《崔衆甫墓誌》：「衆甫，字真孫。」少子夷甫，仕至魏縣令。衆甫之子滿籯、貞固，貞固子公度。孟孫子斴，大理評事兼豐州録事參軍事。夷甫子契臣。《崔契臣墓誌》：「字元符。」」叙渾子孫世系甚詳，《表》均失書。

沔生成甫、祐甫。《崔暟墓誌》：「安平公次子沔長子成甫，秘書省校書郎、馮翊陝二縣尉。顔真卿《崔孝公宅陋室銘》記孝公長子成甫「倜儻有才名，進士校書郎，早卒」。成甫長子伯良，仕至殿中侍御史。次子仲德，仕至太子通事舍人。少子叔賢，不仕。伯良之子詹彦。」《崔孝公墓誌》同。兩《誌》叙沔子孫世系亦甚詳，《表》亦失書。

晊，徐州司馬。生濤，大理少卿。《處士崔偃墓誌》及《潭州湘潭縣尉崔倚墓誌》並云：「曾祖晊，青州司馬。祖濤，潁王府司馬。父誠甫，澤州晉城縣令。」《表》但書濤子儀甫，失書誠甫及誠甫子偃、倚。又《倚誌》：「一子名季則，未冠而卒。」《表》亦失書。《表》書晊、濤官職亦與兩《誌》不合。

巖字標魯，襄州觀察掌書記。生瞻，字藏用。《光州刺史李潘夫人崔氏玄堂銘》：「高祖濤，曾祖儀甫。考巖，尚書都官郎中。」與《表》作「襄州觀察掌書記」不合。又此《誌》題「姪男鄉貢進士贍撰」，不作「瞻」，文中又有「孤姪曰贍、曰贄」語，贍、贄皆從「貝」，足證作「瞻」之譌。又《表》於巖子但書贍，而遺贄。

弘壽，左監門將軍、獲嘉男。宋本作「獲嘉侯」。案：《通事舍人杜元穎夫人崔氏墓誌》：「曾祖弘壽，隋獲嘉侯。」楊炯《左武衛將軍成安子崔獻行狀》：「祖弘壽，隋獲嘉縣開國侯。」與宋本同。

萬善，閬州刺史、成安縣男，謚曰信。《崔獻臣行狀》：「父萬善，使持節隆州諸軍事、隆州刺史。」不作「閬州」。

文憲，右武衛將軍，襲成安縣男。《崔獻行狀》前稱「崔文年，六十七」，後載《左武衛將軍成安子府功曹上尚書省謚議》又稱「崔獻」，均不作「文憲」，「右武衛」作「左武衛」，「成安男」作「成安子」，均與《表》不合。

文操，滑州刺史。《杜元穎夫人崔氏墓誌》：「考操，潤州刺史。」「文操」作「操」，「滑州」作「潤州」。

肅，字大德。鳳泉令、石城縣男。生安上，字敦禮，相高宗。于志寧《中書令崔敦禮碑》：「公諱敦禮，字安上。父肅，定州刺史。」與《表》不合。

仲方，字不齊，信都太守、固安縣伯。《徐州録事參軍王君夫人崔氏墓誌》：「曾祖仲方，隋虢州刺史、禮部尚書、太常卿、國子祭酒、金紫光禄大夫，封固安縣開國公。」與《表》不合。

餘慶，兵部尚書。生遵業，夔州司馬。《好時縣尉崔篙墓誌》：「篙，字楚長。曾祖餘慶，皇兵部尚書。列考遵業，貝州刺史。公爲貝州第四子。嗣子季方、次子季直。」《表》書遵業官職與《誌》不同。《表》於遵業有子恒，而遺篤及篤子季方、季直。令生承福，越廣二州都督。《王君夫人崔氏墓誌》：「祖民令，隋朝請大夫、滎州臨真縣宰、通事舍人。父承福，皇朝左司郎中、齊潤等五州刺史，越廣二府都督、博陵郡開國公、贈汴州刺史。」「令」作「民令」，《表》避太宗諱省「民」字。《表》又失書民令官及承福爵。

巘，滎陽郡長史。生清，户部郎中。《盧君夫人博陵崔氏墓誌》：「曾王父巘，皇秘書少監、贈左散騎常侍。大父清，皇晉州刺史。父朴，前左監門衛兵曹參軍。」《表》書巘、清官職與《誌》不合。又書清子梲而遺朴。

昂生液，字君洽。液生曇首。曇首生紹睿。紹睿生頊。頊生昪之。權德輿《洪州建昌丞崔遴墓誌》：「六代祖北齊右僕射昂，生隋水部司門二郎中洽，司門生掖縣令曇首，掖縣生武邑令紹，武邑生白水尉項，項生汾西令、贈定州刺史昪之，君則定州府君長子。」《表》書「洽」作「液」，「紹」作「紹睿」，「項」作「頊」。與《誌》不合。

洽生治，治生預，預生育，育生孚。白居易《湖州長城縣令贈户部侍郎崔孚神道碑》：「隋散騎常侍諱洽，公六代祖也。此稱「六代」，乃除本身計之。唐冀州武强令諱紹，曾祖也。監察御史諱預，王父也。常州江陰令育，皇考也。」《碑》之「紹」，《表》作「治」，他世次與《表》均合。案：《崔遴墓誌》稱「洽生曇首，曇首生紹」，洽、紹即《表》之「液」與「紹睿」。孚與遴必爲一系。《表》於曇首系後復書洽、洽二人，紹上應有曇首，殆居易文漏曇首一代。觀《孚誌》稱洽爲「六代祖」，此稱「六代」乃並本身計之。若遺曇首，則僅五代。稱洽爲高祖可矣。且父子均名「洽」，絶無此理。《孚誌》脱曇首一代無疑。孚之六代祖，即遴之六代祖，孚之曾祖即遴之曾祖也。

弘禮生彥防、彥佐、彥輔、彥博、彥恭、彥光、彥金、彥載。《東都留守贈司空崔弘禮墓誌》：「有子八人：長曰道士玄鑒；次彥防，前陝州安邑主簿；彥佐，前右衛倉曹參軍；次彥輔、彥博、彥成、彥光、彥鎮。」《表》無玄鑒、彥成、彥鎮，而多彥恭、彥金、彥載。

悦生光迪，光迪生抗，抗生玄亮。沈校：本傳不詳父祖。案：白居易《虢州刺史贈禮部尚書崔玄亮墓誌》：「曾祖悦，洛州司户參軍、贈太子少保。祖光迪，贈贊善大夫。考抗，揚州司馬兼通事舍人、贈太子少師。公即少師季子。有子九人：長曰熅，通事舍人。次曰芻言、罕言，舉進士。次曰緩，中牟尉。其下皆幼稚。」與《表》同，惟《表》作玄亮長子煜，《誌》作熅，《誌》稱熅，官通事舍人，《表》失書耳。

抗生漪，漪生日用，相睿宗、玄宗。沈校：本傳不詳父祖。案：張説《瀛州河南縣丞崔漪神道碑》載：「漪高祖纂，曾祖觖，祖世立，考抗。」又《義豐縣男崔宜之墓誌》：「祖漪，父日用。」所叙先世均與《表》合，可補《日用傳》之闕，惟《表》於日用子但有宗之，失書宜之。

《補正》上

新唐書宰相世系表補正　卷下

于氏

敻生碩、頂、頔、頗、冀。沈校：《頔傳》不詳父祖。案：權德輿《燕國公于頔家廟碑》叙頔六世祖以下悉與《表》合，惟《碑》稱敻「長子頗，終洋州司户參軍。冡子碩，歷户部侍郎。幼子頊，長安縣尉。公即第三子也」。是敻四子頗、碩、頔、頊，《表》作碩、頂、頔、頗、冀，誤以頗爲季子。又「頊」誤作「頂」，頊官長安尉，《表》作長安令，而多冀一人。殆非敻子，而誤闌入者。

德方，越州刺史，黔昌男。德方子，武州司馬護軍昶。又德方謚定公。並見《德方碑》，《表》失書。

宣道，字元明。隋上儀同、成安獻公。《膚施縣令于□恭墓誌》：「曾祖宣道，隋左衛率、皇涼甘肅瓜沙五州諸軍事、涼州刺史、成安子。于大猷、于知微，兩《碑》均作「成安子」，《于志寧碑》作「始興縣開國子」。祖永寧，皇商州刺史、贈建平公。父元祚，皇益州九隴縣令，襲建平爵，尚德静公主，子弼、嬰等。」《表》

失書永寧爵，又失書元祚、□恭、弼、嬰。

克勤，密州別駕、東海郡公。《于知微碑》作「東海郡男」。

克懋，華州司户參軍。《于知微碑》作「黎陽縣開國男」。

保寧生承範、承慶。《蔣夫人于氏墓誌》：「曾祖保寧，皇朝瀘州司馬。祖承慶，皇朝益州温江令。父處直，越州山陰令。」《表》失書保寧、承慶官職，又失書承慶子處直。

柳氏

景猷，晉侍中。二子：耆、純。耆，太守，號「西眷」。《試大理司直兼曹州考城縣令柳均靈表》：「自士師至晉黄門侍郎爲三十代，二子：長曰道年，次曰道載。始分爲東、西眷。」與《表》不合。

祚，隋司勳郎中。《薛君夫人柳氏塋誌》：「祖祚，隋司勳、主爵、水部三司侍郎，疑「郎中」之譌。襲爵康城縣公。」《表》失書祚爵。

機生遂。遂生胤。《柳永錫墓誌》：「曾祖機，祖遂，父佋，長兄崇約。」《表》書遂子胤而遺佋，又失書佋子崇約、永錫。《元和姓纂》：「遂生胤、莽。」

則生奭，奭生爽，爽生嘉泰。郭納《右武衛將軍柳嘉泰神道碑》：「曾祖則，祖奭。父爽，皇贈朝散大夫、鄜州司馬。」《表》失書爽官職。

楷生融，子敬，子敬生約、繹，繹生遺愛，遺愛生開。柳宗元《故大理評事柳開墓誌》：「楷生夏縣令諱繹，繹生遺愛，遺愛生開。」《表》與《誌》世次不合。又《表》稱開官侍御史，亦與《誌》不合。又《魏書·楷傳》：「楷字孝則。」《表》亦失書。

楷生融、子敬、子夏，〔子夏〕徐州長史。柳宗元《亡妹裴君夫人墓誌》：「柳氏至於唐，其著者中書令諱奭，中書之弟之子曰徐州府君諱子夏，實有孝德，世其家業。」是子夏爲奭從（孫）〔子〕，《表》乃書子夏高於奭一格，爲奭叔父。宗元叙先世，不應有誤。則《表》之世次錯亂甚矣。《元和姓纂》作「融生子敬、子夏」，則世次適合。

虯，字仲盤。《周書》本傳作「字仲蟠」。

慈明，職方郎中。孫弼、慤。《朝議郎行忻州司馬柳□召墓誌》：「□召，字真召。曾祖慈□，□當是「唐」字。銀青光禄大夫、貝州刺史。《表》作「職方郎中」，以「貝州刺史」爲弼官。祖仁秀，唐朝散大夫、睦州□□。父慤，朝散大夫、辰州都督。子銛、潠、溆。」《表》慈明下空一格失仁秀名，又失書慤子□召、及□召子三人。

止戈曾孫憬，憬生璿。權德輿《相國右庶子崔公夫人柳氏祔葬墓誌》：「齊周之際，中書孝公虯生止戈，後周洛州刺史。孫皇海州長史憬，憬生皇伊陽縣丞璿，夫人之祖禰也。」以憬爲止戈孫。

《表》作曾孫，與《誌》不合。

括，西涼太守。「括」宋本作「恬」。案：《元和姓纂》亦作「恬」。《南史・柳元景傳》：「祖，恬。父，憑。」作「括」者誤。

惔生昞，昞生裘。《隋書・柳裘傳》「昞」作「明」，避唐諱改。又《周書・柳洋傳》：「祖惔，父昭。《梁書・惔傳》又作「照」。」《表》惔三子昞、暉、映，《元和姓纂》同。而無昭，疑「昭」即「昞」，避諱改。猶《裘傳》之改「明」也。《表》失書裘子，據《隋書・裘傳》：「裘，字茂和。子惠童嗣。」《表》失書裘字及子惠童。

顧言生遜。遜生尚真、儉。《隋書・柳䛒傳》：「䛒，字顧言。」又《蕭君夫人柳氏墓誌》：「高祖暉。曾祖顧言。祖遜，隋晉王府典籤、扶樂縣令。」又《朝議郎行衛尉寺丞柳順墓誌》：「順字娘奴，自幼以字行。高祖顧言，曾祖約，隋義鄉縣令、襲爵漢南公。祖尚寂，右金吾衛引駕。父善寶，皇任豳州司馬。」《表》失書顧言名及遜官職。又書遜子尚真、儉二人而失書約一系。

尚素，江寧丞。柳宗元《銀青光禄大夫散騎常侍輕車都尉宜城縣開國伯柳渾行狀》作「祖尚素，潤州曲阿令」。不作「江寧丞」。

渾，字德載，相德宗。沈校：《舊書》本傳：「字夷曠。」《新書》：「字夷曠，一字惟深，本名載。」案：柳宗元《柳渾行狀》：「公字惟深，初名載，字元輿。」

仲禮生玄、彧，彧生紹。《唐遜夫人柳氏墓誌》：「曾祖仲禮，祖彧。父自然，九門縣令。」《表》書彧子紹，而遺自然。

韓氏

褒生紹、仲良、遜、滂。沈校：《瑗傳》：仲良，紹子，非弟。案：沈校是。《韓良碑》：「公諱良，字仲良。曾祖演，祖褒。父紹，周昌樂郡守、隋儀同三司、驃騎將軍、衛尉少卿、金崖縣開國公。」亦稱仲良爲紹子，足正《表》誤。《表》又失書仲良名及父紹官爵。

愈生昶。《表》失書昶官職。韓昶自爲《墓誌》：「仕至朝議郎、檢校尚書、户部郎中兼襄國別駕、上柱國。昶男五人：曰緯，前復州參軍。次曰綰、曰緄、曰綺、曰紈。」《表》但書綰、衮，殆即「緄」。而失書緯、綺、紈三人。

雲卿生俞。《殿中侍御史韓弇妻韋氏墓誌》：「府君諱弇，自後魏尚書令、安定恒王六世生禮部郎中雲卿，實生府君。」《表》書雲卿子俞而遺弇。

符，字節信，巫州刺史。生大智，字不惑，洛州司户參軍。權德輿《贈户部尚書韓洄行狀》作「曾祖符，皇潭陽郡太守。祖大智，皇河南府士曹參軍、贈吏部郎中」。

洄，字幼來，兵部侍郎。權德輿《大中大夫守國子祭酒潁川縣開國男贈户部尚書韓洄行狀》：

「公諱洄，字幼深。」《新書·韓休傳》亦作「字幼深」，《表》作「幼來」，誤。

望生垂，垂生弘。韓愈《司徒兼侍中中書令許國公贈太尉韓弘神道碑》：「公之父曰海，官至游擊將軍、贈太師。」《表》作弘父垂，與《碑》不合。又《碑》稱弘薨無子，以公武子紹宗爲主。「紹宗」《表》作「繼宗」，與《碑》不合。《弘傳》亦稱孫紹宗嗣。

許氏

安陸許氏

弘周生法光，法光生紹。《舊書·許紹傳》「字嗣立。祖弘，父法光」。與《表》不合。

欽寂，夔州刺史。《許紹傳》作「夔州長史」，《元和姓纂》同。

欽明，梁州都督、安西大都護。《許紹傳》及《姓纂》均作「涼州都督」。

誠感弟誠言。《姓纂》「誠」作「戒」，又載欽明子尚有戒非，《表》失書。

圉師生自牧、自遂、自正。《姓纂》「自牧」作「自持」，《許紹傳》圉師尚有子自然，《表》失書。

辛氏

衡卿，太常卿。生郁。《元和姓纂》「衡卿」作「衡虞」。案：中州出《辛衡卿墓誌》亦作「衡卿」，與《表》同，不作「衡虞」。《誌》載：「衡卿，字公能。子郁，長孫傑，字玉師。次孫朁，字玉□。」《表》失書衡卿字及孫傑、朁。又《誌》稱「衡卿，官倉部侍郎」。

盧氏

度世，字子遷，青州刺史、固安惠侯。生陽烏、敏、昶、尚之。《澧州刺史盧昂墓誌》：「度世四子：淵、敏、敞、尚。」淵即陽烏，《表》作「陽烏，字伯源」。案：《魏書·盧玄傳》：「陽烏，名淵，字伯源，小名陽烏。」蓋因避唐高祖諱，以小名代之。又《永王府録事參軍盧自省墓誌》亦作「祖諱淵，後魏吏部尚書」。

彦章，武彊令。《崔渾妻盧夫人墓誌》：「曾祖彦章，隋安興丞。」與《表》不合。

道亮弟思道　宋本作「道亮子思道」。案：宋本是也。《盧承業墓誌》：「曾祖道亮，祖思道，父赤松。」《表》誤以父子爲兄弟。

承基生元莊。元莊生知遠。《譙郡城父尉盧復墓誌》：「復字子休，高祖赤松，曾祖承基，祖元莊，父知遠。」又《檢校太子賓客范陽郡開國子盧翊墓誌》：「祖知遠。父謙，正議大夫、宋州司馬兼左贊善大夫。」又《盧子鶩墓誌》：「曾王父知遠，大父寵，河中府户曹參軍。烈考竚，太常寺奉禮郎。」《表》但書知遠子巽、孚，據三《誌》尚有復、謙、寵三人，及孫翊、竚，曾孫子鶩，《表》並失書。又

《太子司議郎盧寂墓誌》：「寂，字子靜。曾祖承基，祖元莊。父光遠，京兆府奉先縣丞。長男炎，大理評事兼下邳令。次男愜。」是元莊尚有子光遠，孫寂，曾孫炎、愜。《表》亦失書。

明遠，太原少尹。《盧明遠墓誌》：「明遠，字子廣。子七人：肱、瞻、循、閑、雅、重、相。」《表》失書明遠七子。

承業，雍揚二州長史、魏縣簡公。《盧承業墓誌》：「承業，字子繪。」《表》不載承業子孫。案：《左衛將軍盧玢墓誌》：「玢，字子玉，同州府君次子也。《承業誌》承業曾官「同州刺史」。累官貝州刺史、左驍衛將軍、并州大都督府長史、左屯衛將軍、東都留守兼判左衛及太常卿事。有子全、質等。」又《房州刺史盧全操墓誌》：「全操，字全操。父玢，嗣子仲容。」又《盧全貞墓誌》：「全貞，字子正。祖承業，父玢，子洌、浰、澐、泚、涚。」又《兖州鄒縣尉盧仲容墓誌》：「仲容，字仲容。祖玢，父全操。」又《范陽盧氏女殁後記》：「曾祖承業，祖玢。父全嗣，懷州武陟縣主簿。」又《孝廉盧憕墓誌》：「憕字仲平，雍州長史承業之曾孫，左屯衛將軍玢之孫，絳州長史全誠之第二子。公元昆曰恬，季曰恂。」《表》誤以承業子玢爲承業弟承福子，又誤以玢子全操爲承福孫，又失書玢子全質、全貞、全誠、全嗣，及全操子仲容，全貞子洌、浰、澐、泚、涚，全誠子恬、恂、憕。譌誤脱漏，賴有諸《誌》得補正之。

承泰，字齊卿，太子詹事、廣陽郡公。沈校：《承慶傳》：齊卿，承泰子，非字。「齊卿，太子詹事」以下皆齊卿官。案：《承慶傳》稱「承泰，官齊州長史」。考《鼎州三原縣令盧行毅墓誌》：「行毅，字子明。父齊州長史承泰。」與《傳》正同。《誌》載行毅有子彥、緒等。《表》失書行毅及彥、緒。

承福生瑶，瑶生伯初，伯初生卿，卿生知退。《滑州司法參軍盧初墓誌》：「初字子端，皇唐黄門獻府君之孫、殿中進馬晏府君之子。子知度支、雲陽院試大理評事伯卿。孫前鄉貢明經知退。堂姪守工部郎中商。」案：初乃第二房宣宗相盧商一系，乃商之從父，錯列第一房，誤以爲承福之孫瑶之子。而將伯卿之名上一字移於父初之「初」字上。又誤初官滑州司法參軍爲太原少尹，初孫知退外，《表》又增知晦一人，不知何據。至初曾祖獻，祖翊，在第二房《表》中。而翊子下書昂，而失書晏。應將初、伯齊、知退三世移入第二房獻系下，並於初上補晏一世。〔一〕

嶠，永州司馬。生嘉猷。嶠尚有子嘉瑗，嘉瑗子立。見《給事郎永州司馬盧嶠墓誌》。《表》失書。

正道，鄂州刺史。正道字真直，見《盧公清德碑》。

緬生瀾、溥。《尚書刑部郎中盧就墓誌》：「就，字子業。曾祖緬，安定郡别駕。祖溥，海州朐山縣尉。父倕，檢校著作郎兼同州司馬，贈司封郎中。男四人：喬、憲、重、陵。」《表》失書緬、溥官職，又失書溥子倕、孫就、曾孫喬、憲、重、陵。

光懿生湛、渚。《李璋妻盧夫人墓誌》：「曾祖光懿，滑州衛南縣令。祖渚，門下省城門郎。父匡伯，河南府洛陽縣丞。」《表》失書光懿及渚子匡伯。

元規生逖。逖生固然。《永王府録事參軍盧自省墓誌》：「自省，字子慎。六代祖諱淵，生司空道虔，虔生周左庶子昌衡，衡生皇博州刺史寶胤，胤生絳州稷山令元規，規生滑州衛南令逖，公則衛南府君三子也。嗣子克。」《表》失書元規及逖官職，又逖子自省、孫克，《表》亦失書。

子真生炅。炅生羣。《殿中侍御史李君夫人盧氏墓誌》：「曾祖子真，皇袁和二州刺史。祖炅，皇大理主簿。父羣，皇銀青光禄大夫、義成軍節度使兼御史大夫，贈工部尚書。」《表》失書子真、炅官職。

元茂生韞價、遠價。《大理評事鄭公夫人盧氏墓誌》：「相州滏陽縣令元茂生河間郡司馬昭價，昭價生和州歷陽縣令擢。」《表》失書元茂官職及元茂子昭價、孫擢。

義僖生遯之，遯之生文構。《隋盧文機墓誌》：「文機，字子辨。祖義僖，魏儀同、孝簡公。父遯之，齊郢州使君。」《表》書遯之子文構、文壽、文挹，而失書文機。

處實生守直、昇、旻、景。《桂州刺史兼御史中丞孫君夫人盧氏墓誌》：「今之論甲門者，曰興州刺史守直、曰長樂太守昇明，即夫人之伯祖、叔祖也。曾王父諱處實，爲衢州常山令。王父諱旻，爲鳳州別駕。父諱宗，爲鄧州南陽令。」《表》失書處實及旻官職，「長樂太守昇明」作「福州刺史昇」。又書旻子放而遺宗。

幼孫，常州刺史。《盧昂墓誌》：「自敏四世至常州刺史幼孫。」據《表》則由敏至幼孫凡六世，與《誌》不合。

翊生昂。《鄂州刺史盧翊墓誌》：「翊字子鸞，生四子。曰嶷、昂、炅、晏。」《表》書昂而遺嶷、炅、晏。又《誌》稱昂字子皋，《表》亦失書。

渥生膺、賡。司空圖《太子太師致仕盧渥神道碑》：「孤刑部侍郎膺，弟賡，左補闕。」《表》失書賡官職。

寰生政，檢校郎中。政生瑗，歙州刺史；珣；瑾，河中少尹；璠。《盧氏室女樂娘墓誌》：「父陟，秘書省著作郎。大父方，大理評事、東都留守推官。曾祖瑗，歙州刺史。」又《太常寺太祝盧直墓誌》：「直字本愚，臨汝郡長史諱寰之曾孫，盧當、盧宏兩《誌》均作「臨汝郡太守」，《盧踐言墓誌》作「河中府河西縣令」。太子中允、贈汝州刺史府君諱政之孫，盧當、盧宏兩《誌》並作「太子中允」，《盧踐言墓誌》作「太子中允、贈越州都督」，與《表》不合。潞府右司馬府君諱珣之次子。」又《國子助教盧當墓誌》：「當字讓之。高祖寰，曾祖政。祖瑾，尚書屯田郎中、河中少尹。考寓，試大理評事、嶺南節度推官。伯兄回。」又《宣州宣城縣尉盧宏并夫人崔氏墓誌》：「宏字子器，曾祖寰。考璠，進士擢第，終歸州牧。《盧踐言誌》作「歸州刺史」。子仲舉、仲連。」又《京兆府涇陽縣尉盧踐言墓誌》：「君諱踐言，字子中。曾祖寰，祖諱政，父諱璠。君仲兄何洎，季弟杭。」《表》失書寰、珣、璠官職，又失書瑗子方、方子陟、珣子直、瑾子寓、寓子回、當，璠子宏、何泊、踐言、杭，宏子仲舉、仲連。

君胄生貞松。貞松生履冰。履冰生元裕。後一行低元裕一格書正己，正己生翰。宋本作「履冰生元裕、正己」，正己與元裕同一格。案：常袞《太子賓客盧正己墓誌》：「公字子寬，本號元裕，以聲協上之尊稱，時方大用，優詔改錫焉。曾祖君胄，虢州參軍。王父貞慶，今本作「貞松」，宋本作「貞枌」。高尚不仕。烈考履冰，左補闕。嗣子前秘書郎兼監察御史翰。」是元裕即正己，非二人。今本正己低元裕一格，固誤；宋本仍以元裕、正己爲二人，亦未爲得。《表》又失書君胄官職，亦當據《誌》補之。

彦恭生昭度，昭度生詢。《東平郡壽張縣令盧含墓誌》：「含字子章。曾王父彦恭府君，固安公、隋西亳州刺史。大父昭度，皇朝監察御史。皇考詡，朝散大夫、岐州中兵掾。」《表》書彦恭官伊闕令，與《誌》不合。又書昭度子詢，而遺詡及詡子含。

從愿，字子龔，刑部尚書。《金州刺史鄭公夫人盧氏墓誌》：「祖從愿，吏部尚書。」與《表》不同。

文翼生士偉，士偉生義幹。《隋東宫左親侍盧萬春墓誌》：「曾祖文翼，魏員外散騎侍郎、大中大夫。《表》作「後魏右將軍、范陽公」。祖士昂，齊廣平郡守。父義幹，永寧縣令。子子野。」《表》作「義幹父士偉」，與《誌》不合。又失書義幹子萬春及孫子野。

孫氏

蔚字伯華，一字叔炳。沈校：《魏書》本傳名「惠蔚」。案：《孫景商墓誌》亦作「惠蔚」。

公器生清華、正、簡、範、褧、晏。《左武衛兵曹孫筥墓誌》：「筥字秘典，曾祖逖，大父宿，烈考公器。筥爲公器第七子。」《表》但書公器六子而失書筥。

簡生景蒙，繹、本名「景章」讜、景裕、紓、徽、綝、繼。《孫簡墓誌》：「有子九人：長曰景蒙、次曰景章、次曰讜、次曰景裕、次曰綝、次曰幼實、次曰弘休。」《表》無幼實、弘休，而有繼。幼實，字鼎臣，官河南府長水縣丞。見《幼實墓誌》。《孟州司馬孫景裕墓誌》「第五弟鄉貢進士絪書」，《簡誌》載諸子中無絪，《誌》稱「第五弟」，由景裕下數第五人乃弘休，絪殆弘休之改名耶？

讜，蓬州刺史。《孫讜墓誌》：「讜字廷臣，男凝、次驥兒、次阿咸。」《表》失書讜諸子。

景裕，孟州司馬。《孟州司馬樂安孫景裕墓誌》：此《誌》不載孟州司馬名，《表》稱景裕官孟州司馬，故知爲景裕。「子六人：長煒，前任汝州臨汝縣主簿。次津兒、次小津、次圭奴、次小圭。」《表》失書景裕諸子。

虯，侍御史。《監察御史孫虯側室杜氏墓誌》：「有男五人：長曰岧，次小亞、次啓奴、次新奴。」《表》失書虯諸子。

微仲生庶立。《守登州刺史孫方紹墓誌》：「大王父諱成，烈考諱微仲。子二人：長曰鄰，次曰牢。」《表》書微仲子庶立，而誤以方紹爲微仲弟審象子，並失書方紹子鄰、牢。

審象生履度、方紹、簣、尚復、贄、佣。《汝州刺史孫審象墓誌》：「審象字近初，子四人：長尚復、次勝、次璩、幼黑兒。」除方紹爲微仲子誤闌入，其他但有尚復，與《表》同，餘均不合。

會，常州刺史，晉安縣男。《御史中丞孫瑝墓誌》：「王父諱會，皇侍御史、郴温廬宣常五州刺史、晉陽縣開國男。」不作「晉安〔縣〕男」。

公乂生頊、瑴、瑱、碧、瑝。《工部尚書致仕樂安縣男孫公乂墓誌》：「子十六人，三子先公而歿。長子頊，第四子瑝，第五子璘，前弘文館生。」《表》失書公乂爵，又失書公乂子璘。

瑝生揆、拙。《御史中丞孫瑝墓誌》：「男二人，長曰杲，次曰三合。」《表》作揆、拙，與《誌》不同。揆、拙殆杲與三合之改名耶？

士傑生嗣宗、嗣初。《崑山縣令孫嗣初墓誌》：「嗣初，字必復。大王父遹□□會，□諱士竭，皇任蘇州長洲縣令。」《表》作「士傑」，與《誌》不合，疑《誌》有誤字，待考。

遘，亳州刺史。《孫氏廿九女墓誌》：「祖遘，左補闕、內供奉。」又《同州長史韋君夫人孫氏墓誌》：「烈考遘，左補闕、太子舍人。」《滑州白馬縣令孫起墓誌》：「左補闕、亳州長史諱遘之第三子。」是遘官左補闕、亳州長史，非刺史。

起生非熊、景商。《滑州白馬令孫君夫人李氏墓誌》：「二子長曰霸，不育。次景商。」《表》之非熊不知即霸否，但《誌》稱霸不育，而《表》稱非熊官「黃梅尉」。又似非一人，待考。

景商生備、儲、伾、儉、偓、伉、佾。《孫景商墓誌》：「景商字安詩。七子：曰備、曰侑、曰伉、曰倓、曰伾、曰儼、曰攸。」所載諸子名多與《表》不同。又《河南洛陽尉孫備墓誌》：「君之弟，曰儲、澥、伉、倚、鐸、埴。」又《樂安孫氏女墓誌》：「祖景商，父澥，前任河南府參軍。」《誌》爲季父偓述，又與《景商誌》不合。殆後有改名者歟？

備，字禮用，直弘文館、藍田尉。《孫備墓誌》：「丞相司徒譙郡公奏直弘文館，得渭南尉，改授洛陽尉。」是備初官渭南尉，後授洛陽尉，未嘗爲藍田尉也。

嬰，藍田尉。生圓。《京兆尹藍田縣尉孫嬰墓誌》：「嬰字孺之，子集慶。」與《表》作「圓」不合。

陸氏

元方，相武后。《新書》本傳：「字希仲。」

景獻，屯田郎中。《元和姓纂》及《舊書·陸元方傳》並作「屯田員外郎」。

景裔，光禄卿。《舊書·元方傳》作「庫部郎中」，《姓纂》作「兵部員外郎」。

修，上元令。宋本「修」作「條」。《姓纂》作「滌」。

餘慶生珙，珙生璪。沈校：《元方傳》：璪，餘慶子。非孫。案：《元和姓纂》：「餘慶，尚書左丞、太子詹事。生珙、璪。」《表》誤兄弟爲父子。

趙氏

鑒，後魏太常卿。《處州刺史趙璜墓誌》：「九代祖静，封晉陵公于元魏。八代祖鑒，襲爵于高齊。」《表》失書鑒父静。

慎己，告城丞。生駰，京兆士曹參軍。「城」宋本作「成」，是。《表》誤作「城」。又《趙璜墓誌》：「高王父慎己，相州内黄主簿。曾王父駧，扶風郡長史。」《表》作「駰」，與《誌》不合。

涉弟渾，渾生伉，伉生璘、璉、璜。《趙璜墓誌》：「王父涉，朝散大夫、檢校著作郎兼侍御史。先君諱伉。自建中至元和，伯仲五人登進士第：璜、兄璘、弟珪，子輻、再從兄璉。璘，中大夫、守衢州刺史。」《表》誤以涉子伉爲弟渾子，又誤以再從兄璉爲璜親兄，並失書璜、璘官職及珪、輻二人。

璉，字幾類。宋本作「字幾顔」。

閻氏

用之生定、寀、宰、宣。獨孤及《左金吾衛將軍閻用之墓誌》：「有四子：寧、寀、宰、宣。寀以監察御史領高陵令。」《表》「寧」作「定」，又失書宷官職。

薛氏

西祖

胄，隋刑部尚書。生獻，工部侍郎、内陽公。獻生元嘏。《杜長史妻薛氏墓誌》：「曾祖胄，大理卿、刑部尚書、内陽文公。祖獻，工部侍郎、泉資定隴四州刺史、贈洪州都督、内陽穆公。父元嘏，通事舍人、朝散大夫、行益州晉源令。」與《表》世次均合。惟《表》失書胄爵、獻謚及元嘏官職。

孝侑孫延、近。《河南府密縣丞薛迅墓誌》：「曾祖諱獻。祖諱孝侑，宫門丞。考諱融，中大夫、淄川上洛淮安清河四郡太守。公即清河府君之第五子。嗣子偉、次子條。」《表》失書孝侑官職，及其子融、融子迅、迅子偉條。又《表》於延、近後一行書述，低於延、近一格。延、近、迅、述，以字形考之，殆兄弟行，《表》誤述後於延、近一代。

元暉，什邡令。生播，水部郎中；總，監察御史；據，禮部侍郎。據生公達；公幹，比部郎中；公儀，殿中侍御史。韓愈《國子助教薛公達墓誌》：「公達，字大順。祖曰元暉，果州流溪縣丞。父曰播，尚書禮部侍郎。命君後兄據，據爲尚書水部郎中、贈給事中。弟試太子通事舍人公儀、京兆府司録公幹。」據《誌》知《表》將據兄播弟互誤，若據《誌》改正，則與《表》所載官職正合。《表》又失書公達官職，及書「後兄據」。又誤以播子公幹、公儀爲據子。《(表)〔誌〕》書元暉官職，亦與《表》不合。

儒童，字勝流，醴泉令。生睦、舒。韋建《黔州刺史薛舒神道碑》：「父儒童，皇朝京兆府醴泉縣丞。」非「醴泉令」。《碑》又稱「季弟前吏部侍郎、今宣州刺史、宣歙等州觀察使邕。」《表》又誤以邕爲儒童弟、江童子。

敬仁，閬州刺史。《左千牛衛鎧曹源君夫人薛氏墓誌》：「曾祖敬仁，隋銀青光禄大夫、本郡太守、檢校泰州刺史。祖臻，隋京兆萬年縣令。父玄繹，鄧州録事參軍。」《表》書「泰州」刺史作「閬州」，又失書敬仁子臻、臻子玄繹。

崇本生待聘。《騎都尉薛良佐塔銘》：「良佐，字光臣。曾祖待聘，皇右千牛、通事舍人。」《誌》爲「弟良史書」，《表》書待聘子瑩、孫銚，失書良佐。此下一行書鄜孫良史，與良佐兄弟。良佐祖是否名鄜，不可考矣。

道實，隋禮部侍郎。生德儒，隋濟北司馬。韓愈《越州刺史薛戎墓誌》：「四世祖嗣汾陰公德儒爲隋襄城郡書佐。」「汾陰」《表》作「臨汾」，「襄城郡書佐」《表》作「濟北司馬」，均與《誌》不合。

寶積，潤州刺史。權德輿有《潤州刺史河東郡公薛公先廟碑》，知寶積爵「河東郡公」，《表》失書。

寶胤，少府少監。《薛戎墓誌》作「寶胤，邠州刺史」。劉禹錫《福州刺史薛謇神道碑》：「曾祖寶胤，歷尚書郎、雍州司馬、邠州刺史。」均不作「少府少監」。

繪，祠部郎中。生承規、承矩。承矩生謇，泗州刺史。《薛謇神道碑》：「王父繪，銀青光禄大夫、封龍門侯。烈考承矩，仕至大理丞。子凝，平盧從事。季子茂宏。」《表》失書繪爵及承矩官職。謇官「福州」刺史，《表》作「泗州」。又失書謇子凝及茂宏。

緋，金部員外郎。《薛戎墓誌》：「邠州有子九，其最季曰緋，爲河南令以卒。」又元稹《薛戎神道碑》亦作「祖曰河南縣令贈給事中緋」，均不作「金部員外郎」。

同，湖州刺史。宋本作「湖州長史」。案：元稹《薛戎神道碑》亦作「父曰湖州長史，贈刑部尚書，同」。今本作「刺史」，誤。

戎，字元夫。浙東觀察使。《薛戎神道碑》：「刑部同五男：乂，終郎；丹，終賓客；擁，終御史；公實刑部府君第某子。當是「第四子」今尚書兵部侍郎、集賢殿學士放，於公爲季弟。」是同子五人：乂、丹、擁、戎、放，《表》作同子乂、丹、戎、放、朗，無擁有朗。當以元稹《碑》爲得。

韋氏

孟四世孫賢，漢丞相、扶陽節侯。又徙京兆杜陵，生玄成。蕭鄴《嶺南節度使韋公神道碑》作「丞相賢，徙扶風、徙平陵。子玄成，別徙杜陵」。

師孫弘敏、仁爽、素立。《元和姓纂》：「弘敏從兄仁爽、素立。」與《表》不同。

璆，衛州刺史、魯縣康公。「衛州」宋本作「衡州」。獨孤及《范陽郡倉曹參軍韋公墓誌》及《吏部郎中贈給事中韋公墓誌》均作「衢州」。

東眷韋氏

元城。「城」宋本作「誠」。案：獨孤及《范陽郡倉曹參軍韋公碑》及《元和姓纂》亦作「元誠」。

真泰弟修業。真泰生瓊。「真泰」《元和姓纂》作「太真」。又云「太真生瓊之、修業」。與《表》不合。

道珍生邕，著作郎、諫議大夫。生鴻胄，後周儀同三司、本州大都督、新豐昭公。二子澄、淹。《衛尉卿扶風縣公韋項墓誌》：「高祖邕，後魏奉朝請、大著作。曾祖休業，後魏大丞相府東閤祭酒、上黨王諮議參軍、大中大夫、馮翊扶風宜陽三郡太守、使持節、車騎大將軍、開府儀同三司、金紫光禄大夫、新豐縣開國公。」作邕生休業，不作鴻胄，而官爵則同。或休業、鴻胄一其名、一其字耶？

澄生慶植，魏王府長史。《韋項墓誌》：「祖澄。父慶植，皇秦國公府録事參軍、秦王府司馬、倉部郎中、舒密二州刺史。」又韓休《贈邠州刺史韋鈞墓誌》亦作「祖慶植，皇朝舒密二州刺史」。均不作「魏王府長史」。

項生鐵，太子少保、駙馬都尉。《韋項夫人河東裴覺墓誌》：「第二子太僕少卿、駙馬都尉、彭城縣開國男《項誌》作「彭城郡公」。鐵。」《表》失書鐵爵。

友信生縝、繕、績、緩。《韋氏小女子墓誌》：「曾祖友信，吉泉務三州刺史。祖綏，皇興元節度使、贈左僕射。父洙，見任尚書主客員外郎、東渭橋給納使。君有兄三人：長曰隗、次曰粲、季曰烏。」案：綏兩《書》均有傳，曾官屯田郎中，而終於興元節度使。《表》稱緩屯田郎中，「緩」乃「綏」之譌。《表》既譌「綏」爲「緩」，又失書綏子洙及洙子隗、粲、烏，又兩《書》綏傳載綏子元弼，官太常丞。《表》亦失書。

逍遥公房

纁，吏部郎中。《元和姓纂》作「纏，吏部員外、衢州刺史」。

福奬孫寡尤。《姓纂》作「福奬生寡尤」。

良嗣生積。《姓纂》「積」作「禎」。

瓘，字世恭，隋州刺史、逵安公。生萬頃。「瓘」獨孤及《左驍衛兵曹參軍獨孤夫人韋氏墓誌》作「世恭」，《姓纂》作「恭」，殆以字行。省「世」字，避太宗諱。「逵安公」宋本作「達安公」。《獨孤公夫人韋氏墓誌》作「建安公」。《誌》又稱世恭生上大將軍、宋州刺史仁祚，仁祚生給事中旅，又《姓纂》：恭生萬頃、仁基。《表》以仁基爲瓘弟，仁祚爲仁基子，舛誤殊甚。又《安國寺大德惠隱禪師塔銘》：

「外祖韋氏，字孝基。皇中書舍人逍遥公孫。」孝基、仁基，殆兄弟行。《誌》謂「爲逍遥公孫」，世次正合。《表》又失書孝基及仁祚子旅。

元整，曹州刺史。《武部常選韋瓊墓誌》：「曾祖元整，皇中大夫、使持節、曹州刺史、上柱國。祖綝，皇益州成都縣令。父景，皇廣平郡肥鄉縣令。」《表》失書元整子綝及綝子景。

皎，許州司馬。生懋，渭南主簿。獨孤及《左驍衛參軍獨孤夫人韋氏墓誌》：「夫人唐許州司馬皎曾孫，渭南主簿懿之孫。」「懿」《表》作「懋」，與《誌》不合。

元輔生原叔。《元和姓纂》作「厚叔」。

彤生彦師，彦師生承徽，承徽生彦方，彦方生徵、同，徵生衡、衍、衢，衡生寂，寂生峴、嶼、岵、嵫。《元和姓纂》：「彤生彦師、彦方。彦師，撫州牧。生承徽，忠州刺史。彦方生徵、同。徵生衡、衍、衢。衡，原州都督（衡）生寂，左司郎中、太府少卿。（寂）生峴、嶴、嵫。」《表》誤以彦師、彦方兄弟爲祖孫。承徽、徵、同兄弟亦爲祖孫。寂子峴、嶴、嵫，《表》有峴、嵫，無嶴，而别有嶼、岵，「嶼」、「嶴」二字字形相近，殆一人，傳寫致譌爲二。但不知孰是孰非耳。

衍生萬，萬生處厚。《姓纂》：「衍孫萬。」又《明州刺史韋塤墓誌》：「塤，字導和。曾祖衍，皇大中大夫、太子右贊善大夫。祖處晏，皇昇州司户參軍。父著，皇試右内率府胄曹參軍。男承誨、承裕，君弟故中書相國處厚從父之弟。」又《塤夫人温氏墓誌》：「有子八人，長曰承誨，汝州臨汝尉；

次曰承裕；　次曰承休；　次曰嵩兒；　次曰節郎；　次曰周老；　次曰齬兒；　次曰村老。」《表》以「萬」爲衍子，與《姓纂》不同，以《塤誌》考之，則由衍至塤，爲四代。處厚與塤爲從兄弟，則亦衍之曾孫。《表》誤作孫，幸得此《誌》足證成《姓纂》之確，訂《表》之譌。至衍子處晏、孫著、曾孫塤、玄孫承誨、承裕以下，《表》皆失書。

鄖公房

湜，齊州刺史。《涇王妃韋氏墓誌》：「祖湜，皇朝中散大夫、潁王府司馬、贈光禄卿。」不作「齊州刺史」。

衮，駕部員外郎。《龍花寺韋和尚墓誌》：「曾王父安石，大父斌。烈考衮，皇司門郎中、眉州刺史。」不作「駕部員外郎」。

琬，成州刺史，生季弼。季弼生廉，考功員外郎。《秘書省著作郎韋端玄堂銘》：「曾祖琬，皇成州刺史、贈禮部尚書。祖季弼，太僕寺主簿。烈考廉，尚書庫部郎中。」《表》失書季弼官職，所書廉官亦與《誌》不合。

端生縝、紓。《朝散大夫秘書省著作郎（《端夫人墓誌》作「華州下邽縣丞」。）韋端墓誌》：「端，字正禮。祖季弼，烈考廉。嗣子縝，工部郎中。系，陽翟縣尉。綀，鄉貢進士。紓，前山南西道節度判官、試大理司直兼殿中侍御史。絢，前太廟齋郎。」《表》失書端、縝、紓官職。端五子，載縝、紓而遺系、綀、絢。又《韋端夫人墓誌》：「子五人：曰縝、曰潔、曰系、曰綰、曰紓。」無練、絢，而有潔、綰。又與《端誌》不合，殆諸子中後有改名者。

琨生暢。暢生抗、拯。抗生翹。蘇頲《刑部尚書韋抗神道碑》：「太僕少卿、陵州刺史、武陽公諱津，是生銀青光禄大夫、太子詹事、贈秦州都督、謚曰貞、諱瑨，是生司農丞、贈金州刺史諱暢。公諱抗，字抗。金州府君第二子也。三子：長京兆士曹參軍曰載；次昭文生曰翹、幼某。」《表》之「琨」，《誌》作「瑨」。《表》又失書暢官職。《誌》稱抗爲暢第二子，《表》作長子。抗三子，《表》僅書翹一人。

小逍遥公房

弘瑗，隋武陽令。《京兆府功曹韋希損墓誌》：「高祖瑗，隋陽武令。」《表》作「弘瑗」，《誌》作「瑗」，避唐孝敬諱省「弘」字。

知止孫嗣業，嗣業生希、損，希生朗，損生常。《韋希損墓誌》：「希損，字又損。高祖瑗，生曾祖知□，幽州刺史。生祖仁儉，早終。生考嗣業，皇□□□□。君即秘書公第二子也。子渾金、璞玉。」《表》知止下空一格，失書仁儉名，又誤析希損爲二人。《元和姓纂》誤與《表》同，幸此《誌》得補正之。

郭氏

亭曾孫光禄大夫廣智。顔真卿《郭敬之家廟碑》作「廣意」。

通，美原尉。《郭敬之家廟碑》作「美原縣主簿、贈兵部尚書」。

子琇生曄。《表》失書子琇、曄官職。《郭敬之家廟碑》：「子琇，昭武校尉、守絳州萬泉府折衝都尉、上柱國。曄，守通州別駕、騎都尉。」

鋭，嘉王府長史。《郭氏家廟碑》作「行匠作丞」。

旰，鴻臚卿同正。《郭氏家廟碑》：「贈荆州大都督、上柱國。」

晞，工部尚書。《郭氏家廟碑》：「太原縣公。」

昢，試鴻臚卿。《郭氏家廟碑》：「贈開府太常卿、清源縣開國男。」

晤，字晤，兵部郎中。《郭氏家廟碑》：「行少府少監、樂平縣男。」

曖，左散騎常侍、駙馬都尉。《郭氏家廟碑》：「試殿中監、駙馬都尉、廣陽縣男。」

曙，右金吾將軍、祁國公。《郭氏家廟碑》：「試秘書監、太原縣男。」

暎，右庶子、壽陽尹。「尹」宋本作「男」。案：作「尹」誤。《郭氏家廟碑》亦作「壽陽縣開國男」。又「暎」《郭氏家廟碑》作「映」。

銑，試太常主簿。《郭氏家廟碑》：「守太府少卿。」

子雲，左領軍將軍。《郭氏家廟碑》：「游擊將軍、左武衛將軍。」

子珪，《表》失書子珪官職，《郭氏家廟碑》作「行衢州盈川縣尉」。

幼賢，副都護。《郭氏家廟碑》作「衛尉卿、單于副都護、振武軍使朔方左廂兵馬使、上柱國、贈太子少保」。

幼明，少府監、太原公。《郭氏家廟碑》作「太府卿、太原郡公」。

煦，鴻臚少卿。《郭氏家廟碑》作「昫，太原縣開國男」。

晅，《表》失書晅官職，《郭氏家廟碑》作「試太常寺協律郎」。

幼沖，太子詹事。《郭氏家廟碑》作「試鴻臚卿」。

武氏

神龜生本州大中正、司徒越王長史、襲壽陽公克己。己生北齊鎮遠將軍、襲壽陽公居常。沈校：《舊書・外戚傳》：「克己，居常子。」案：《新書・武后傳》：「追贈五世祖後魏散騎常侍克己爲魯國公，高祖齊殷州司馬居常爲太尉、北平郡王。」與《表》世次同，但《舊書・武崇嗣傳》又稱「天授元年，追封五代祖贈太原靖王居常爲嚴祖成皇帝，高祖贈趙肅恭王克己爲肅祖章皇帝」。則與

《表》異。二書不同，尚俟續考。

士稜，司農少卿、宣城公。《新書·武士彠傳》：「字彦威。」

君雅生敬真、敬宗。《元和姓纂》作「君雅生敬真、崇真。崇真，太子洗馬」。

沖字士讓，太廟令、楚僖王。《姓纂》作「士讓，唐太廟令」。徑稱士讓，殆以字行。

若訥　《元和姓纂》作「君訥」。

懷道，右監門長史。「右」《姓纂》作「左」。

攸暨生崇敏、崇行。《舊書·武承嗣傳》：「攸暨子崇行、崇敏、崇簡三人。」《表》失書崇簡，《傳》又稱「崇行，官國子祭酒」。《元和姓纂》同。《姓纂》「崇敏，上黨王」，《表》亦失書。

弘度孫勝，勝生克。「克」宋本作「充」。案：宋本是。符載《賀州刺史武君墓誌》：「君諱充，字虚受。左右僕射、司徒太尉、尚書令、楚僖王士讓之玄孫，九江王弘度之曾孫，納言司徒、同中書門下平章事、定王攸暨之孫，尚書膳部員外郎、徐州刺史勝之子。」《表》稱攸暨爲懷道子，非弘度所生。與《誌》不合。《表》失書勝官職，又《表》稱充子典、異、愿，《誌》稱嗣子異、典，而無愿。

士逸，始州刺史、賛國節公。「賛」宋本作「鄼」。《新書·士彠傳》：「士逸，字逖。官終韶州刺史，封六安縣公。」《舊書》亦作「韶州刺史」，均不作「始州」。

志元，倉庫部郎中　《舊書·承嗣傳》作「元忠」，《姓纂》作「志元」，與《表》同，均作「倉部郎中」，無「庫」字。

懿宗，河間王。生震、益。兩《書》《承嗣傳》及《姓纂》並作「懿宗，河内王」。《大雲寺聖祚碑》同。均不作「河間」。《姓纂》「懿宗生瑾、瓌」，不作「震、益」，《表》以「瓌」爲懿宗弟嗣宗子，與《姓纂》不合。

嗣宗，蒲州刺史、管公。《大雲寺聖祚碑》：「前刺史臨□郡王諱嗣宗。」《新書・武承嗣傳》作「嗣宗，臨川王」，則「臨」下乃「川」字。

重規生成卿。《元和姓纂》作「成節」。

安業，零陵令。《姓纂》：「思元，一名安業。」

士彠，工部尚書、應國公。《新書》本傳：「士彠，字信。」

蘇氏

威，隋左僕射、房公。《蘇瓌碑》作「威，邳國公」。

夔，隋鴻臚少卿。《蘇瓌碑》及《舊書》本傳均作「鴻臚卿」。

瓌，字庭碩，相中宗、睿宗。沈校：本傳「字昌容」，庭碩乃頲字。案：《蘇瓌碑》亦作「瓌字昌容，長子頲，字庭碩」。《表》誤。又《處州刺史趙璜墓誌》：「君之室，上邽縣君蘇氏丞相許文貞公五代孫，城門郎佐之孫，秘書郎巢之女。」又《璜妻蘇夫人墓誌》：「曾王父諱來，皇晉州刺史。王父諱佐，皇城門郎。烈考諱巢，襄州校書。」是瓌後人尚有來、佐、巢，《表》並失書。

冰，《表》失書冰官職，《舊書・瓌傳》及《元和姓纂》均作「虞部郎中」。

詵，給事中，魏縣男。《新書・瓌傳》：「詵，字廷言。子震，太常卿、岐國公。」《表》作「河南尹」，《姓纂》作「吏部侍郎、河南尹」。是震爲瓌孫，《表》以震爲瓌七代孫，與《傳》不合。

震生敦、發、教、徹、墩、政、儼。華嶽蘇敦等題名，稱「洛州司馬蘇敦、弟華陰縣令發、弟咸陽縣主簿歛、弟前華原縣丞徹、弟太常主簿敞、弟吏部常選皦、弟少府監主簿教、弟儼。」敦、發、歛、徹、敞、皦、教、儼八人，僅敦、發、徹、教、儼五人名與《表》合。敞、歛、皦三人與《表》不合，《表》又失書諸人官職，均當依題名補正。

格氏

漢有御史班。《洛州司户參軍事格處仁墓誌》：「七葉祖班，晉時爲侍御史。」

顯，後魏青州刺史。曾孫德仁、處仁。《格處仁墓誌》：「處仁，字處仁。曾祖通，後魏殄寇將軍、雁門郡守。祖顯，龍驤將軍、雲中郡守，從孝文皇帝入洛，授青州刺史。父瓘，齊殿内將軍、開府祭酒、冀州別駕。」《表》失書曾祖通及父瓘，誤祖顯爲曾祖，乃於顯下空二格，據《誌》可爲之補正。

至虔仁，兩《書》及《通鑑》、《姓纂》諸書均作「處仁」，不知《誌》作「虔」，果爲「處」之別搆否耶？《姓纂》亦誤以顥爲處仁曾祖，而其字作「明」不作「顥」，乃避中宗諱追改。《表》又失書虔仁官職，亦賴《誌》知之。

處仁，生希元、輔元。《虔仁墓誌》：「有子輔元，朝請大夫、守洛陽縣令、上柱國、梁縣開國男。」而無希元，與《表》不合。疑希元或爲德仁之子，處仁之從子。使果爲處仁元子，固無書次子不書元子之理也。

〔歐陽氏〕

禨，什邡令。生雅，字琟，商州刺史。宋本作「琟，字琟」。案：顔真卿《左領軍衛大將軍兼商州刺史武關防禦使歐陽使君墓誌》：「使君諱琟，字子琟。父機，漢州什邡令。使君即什邡第四子。」名與宋本合，而字作「子琟」。至琟父「禨」《誌》作「機」，疑刊本之譌，以兄名「禎」例之，則從《表》作「禨」爲得也。

狄氏

後秦樂平侯伯支裔孫恭，居太原，生湛，東魏帳内正都督、臨邑子。《夔州都督府長史狄知愻碑》：「曾祖叔湛，魏平西將軍、臨邑子。」「湛」作「叔湛」。

知遜，越州刺史。《狄知遜碑》：「知遜，曾官越州剡縣令，官至夔州都督府長史，贈邛州刺史。」非「越州刺史」。

袁氏

耽生質。《宋書・袁湛傳》：「祖耽，父文質。」不作「質」。

昂生君正、敬、泌。《梁蕭公夫人袁氏墓誌》：「高祖昂。曾祖君□，殆泐「方」字。梁侍中、左人尚書。祖梵，梁始安王文學、南郡王友。父弘略，陳丹陽□。」又《唐台州録事參軍袁弘毅墓誌》：「曾祖昂。祖君方，梁蜀郡太守。父梵，陳黄門侍郎、行丹陽尹。長子師節，任東宫左勳衛。」是昂子尚有君方一系，《表》均失書。又《北齊書・袁奭傳》：「祖司空昂，父君方。」則君方尚有子奭。

敬，字子恭，陳特進，謚靖德。韓愈《袁滋先廟碑》：「始居華陽，爲拓拔魏鴻臚。鴻臚諱恭，生周梁州刺史新此間有脱字。縣孝侯諱穎，孝侯生隋左衛大將軍諱温。表作「子温」。去官居華陰。左衛生南州刺史諱士政。南州生當陽令諱倫，於公爲曾祖。當陽生朝散大夫、石州司馬諱知玄，司馬生贈工部尚書、咸陽令諱曄，是爲皇考。」案：《表》稱「敬字子恭」，《碑》徑作「恭」，穎爲恭子，《表》誤作君正子，由穎以降八葉遂均錯列君正系，應據韓文改正。又《元和姓纂》稱君正生樞、憲，雖未言穎爲敬子，然亦不以穎爲君正子，可爲韓文之證。

姚氏

最生思聰。《北周書・姚僧垣傳》：「次子最，字士會，襲爵北絳郡公。」又《杭州長史姚珝墓誌》：「珝，字連城。高祖僧垣，曾祖最。祖思明，皇朝河内縣令。考益謙，皇朝陽曲、陳留、武義三縣令。長子延光，故平陸尉。」《表》失書最爵，又最子尚有思明一系，《表》亦失書。

思聰生慎盈。獨孤及《秘書監贈禮部尚書姚公墓誌》：「公諱子彦，字伯英。其先馮翊蓮勺人也。至高祖僧洪殆「僧垣」之誤。徙家河東。祖思聰，秘書少監。父坦，汝州梁縣丞、贈秘書監。有子曰驍、曰驥、曰駰、曰驌。」是思聰尚有子坦、孫子彦，曾孫驍、驥、駰、驌。《表》失書。

南仲生袞。權德輿《守尚書右僕射姚南仲神道碑》：「嗣子太僕寺主簿袞與弟亮，茹荼問卜。」是南仲子袞、亮二人，《表》誤以亮爲南仲弟。

陝郡姚氏

梁有征東將軍、吴興郡公宣業。《姚懿碑》作「宣業，陳征東將軍、吴興郡公」。

懿，字善意，嶲州都督、文獻公。《唐書・姚崇傳》：「父懿，字善懿。」與《表》不同。《姚彝碑》：「祖善意，□州都督、長沙縣開國男。」又《姚意妻造象記》：「□州都督、長沙公姚意之妻也。」又作「意」，殆以字行。《崇傳》作「善懿」者誤。又《造象記》載「意孫鏡，絳州陵川縣令。同，衛州功曹參軍。弇，宋州參□。奕，雍州□陽縣令。昇，□□□。曾孫廣，左□羽軍」。《表》載懿孫有奕、昇、弇，而無鏡、同及曾孫廣。

元景生孝孫。《李公夫人吴興姚氏墓誌》有「唐中書令梁國文貞公曾姪孫，宗正少卿府君諱元景之曾孫，汝州司馬諱算之孫，相州臨河令、贈太子右庶子府君之季女也。秘書監、贈禮部尚書府君之女弟也」。《誌》爲「從子鄉貢進士潛撰」。案：《表》書元景子孝孫，不書其孫曾，而《表》末書元景弟元素子有「算，鄠陵令」，生「閈，臨河令」，閈生「合，秘書監」。以官位證之，知《誌》之臨河令即閈，秘書監即合，則算當列元景系下，《表》誤列元素系。當據《誌》正之。至潛當是合子，《表》亦失書。

豆盧氏

醜孫萇。萇生永恩。永恩生通。沈校：《周書·豆盧寧傳》：「寧高祖勝，父萇。」《北史》作「萇弟永恩」，則萇乃勝之曾孫，非醜之孫，永恩乃萇之弟，非子。案：《元和姓纂》：「醜曾孫萇。」與《表》作醜孫萇差一代，然亦謂萇出於醜，非勝出也。至《北史·寧傳》作「寧弟永恩」，非萇弟也。沈校非是。又證之《豆盧寬碑》言：「曾祖萇，魏少保柱國、□□□公。祖永恩，魏車騎大將軍、儀同三司、侍中□州刺史、周鄀利沙文四州刺史。父通，周車騎大將軍、驃騎大將軍、開府儀同三司、襲沃野縣公。」《豆盧遜墓誌》：「曾祖通，洪州總管、沃野公，謚曰安。」所叙世次與《表》正合。但失書三人官爵，當據《碑》補之。

寬生承業。沈校：「承」，《欽望傳》作「仁」。案：《豆盧寬碑》：「長子□州刺史、上柱國、芮國公仁業。次子右衛將、軍上柱國、蠡吾縣開國公承基。」《表》作承業，乃後來避玄宗諱追改，至沈氏謂「承」當作「仁」，殊誤。由於但知寬子有仁業，不知尚有承基也。

懷讓生貞松。《豆盧遜墓誌》：「遜，字貞順。曾祖通，祖寬。父懷讓，駙馬都尉、衛尉少卿。君則衛尉之第三子也。」《表》失書懷讓官職，又書懷讓子貞松而不及遜。

周氏

靈超，梁桂州刺史、褒城侯。《隋書·周法尚傳》作「靈起」。又《忠州司馬疋婁德臣妻周夫人墓誌》：「五代祖靈起。」又《宣義郎周紹業墓誌》：「曾祖靈起，梁散騎常侍、桂州刺史、保城肅侯。」又《周紹業妻趙夫人墓誌》：「曾祖靈起，齊桂州刺史、保城侯。」又杜牧《東川節度使周墀墓誌》：「靈起仕梁爲桂州刺史。」並作「靈起」，《表》誤作「靈超」。

鳳曾孫應。《元和姓纂》作「鳳玄孫應」。

法尚，隋起部尚書、譙僖公。《周紹業墓誌》：「父法尚，隋金紫光禄大夫、卅八州諸軍事、左武衛大將軍、衛尉卿、譙郡僖□□。」《周紹業夫人趙氏墓誌》：「父法尚，隋伏波將軍、譙郡開國公。長子道沖，朝議郎、漢州司户參軍，早卒。次子道濟，朝請大夫、益州温江縣令。」《表》書法尚子紹嗣、紹範，而遺紹業及紹業子道沖、道濟。又《隋書·周法尚傳》有「子六人：長紹基、少子紹範」，紹業殆即紹基，避玄宗諱改名。

炅字法明，黄州總管、道國公。沈校：《陳書》本傳：「字文昭。」案：炅爲靈起子，法明爲炅子，截然二人。《表》誤將二人之名一爲名、一爲字，併爲一人，譌誤殊甚。《周墀墓誌》：「靈起生炅，在陳爲車騎將軍，《周紹業墓誌》作「炅，陳南豫州刺史、儀同三司、車騎大將軍、禮部尚書、梁城郡忠壯公」。《周紹業妻趙夫人墓誌》作「梁定州刺史、梁城公」。炅生法明，武德中以蘄安沔黄四州地請命授總管蘄安十六州軍事，封國於道」，乃其明證。又《疋婁德臣妻周夫人墓誌》：「祖法明，父紹德，楚州刺史。」《表》又失書法明子紹德。

沛生頲，頲生墀。沈校：《墀傳》：「祖頲，父沛。」互異。案：《周墀墓誌》：「祖沛，皇考頲。」與《表》合。又《元和姓纂》：「紹嗣孫沛。」《表》不載紹嗣子孫，而書沛於炅系下，與《姓纂》不合，未知孰是。

吉氏

哲生項。項生渾。《尚書司勳郎中吉渾墓誌》：「渾字玄成，曾祖謙，驃騎大將軍、襄州刺史。

祖哲，忠號易三州刺史。父項，吏部侍郎、同中書門下平章事、贈御史大夫。渾弟濬，河南澠池縣令。次(子)〔弟〕深。子遵、遐、遠。」《表》失書哲父謙，渾弟濬、深，子遵、遐、遠。

唐氏

鑒，隋雍州太守、晉昌公。《舊書·唐儉傳》作「戎州刺史」。

輪，字文轉，青州太守。沈校：《北史·唐永傳》：「名倫。」案：《青州雲門山功德銘》亦作「輪」，與《表》同。輪，字文轉。則其名固應作「輪」矣。

貞休，鄜州刺史。《唐貞休德政碑》：「曾祖陵，平壽公，謚曰達。祖名泐。華州華陰令。父名泐。尚書虞部員外郎、簡州刺史。」《表》作祖陵、父防，此《碑》祖父名雖不可見，而曾祖陵名則甚明朗。貞休兄貞儀以前更有貞行、貞廉等，其名上一字作「貞」者十一人，必是貞休兄弟行。《表》乃於貞儀、貞休獨高貞廉、貞行等一格，遂致誤其世次，而以曾孫爲孫矣。當據《碑》改正。

詡弟諴，諴生歡、款款、欣。權德輿《鄜防節度使推官大理評事唐款墓誌》：「曾祖貞休，皇比部郎中、河南少尹。祖詡，太子洗馬。考諴，殆「諴」之譌，「諴」字别搆作「試」。河南府士曹參軍。款子其孤輝。」《表》誤以諴爲詡弟，致中間闕一代，遂誤以款爲貞休孫矣。當據《誌》改正。款子輝，《表》亦失書。

鄭氏

豁，字君明，燕太子少傅、濟南公。　韓愈《河東節度觀察使鄭儋神道碑》作「太子少保」。

曄，後魏建威將軍、南陽公。　沈校：《魏書・鄭羲傳》：「曄不仕。」案：《盧夫人鄭氏墓誌》亦云「十二代祖曄，事魏爲汝陰太守」。是曄未嘗不仕。

曄生中書博士茂，一名小白，七子：白麟、胤伯、叔夜、洞林、歸藏、連山、幼麟，因號「七房鄭氏」。沈校：《魏書・鄭羲傳》：小白，曄第二子。白驎，小白兄。叔夜以下，皆小白弟，非子。小白止一子胤伯。《表》以白驎、叔夜以下皆作小白子，誤。又云歸藏《鄭羲傳》無。案：沈校是。《元和姓纂》：曄七子，白麟、小白、叔夜、洞林、歸藏、連山、幼麟，因號「七房鄭氏」。又《盧咸夫人鄭氏墓誌》：「兄弟七人」，分爲七房，而歸藏乃第五房。沈疑《鄭羲傳》曄六子，無歸藏，則不然也。

越客，一名固忠，工部侍郎。《鄭仁愷碑》：「仁愷有十子：長愛客，萬州刺史、贈□州刺史。次子固忠，定潞許三州刺史、少府少□。」《表》以固忠爲仁愷第六子，與《碑》不合。

璿生溥。溥生華。《右内率府兵曹鄭準墓誌》：「準字□道，曾王父璿，王父溥，皇考華，子曰宗儒、宗韞、宗度、宗遜。」《表》失書華子準及準四子。又《表》稱華官太常博士，準《誌》作駕部郎中、吉州刺史。

續，義陽丞。《盧咸夫人鄭氏墓誌》：「夫人汾州孝義縣丞思莊之曾孫、申州義陽縣令續之孫、潁陽丞懌之第三女。」作續「義陽縣令」，與《表》不合。

行潁，衛州司馬。《尚輦直長、崔公夫人鄭氏墓誌》：「大父行潁，皇衛州長史。」不作「司馬」，「行潁」作「行穎」。

嚴生潤。潤生鉷、淮、絳、鍊、錞。「嚴」宋本作「巖」。案：《京兆府三原縣尉鄭淮墓誌》：「淮字長源，曾祖琰，祖巖。」與宋本同。《誌》載「淮子仲章」，《表》失書。

元軌生玄豆。玄豆生知人、知賢、知道。《中大夫行蜀州長史鄭知賢墓誌》：「知賢，字道鑒。五代祖幼儒，曾祖振，祖元軌，父玄巨。」不作玄豆，「豆」乃「巨」傳寫之譌，又《表》稱玄豆太谷令，《誌》作「新繁令」。

伸弟修、侹，伸子休。《鄭伸碑》有「子休，季曰修，任太常寺協律郎」，是修乃伸子休弟。

撝，後周行臺左丞。《慈州刺史鄭曾碑》作「隋尚書右丞、聘陳使、永安侯」。

弼誠生九思。九思生曾。《鄭曾碑》：「大父嗣元，唐通事□□。考九思，□□豐城縣令。」《表》作「流水令」。」祖名與《表》不合。

歡生球之。《崔稃及夫人合祔墓誌》：「前夫人滎陽鄭氏，贈工部郎中府君諱歡之孫，易州淶水令府君諱璆芝之幼女。」不作「球之」。《表》又失書球之官職，當據《誌》補正。

諒，冠氏令。《鄭氏女墓誌》：「女字子容。魏郡冠氏縣主簿、贈司徒諱諒，子容太王父也。」《表》作「冠氏令」，與《誌》不合。

南祖鄭氏

筠，綿州長史。《白知新夫人鄭氏墓誌》：「曾祖筠，唐衛尉卿、眉邛綿梓四州諸軍事四州刺史。祖孝昇，桂州始安縣令。《白知新墓誌》作「桂州長史」。父瑞，《白知新誌》作「嘉瑞」。安南都護府法曹參軍。」《表》失書筠子孝昇及孝昇子瑞。

鍾氏

漢有西曹掾晧，字季明，二子：迪、敷。迪，郡主簿，生繇、演。《魏書·鍾繇傳》注引《先賢行狀》：「晧二子：迪、敷。繇則迪之孫也。」與《表》作迪生繇不合。

子威弟山操。《元和姓纂》引《鍾山操行狀》言「弟子威」，則山操爲兄，《表》與《行狀》不合。

宋氏

大辯，邛州刺史。《吏部常選鄭公夫人宋氏墓誌》：「曾祖大辯，皇遂州司馬。」不作「邛州刺史」。

楚璧，兵部郎中。《鄭公夫人宋氏墓誌》：「父楚璧，大理寺卿。」

源氏

修業，涇州刺史。生光裕，尚書左丞。「光裕」宋本作「光俗」。光裕生洧、光乘、光譽、光時。《太子詹事上柱國源光乘墓誌》：「修業，長壽中爲洛州司馬、涇州刺史。府君即涇州第三子也。」又《殿中侍御史張君夫人源氏墓誌》：「夫人皇相州刺史諱修業之曾孫，同州刺史諱光乘之孫，光禄寺主簿諱鋋之女。」又《楚州長史源溥墓誌》：「字至道，曾祖翁歸，祖修業。父光譽，京兆尹贈太子太傅。子晉，汝州襄城縣丞。」均云光乘、光譽爲修業子。《表》以光乘、光譽爲光裕子，誤以兄弟爲父子。沈氏《訂譌》改光乘、光譽、光時與光裕平格，高於洧一格，是也。《表》又不載光乘子，光譽書子休，據《誌》則光乘有子鋋，光譽尚有子溥、孫晉。《表》亦失書。

惪，司刑太常丞。沈校：《乾曜傳》作「直心」。案：宋本及《元和姓纂》正作「直心」。又《并州盂縣令崔君妻源氏墓誌》亦作「父直心」，可訂《表》譌。

乾曜，相玄宗。生復、弼、潔、清。《源夫人墓誌》：「侍中乾曜之曾孫，同州別駕廣建之孫，右驍衛胄曹寰之女。」《表》失書乾曜子廣建及廣建子寰。

誠心生匡度、匡讚、匡友。《平遥縣尉慕容君夫人源氏墓誌》：「高祖誠心。曾祖匡友，□州刺史。祖晉賓，鄭州别駕。父俊，聖朝前晉陵郡義興縣令。」《表》失書匡友子晉賓、晉賓子俊。

行莊，户部侍郎。《隋州刺史源杲墓誌》：「杲，字玄明。高祖子恭，後魏侍中、尚書左僕射、司空、文獻公。曾祖文舉，齊驃騎大將軍、豫州刺史。祖愔，皇朝益州大都督司馬。考行莊，兵部員外郎、岐州司馬。長子，前杭州於潛縣令撝。少子揆。」又《汴州尉氏縣尉楊君夫人源氏墓誌》：「曾祖愔，皇朝度支侍郎。祖行莊，皇朝兵部員外郎。父杲，皇朝隋州刺史。」案：行莊爲子恭之〔曾〕孫，文舉之(子)〔孫〕。文舉與彪爲兄弟，彪子師民與行莊父愔爲從兄弟。《表》以師民與行莊平列，是以行莊爲彪之子、師民之弟，譌誤殊甚。《元和姓纂》：「惜，益府司馬。生壯，兵部員外郎、守户部郎中。」「惜」乃「愔」之譌，「壯」乃「行莊」之譌。至文舉與愔及行莊子杲、杲子撝、揆，《表》均失書，均應據兩《誌》補正。

苗氏

襲夔生殆庶。殆庶生如蘭。韓愈《河南府法曹參軍盧君夫人苗氏墓誌》：「曾大父襲夔，贈禮部尚書。殆庶，贈太子太師。李華《丞相苗晉卿墓誌》作「襲夔，贈太子太師。殆庶，贈禮部尚書」。父如蘭，仕至太子司議郎、汝州司馬。」《表》作「如蘭，宋王府諮議」，與《誌》不合。

晉卿生收、發、丕、堅、粲、稷、垂、向、昌。李華《丞相苗晉卿墓誌》：「嗣子發、丕、堅、粲、垂、向、呂、稷、望、咸等。」較《表》多望、咸而無收，「昌」作「呂」。

稷生詹。《守殿中少監苗弘本墓誌》：「公諱弘本，字天錫。曾大父諱延嗣，官至中書舍人、柱管採訪使。大父含液，官至祠部員外郎。先考諱稷，官至少府少監、贈工部尚書。既孤，爲從父太師所愛，因命爲己子。故尚書入仕稱宰相子，其甲籍蔭胄遂繼太師。是以弟兄今稱曾祖殆庶汝陰郡太守、贈太師。祖晉卿、太保贈太師焉。子四人：曰知微、九皋、定郎、舶主。」據《誌》知稷以含液子爲晉卿所撫養，遂爲晉卿子。《表》闕不書。又《表》失書殆庶、稷官職及稷子弘本與弘本四子。

蕃生著。著生愔、惲、恪。韓愈《太原府參軍苗蕃墓誌》：「蕃字師陳，此《誌》近出土，兹據石本，集本誤作「陳師」。〔大〕父含液，舉進士第，官卒河南法曹苗弘本《誌》作「祠部員外郎」，當是贈官。父潁，揚州録事參軍。」又《苗蕃夫人河内郡太君玄堂銘》：「子男三人：曰愔、曰惲、曰恪。《蕃誌》作執規、執矩、必復，當是初名。愔，守江州刺史；惲，監察御史裏行；恪，協律郎。」據兩《誌》知愔、惲、恪皆蕃子，非著子。著字從「艹」，與蕃殆兄弟。《表》誤以兄弟爲父子，又誤父子爲祖孫，譌繆甚矣。又《表》不載含液以降四世諸人官職，亦當據《誌》補之。

惲生廷乂。《苗景符墓中哀詞》：「景符，字禎運。唐揚州録事參軍潁，即君曾大父也。太原參軍贈禮部尚書蕃，即君大父也。先大夫諱惲，官華州別駕。長兄鄉貢進士羲符。」是惲尚有子羲符、景符。《表》均失書。

常氏

楚珪，雍王府文學。生無名。常袞《叔父故禮部員外郎無名墓誌》：「曾祖諱緒，王父諱毅，皇考慶王府文學諱楚珪，府君即文學第三子也。」「慶王府文學」《表》作「雍王府文學」。《表》又以無名爲楚珪長子，與《誌》亦不合。

渾氏

潭生迴貴。迴貴生元慶。沈校：《舊書・瑊傳》：「高祖阿貪支。」《新書・回鶻傳》同。《舊書・瑊傳》：「曾祖，元慶。」《新書・回鶻傳》作「迴貴」，然則「元慶」、「迴貴」固一人而兩《書》互異耳。其高祖固同爲阿貪支也。《表》闕阿貪支，而分迴貴、元慶爲高曾。案：路巖《渾侃神道碑》亦作「(渾)〔潭〕生迴貴，迴貴生元慶」。《表》殆本此。

元慶，鎮國大將軍、檢校禮部尚書。權德輿《咸寧郡王贈太師忠武公渾瑊神道碑》：「曾祖元慶，皇豹韜衛大將軍、靈邱縣開國伯。」《表》以此爲元慶父迴貴官爵，與《誌》不合。

大壽，太僕丞。《渾瑊神道碑》作「祖大壽。皇太子僕、贈尚書左僕射」。

鎬，義武軍節度使。《渾偘神道碑》：「公諱侃，字復貴。大父瑊、父鎬。長子曰術，詹事府司直，早終。次曰徵、特、徽、普、卓，皆幼。」《表》失書鎬子侃及侃六子。《誌》又載侃從父弟右威衛大將軍佶。《表》亦失書。

齊氏

瀛州齊氏

玘生昭、汶、映、暤、照、煦　《京兆韋君夫人齊氏墓誌》：「曾祖餘敬，皇朝朝散大夫、滄州青池縣令、贈秘書監。祖玘，銀青光禄大夫、尚書工部郎中。考煛，朝議大夫、衛尉少卿。」《表》失載玘父餘敬及玘子煛。又《元和姓纂》載《齊映狀》云「兄昭、晈，弟暤、照、煦」，亦失書煛。「汶」作「晈」，與《表》不合。

董氏

晉，字混成，相德宗。沈校：本《傳》不詳父、祖。案：權德輿《檢校尚書左僕射同平章事董晉神道碑》：「曾祖仁琬，皇州博士。祖大禮，贈右散騎常侍。考伯良，開州新浦主簿。」與《表》正同。

溪，商州刺史。韓愈《商州刺史除名徙封州董府君墓誌》：「公諱溪，字惟深。」《表》失書溪字。

賈氏

元琰生耽。　權德輿《尚書左僕射同中書門下平章事魏國公賈耽墓誌》：「烈考琰之，燕居不仕。」又鄭餘慶《左僕射賈耽神道碑》亦作「考，琰之」，不作「元琰」。

疇，司農寺主簿。《賈耽墓誌》：「嗣子疇，太常寺協律郎，早夭。」《神道碑》同。均不作主簿。

權氏

商武丁之裔孫封於權。　韓愈《故相公權公碑》作「武丁之子降封於權」。獨孤及《權幼明神道碑》：「殷武丁之小子，生而有文在手曰『權』，因以權受封且命氏焉。」

楚武王滅權，遷於那處，其孫因以爲氏。《元和姓纂》作「楚鬬緡之後爲權氏」。

文誕，涪常二州刺史、平涼公。《故相公權公碑》：「平涼公文誕，爲唐上庸太守、荆州大都督府長史。」

無侍，成都尉。　宋本作「無待」。　案：權德輿《叔父華州司士參軍權隼墓誌》：「王父，益州成都縣令無待。」作「無侍」誤。又《誌》作成都「令」，亦不作「尉」。

倕生皋，皋生德輿。《權公碑》：「倕，贈尚書禮部郎中，官羽林軍録事參軍，於公爲王父。郎中生贈太子太保諱皋，以忠孝致大名，去官，累以官徵不起，追贈貞孝。是實生公。」《表》失書倕官職。

璩，字大圭，鄭州刺史。《權氏殤子墓誌》：「大父德輿，父璩，前監察御史裏行、扶風縣男。」《表》失書璩爵。

隼生少城、少清。宋本「少城」作「少成」。案：《權隼墓誌》：「有男子五人：長曰少成、次曰少清。」亦作「少成」，與宋本同。

皇甫氏

珍義，資建二州刺史。生文亮，高陵令。《監門衛長史皇甫慎墓誌》：「曾祖珍義，皇歙州休寧縣令、資州長史。」非「刺史」。「祖文亮，皇鸞臺侍郎、楊魏等四州刺史。」非「高陵令」。

知常，洛州揚州長史。生懌、悟。《皇甫慎墓誌》：「慎，字慎。曾祖珍義，祖文亮，父知常。」《表》但書知常子懌、悟而遺慎。

令狐氏

遂居效轂。「效轂」當作「效穀」。

虬字惠獻，後魏燉煌郡太守、鶉陰縣子。《令狐熙碑》作「鶉陰縣子」。

熙，隋吏部尚書、武康公。《令狐熙碑》：「熙，字長熙。」

澄《檢校比部郎中知陝州院事令狐紞墓誌》前署「堂姪浙西道觀察判官、朝議郎、殿中侍御史内供奉、柱國、賜緋魚袋澄撰上」，《表》失書澄官職。

從，檢校膳部郎中。《令狐紞墓誌》：「紞字垂之，皇綿州昌明縣令諱崇亮之曾孫，皇太原府功曹參軍贈太尉諱承簡之孫，皇郢州刺史諱從之第三子。男喬兒。」《誌》爲「堂姪鄉貢進士洵書」，《表》失書從子紞、紞子喬兒。紞兄綯、緘。諸子中亦無洵。

德棻，國子祭酒。生修己。《令狐德棻碑》：「棻字季馨，長子太子右司議郎、朝散大夫、上□軍修□。」《表》失書德棻字及修己官職。

段氏

偃師，太子家令。生志玄，右驍衛大將軍、褒國忠壯公。《右衛大將軍段志玄碑》：「考偃師，散騎常侍、益都縣開國公、贈洪州都督八州諸軍事，謚信公。」又《右驍衛朔陂府折衝都尉曲沃縣開國男段會墓誌》：「會，字志合。祖瑗，會第二《誌》作「祖，琰」。齊任郡主簿。第二《誌》作「平陵縣令」。父師，第二《誌》作「偃師」。皇朝散騎常侍、光禄大夫、贈洪州都督八州諸軍事、益都縣開國公，謚曰信。第二《誌》作

「散騎常侍、郢州刺史、益都縣開國公」。子弘竟。」諸《碑》、《誌》或作「優師」，或作「師」，與《表》異。又或作「偃師」，與《表》合，不能決其孰是。《表》又失書偃師爵謚及志玄弟會與會子弘竟。

元氏

什翼犍七子：一曰寔君、二曰翰、三曰閼婆、四曰壽鳩、五曰紇根、六曰力真、七曰窟咄。《魏書・昭成子孫傳》載「昭成太子寔、次翰、次閼婆、次壽鳩、次紇根、次地干、次力真、次窟咄、庶長子寔君，凡九人」。《表》脱寔君及地干二人。

景穆諸子唯濬、新城、子推、天錫、雲、禎、胡兒、休八房子孫聞於唐。《魏書・景穆十二王傳》「天錫」作「天賜」，「禎」作「楨」。

弘，孝文帝也。七子：恂、恪、懷、愉、懌、悦。孝文尚有皇子恌，《表》稱「七子」，但書其六。懷，廣平文穆王。《魏書・懷傳》今闕。廣平文懿王元悌及范陽王元誨《墓誌》均稱懷謚「武穆」，非「文穆」。

力真二子：意烈、意勁。《魏書・昭成子孫傳》「意勁」作「意勃」。

寬，比部郎中、舒王府長史。生沂、秬、積、稹。秬，萬年尉。元稹《侍御史内供奉鹽鐵轉運河陰留後元君墓誌》有「魏昭成皇帝十一代而生我隋兵部尚書府君諱某，案：即「巖」。後五代而生我比部郎中、舒王府長史諱某，即「寬」。君即府君第二子也。諱某，即「秬」，秬曾官長安萬年縣尉。字元度。生四子：長曰易簡，滎澤尉。次從簡，曲沃尉。次行簡，太樂丞。幼弘簡。」《表》失書秬字及最後官職，又失書其四子。

路氏

兖，隋兵部侍郎、閿鄉公。獨孤良弼《太原縣令路太一神道碑》：「曾祖襄，位至上儀同三司、大長秋令。」《表》作「兖」，與《碑》不合。其官職亦不同。《元和姓纂》作「隋兵部侍郎兖」，與《表》同。

文昇，字文昇。平愛泰三州刺史、宣城縣公。「泰」宋本作「秦」。案：《元和姓纂》及《路太一神道碑》均作「秦」，與宋本合。

羣，字正大。生嶽，字周翰。《舊書·路巖傳》：「羣，官中書舍人。嶽，歷兩郡刺史。入爲給事中。」《表》失書羣、嶽官職，又《巖傳》稱季登子羣、庠、單，《表》書羣、庠而遺單。

元悊生太一。「悊」宋本作「哲」。案：《路太一神道碑》正作「考元哲」，與宋本同。又《碑》稱「太一子四人：長曰兼之，撫州司法參軍。次曰梁客，蘇州海鹽縣令。次曰羽客，鄭州別駕。季子兵部尚書、冀國公、贈尚書右僕射嗣恭。」《表》書梁客、嗣恭，而遺兼之、羽客二人。

白氏

建字彦舉，後周弘農郡守、邵陵縣男。沈校：《北齊書・白建傳》：「建字彦舉，侍中、中書令。」後周無此人。《表》未詳何據。案：《太子内直監白羨言墓誌》、《汴州封邱縣令白知新墓誌》均作「建，北齊司空」。白居易《溧水縣令白季康墓誌》亦作「北齊五兵尚書建」。《表》誤作北周耳。

君恕，倉部郎中。生大威，梓州刺史。《白羨言墓誌》：「建生曾祖士遜，《白知新墓誌》作「遜」。齊爲散騎侍郎。《知新誌》作「常侍」。大父君恕，參神堯皇帝霸府倉曹，轉開府大將軍加太常卿。考大威，持節滄、綿、梓三州刺史。子慶先，定州無極縣丞。嗣先，漢州參軍。」《表》漏建子士遜一代，誤以孫君恕爲子，又失書大威子羨言、羨言子慶先、嗣先。

君愬，牢州別駕。孫知慎、知節。《白知新墓誌》：「高祖建，曾祖遜，祖君愬，皇嘉州刺史。不作「牢州別駕」。父弘儼，皇潭州録事參軍。子巖之、嶷之、子蘭。」《表》失書君愬子弘儼及弘儼子知新與知新子三人。

鍠，鞏令。白居易《鞏縣令白府君事狀》：「公諱鍠，字確鍾。都官郎中第六子。有子五人：長子諱季庚，襄州別駕。次諱季般，徐州沛縣令。次諱季軫，許州許昌令。次諱季寧，河南府參軍。次諱季平，鄉貢進士。」《表》但書季庚、季軫，而遺季般、季寧、季平。

居易生景受，孟懷觀察支使，以從子繼。沈校：《居易傳》以姪孫嗣。案：《醉吟先生墓誌》言「樂天無子，以姪孫阿新爲之後」，此《傳》所本。李商隱《白居易墓誌》作「子景受」。則《表》所本，二者未知孰是。

潾，揚州録事參軍。生季康，溧水令。沈校：《居易傳》：「名潾。」案：白居易《溧水令白季康墓誌》：「父諱鏻。」亦作「鏻」。鏻兄鍠字亦從「金」，則作「鏻」爲得。

畢氏

抗生坰、增。韓愈《王屋縣尉畢君墓誌》：「抗爲廣平太守，抗安禄山，城陷覆其宗。贈户部尚書。生坰與其弟增，以俱小漏，得不誅。坰，官至王屋縣尉。增，河北從事兼官至御史中丞。」《表》載抗官與《誌》不合，又失書增官職。

徐氏

欽之字真宇，宋丞相、東莞公。三子：逵之、佩之、邁之。逵之字幼道，中書侍郎。二子：淳之、湛之。顔真卿《贈梁州都督徐秀神道碑》作「欽之子尚書僕射湛之」。

湛之，字孝源，丞相、枝江忠烈侯。二子：恒之、聿之。恒之，字景方，工部郎中、襲侯。二子：

孝規、孝嗣。沈校：《宋書・徐湛之傳》：「孝嗣，聿之子。」《南齊書》本傳同。案：《徐秀神道碑》亦作「聿之生齊太尉孝嗣」。但《宋書・徐湛之傳》：「湛之三子，聿之、謙之爲元凶所殺。恒之嗣侯，無子，聿之子孝嗣紹封。」知孝嗣本聿之子，出嗣恒之。故《表》以爲恒之子。惟恒之既無子而嗣兄弟之子，不得更有一子名孝規者。則孝規殆亦聿之子也。《表》又失書謙之。

緄字仲文，梁侍中。生君敷，字懷真，陳常侍。生榮，字子德，隋通事舍人。生恕，字克己，尚食長。《徐秀神道碑》作「緄生陳五兵尚書君敕。君敕生丹陽尹温。温生隋民部侍郎、唐贈秘書監諱恕」。所記中間二世君敕及温，與《表》不同，官職亦異，殊不可解，著之俟考。

筠生晈、昭、昕、晦、晧。昕生琇。《徐秀神道碑》：「金紫光禄大夫、右散騎常侍兼禮部尚書諱筠，《表》作「春官尚書、枝江郡公」。生庫部郎中、萬年令、太子詹事諱昕。《表》作「洛州刺史」。君即詹事第三子也。」所叙官職與《表》頗有異同。又昕子「秀」，《表》作「琇」，亦不合。

倫字堅，岐、慶二王司馬。李華《慶王府司馬徐府君碑》：「君諱堅，字倫。名與宗人同，故以字稱。」

高平北祖上房徐氏

懋生元起。元起生康、蓋。《司空李英公碑》：「祖康，齊伏波將軍、譙郡太守、追贈濟州刺史。父蓋，散騎常侍、陵州刺史、舒國公。」《表》誤以蓋父康爲蓋叔父。

本書整理者案：末句「《表》誤以蓋父康爲蓋叔父」應爲「《表》誤父子爲兄弟」。

世勣生震。世勣尚有子思文，忠於武曌。後賜姓武。思文有子欽訓。《温府君李氏墓誌》：「曾祖蓋，祖勣。父思文，户部尚書、上柱國、衛國公。」又《武欽訓墓誌》：「本姓徐氏，祖勣，父思文，歷任嵐饒潤等州刺史，除太僕卿兼知隴西□□事，又加銀青光禄大夫、上柱國、衛縣開國公，檢校并州大都督府長史、□源道總管，除冀州刺史。」《表》有意削之耶？抑失書耶？

孔氏

霸字次儒，給事中、高密相、褒成烈君。四子：福、振、喜、光。福，關内侯，生房。房生均，字長平，尚書郎。《隋孔神通墓誌》：「霸子光，封博山侯。光子收襲，漢平帝改封收男，均爲褒成侯。」與《表》不合。

羡生晉太常卿、黄門侍郎震。《孔神通墓誌》作「羡孫震」。

下博孔氏

戣，給事中。韓愈《正議大夫尚書左丞孔公墓誌》：「戣字君虞。」又《右拾遺孔紓墓誌》稱「戣官禮部尚書致仕，贈司徒」。

温裕生紓，字特卿。《孔紓墓誌》：「字持卿，不作「特卿」。考温裕，檢校右僕射、兼太常卿、充翰林學士、册贈司空。紓官左拾遺，子鐵婢。」《表》失書温裕及紓官職與紓子。

戡字君勝，昭義節度判官。沈校：《舊書·巢父傳》：「戣兄。」《新書》：「戡，戣弟，字勝始。」案：韓愈《朝散大夫贈司勳員外郎孔君墓誌》：「君諱戡，字君勝。兄戣，尚書兵部員外郎。弟戢，殿中侍御史。」是戣兄戡弟，與《表》合。《舊書》誤。

獨孤氏

定生節王丐。沈校：《後漢書》作「正」。案：獨孤及《潁川郡長史贈秘書監獨孤公靈表》亦作「正」，不作「丐」。

因之孤山下。《獨孤公靈表》作「因之獨孤山下」。《表》脱「獨」字。

尸利生烏利。《獨孤公靈表》「烏利」作「烏和」。

猛生副論。《獨孤公靈表》作「嗣論」。

眷生羅辰，從後魏孝文帝徙洛陽，爲河南令，初以其部爲氏，位定州刺史、永安公。沈校：《魏書·外戚傳》：「羅辰，太宗明元帝母宣穆皇后之兄。太祖時，羅辰歸國，賜爵永安公。」自太祖開國，至孝文帝遷都洛陽，爲太和十八年，相去已一百二十年，不應羅辰尚在，猶得從徙也。又云：「《魏書·外戚傳》：羅辰，太祖時爲定州刺史，未嘗從徙洛陽，爲河南令，復爲刺史也。」案：沈説至允。考《漢州刺史獨孤炫墓誌》：「六代祖俟尼，與後魏西遷洛陽，封東平王。」則從徙洛陽者乃俟尼，非羅辰也。然《獨孤公靈表》稱「眷生羅辰，從魏孝文帝遷都洛陽，始以部爲氏，錫爵永安公，位征東將軍、定州刺史。」與《表》正同。是唐代獨孤氏譜牒已有此誤，而《表》沿之耳。

子佳，隋淮州刺史、武安公。生義恭。《兗州都督府方與縣令獨孤仁政碑》：「曾祖子佳，隋大將軍、涯州刺史、應國公。」《表》作「淮州」，乃「涯州」之譌。《碑》又稱「祖義恭，唐秦王府倉曹參軍事、荆州府長史、右衛郎將、左衛中郎將、左監門將軍、温汾歸婺四州諸軍事、婺州刺史、上柱國、高平縣開國侯。父士賓，弘文生、上騎都尉、行丹州司馬、襲爵高平縣開國侯。子宗」。《表》失書義恭官爵及士賓、仁政、宗三世。

嶼，大理少卿。獨孤及《大理寺少卿兼侍御史獨孤嶼墓誌》：「國朝明威將軍、文惠府君第二子也。」《表》誤作文惠第三子，《誌》又稱「敢不以直詞書仲父之美於墓石」，則及爲嶼猶子，嶼與及父通理爲兄弟行。《表》乃書嶼高於通理一格，亦誤。

元慶生思暕，鄂令。《表》失書元慶官職，據《獨孤公靈表》，乃「左千牛備身」，又崔祐甫《常州刺史獨孤及神道碑》稱「及爲蔡州長史，思暕之孫」。《獨孤公靈表》作「定州長史」。與《表》作「鄂令」亦不合。

申叔，校書郎。柳宗元《秘書省校書郎獨孤申叔墓碣》：「申叔，字子重。」

通理，殿中侍御史、潁川郡長史。《潁川郡長史贈秘書監獨孤公靈表》：「公諱某某。」不著其名。然以其官職考之，乃通理也。又獨孤及《潁川郡長史贈秘書監獨孤公第三子憕墓誌》與《浙江東道節度掌書記越州剡縣主簿獨孤丕墓誌》稱「潁川郡長史、贈秘書監獨孤公遷宅於壽安縣甘泉鄉之原，公之第五子丕，陪葬於塋之西序，第三兄憕在右，第六弟萬墳在左」。是憕、丕、萬均通理之子，與及爲昆季，先及而逝。《表》但載通理子汜、巨、及、正四人，而將憕、丕、萬三人錯列前一葉，誤以爲文惠孫、楷子，當據《誌》正之。又《獨孤丕墓誌》：「丕字少甫。」

及字至之，常州刺史，謚憲。生朗，協律郎。郁，字古風，秘書監。《舊書》稱朗爲郁弟，《新書》：「郁始生而孤。」則朗必先郁而生。兩《書》不合。案：韓愈《秘書少監贈絳州刺史獨孤郁墓誌》稱：「郁，常州刺史、憲公諱及之第二子。憲公殁，與其兄朗畜於伯父氏。」又李翺《福建等州都團練觀察處置等使兼御史中丞、贈散騎常侍、《新書》及《傳》亦稱朗「仕至工部侍郎，出爲福建觀察使，贈右散騎常侍」。獨孤公墓誌》：「公諱朗，字用晦。常州刺史、贈少保憲公之長子。公殁，與弟郁皆伯父母所養。」是朗兄郁弟，與《表》正同。足正《舊書》之誤。《表》書朗、郁官職，與兩《誌》及《新書》亦有不合。又《朗誌》載「朗有子孟常」，《表》亦失書。

李氏

柳城李氏

重，鴻臚卿兼檀州刺史。「重」宋本作「重英」。案：顔真卿《李光弼神道碑》亦作「重英」。

楷洛。楊炎《雲麾將軍李楷洛碑》作「公諱楷洛，字楷洛」。又楷洛謚忠烈，《表》失書。

遵宜，將軍。《李光弼碑》作「遵直」。

遵行，將軍。《李光弼碑》作「遵汴」。《顔魯公文集》作「遵行」。

光弼。《李光弼碑》稱光弼爲「楷洛第四子」，《表》誤作第三子。

彙，宿州刺史。沈亞之《涇原節度李常侍墓誌》：「府君諱彙，武穆公光弼少子也。貞元四年，遷宿州刺史。七年，改安州刺史。元和十年，拜節帥涇原。薨，贈工部尚書。嗣子罕。」《表》稱「彙，官宿州刺史」，非最後官職。又失書彙子罕。

光顔，鴻臚卿。《李光弼碑》作「光彦」，乃光弼兄。《李楷洛碑》亦作「光彦」，《表》誤以爲光弼弟，又誤「彦」作「顔」。

武威李氏

修仁，左驍衛大將軍、郧國公。《李抱真德政碑》作「皇開府儀同三司、涼州都督、河蘭鄯廓瓜沙甘肅九州大總管、申國公修仁之玄孫」，不作「郳國公」。案：抱真曾封倪國公，見《新書·抱真傳》。疑因彼而致誤。

永達，生懷恪，陳州司馬。懷恪生齊管。齊管生抱真。《李抱真德政碑》：「開府儀同三司、左武衛大將軍永此下疑脱一字，予行篋中近無此《碑》，此據《金石萃編》所録。之曾孫，□兵部尚書懷恪之孫，贈太子太保齊管之子。」《表》失書永達、齊管官職。

雞田李氏

本河曲部落稽阿跌之族，至光進賜姓李。李桯《李光進碑》：「公之先本阿跌氏，出於南單于左廂十二姓，代有才傑，繼爲酋帥。嘗統數千廬落，號別部大人。貞觀初，大父賀之率其屬來歸太宗，制受雞田州都督，仍充靈武豐州定塞兵馬使，大父襲之，無禄早世。」又李宗閔《李良臣碑》：「王父賀之，太宗時歸附，拜銀青光禄大夫、雞田州刺史、充定塞軍使。皇考延豐嗣立，襲雞田州刺史，以功加開府儀同三司、太常卿、上柱國，卒贈工部尚書。」《表》失書賀之、延豐二世。

良臣，襲雞田州刺史。《李良臣碑》：「生三子：長曰光玭，爲朔方都將，不幸早卒。次曰光進，朔方節度使、刑部尚書，薨贈左僕射。少即司徒光顔。」《表》失書光玭。

光進，振武軍節度使。《李光進碑》：「光進，字耀卿。官至朔方靈鹽等州節度副大使知節度事、檢校刑部尚書兼靈州大都督府長史、御史大夫、安定郡王、贈尚書左僕射。嗣子季元，河□衙前兵馬使、檢校太子賓客兼監察御史。次曰燧□，陳許節度押衙、檢校太子賓客兼監察御史。次曰毅元，次曰綬元，宣義郎行太原府太原縣尉。次曰宗元，次曰吉元。」《表》失書光進六子，當據《碑》補之。

光顔，河東節度使、守司徒兼侍中。《李光顔碑》：「光顔，字光遠。嗣子昌元，檢校户部尚書兼御史大夫、上柱國。次子扶元，守左龍武軍大將軍、知軍事兼御史中丞。次繼元，前行太常寺主簿。次誠元，守朔州司馬兼監察御史。次建元，國子祭酒兼殿中侍御史。次興元，前衢王友兼監察御史。次榮元，左散騎常侍兼御史大夫。次奉元，清源縣丞。次播元，前河東節度使兼監察御史。次安元，右軍先鋒兵馬使、守右驍衛將軍。」光顔子十人，《表》皆失書。

田氏

璟，鄭州司馬。裴抗《魏博節度使田承嗣神道碑》：「曾祖堪，隋州從事。祖璟，皇鄭州别駕。」元稹《田弘正墓誌》亦作「鄭州别駕」。《表》失書璟父堪，「鄭州别駕」作「鄭州司馬」。

承嗣，魏博節度使、太尉、雁門郡王。《田承嗣碑》：「子十一人：長子維，次子朝，三子華，四子繹，五子綸，七子繪，八子純，九子紛，十子紳，十一子縉。雁門郡王、贈司空緒，則公第六子也。」《表》書緒爲承嗣第七子，前有第六子綰，爲《碑》所無。而《碑》中第九子紛，則《表》所無，應以《碑》

爲得。

弘正，字安道，成德節度使、檢校司徒兼中書令、沂忠愍公。元稹《故中書令贈太尉沂國公墓誌》：「公諱某，字某。曾祖璟，官至鄭州别駕。祖延惲，唐承宣《魏博節度使田布碑》作「廷輝」。官至安東都護府司馬。沂國既貴，贈尚書右僕射。父庭玠，《田布碑》作「玠」。官至銀青光禄大夫、相州刺史。沂國既貴，累贈至司空。公本諱興。子布，終魏博節度使。子肇，鳳翔府少尹。子𨎌，某將軍。」《表》失書弘正本名，又書弘正子早、牟、布、章，與《誌》作布、肇、𨎌不合。

《補正》下

〔校記〕

〔一〕羅氏所述「初曾祖獻」與《表》合，但與初《誌》述初爲獻孫不合。又文尾「初、伯齊、知退三世」，「伯齊」當爲「伯卿」之誤。

三國志證聞校勘記

三國志證聞校勘記序

玉纕者欲放阮文達公《十三經注疏校勘記》之例，蒐輯前人校史諸書，都爲一編，而補苴其所未備，爲《二十四史校勘記》。事大物博，因先購取前人著作，首擬從事前四史。壬辰春，得局本錢衎石先生《三國志證聞》，其書羅列各家之説，頗稱該洽。顧就草稿繕寫上板，瑕纇盈幅，爰畢數夕之力，爲刊正十二三。其未舉正者尚夥，異日倘刊附錢書之後，並得深於乙部者爲之補校，幸甚幸甚。上虞羅振玉記於面城精舍。

三國志證聞校勘記

卷上

第二葉第一行「軍人仰給桑椹」。何改「給」爲「食」　振玉案：何從元修本、毛本改。

第十五行「註：一似管窺豹斅」。振玉案：「豹」當作「虎」。

第二十四行「註：《先賢行狀》曰『璆字孟平』」。《後漢書》作「孟玉」，是也　振玉案：《和洽傳注》中又作「孟本」。

第三葉第一行「註：　鴟字孟黄」。張懷瓘《書斷》作「孟皇」。儀吉案：「黄」字是也　振玉案：宋本亦作「孟皇」。

第八行「註：安隱於其泉也」。振玉案：「泉」當作「泉」。

第五葉第二行「註：東里褒」。「褒」改「衮」。從《三少主紀》　振玉案：《通鑑》亦作「衮」。

第十二行「註：旁祇厥緒」。「旁」疑作「方」　振玉案：「旁」、「方」古通。

第二十三行「註：吾前遣使」。「吾」宋本作「曰」　振玉案：「曰」當作「日」。

第六葉第三行「一聖聰明」。第四行「補『一』字，從《符瑞志》」　振玉案：北雍本及宋本均有「一」字。

第九行「註：辭不宣口」。何改「口」爲「心」　振玉案：何據宋本、毛本改。

第十行「註：太僕宫廟」。「太僕」疑作「大撲」　振玉案：「大」當作「火」。

第十九行「註：及至承光禪被珍貴」。　振玉案：「光」當作「堯」。「貴」當作「衮」。

第八葉第十九行「註：真僞不許相賀」。許、毛作「得」　振玉案：宋本亦作「得」。

第十一葉第二十四行「註：《説》曰：『澮，發石也』」。宜作「《説文》曰」　振玉案：《御覽》引正作「《説文》曰」。

第十二葉第二十三行「布不能拒，李傕等遂入長安」。「李」字衍　振玉案：「李」字北雍本無，南雍本有。

第十七葉第二十二行「皆拒不當」。「當」改「受」　振玉案：元板正作「拒不受」。

第二十葉第十五行「瓚亦遺法事范方」　振玉案：此行後當有「程、郭等傳十四」一行奪書，當補。

第二十行「則志士將自疑」。今改　振玉案：校語欠明析。當云「志」各本作「智」，據北宋本改。

第二十二葉第四行「註：教振玉案：「教」乃「殺」字之誤。取造意者」、「逵謂獄吏曰」。二字從《御覽》增　振玉案：二字謂「殺」字、「逵」字。

第六行「刺史部統諸郡」。從北宋本　振玉案：校語不明析。當云「部」字從北宋本。

第十二行「註：石崇妻，紹之兄女也」。「兄女」宋本作「女兄」　振玉案：北宋本作「兄女」。

第十三行「而有大意也」。「意」改「志」　振玉案：從《御覽》引改。

第二十三葉第十五行「註：時年四十一」。「一」《宋書》作「二」　振玉案：「宋書」當作「宋本」。

第二十一行「終成魚稻經久之利」。「成」字今改　振玉案：「成」字從《御覽》引改。

第二十二行「料簡」《御覽》作「斟酌」，「但鞭杖」作「便杖而」　振玉案：此條記録不明析。當云：「料簡輕重，自非殊死，但鞭杖遣之。」「料簡」《御覽》作「斟酌」，「但鞭杖」作「便杖而」。

第二十五葉第十四行「註：有少頃」。何增　振玉案：校語不明析。當云：何從宋本增「頃」字。

第二十六葉第九行「欲得長纓纓其主」。「纓」改「占」，從《文選》　振玉案：校語不明析。當云：「纓其主」當從《文選》作「占其主」。

第二十七葉第十八行「註：雖名爲魏卿相」。從宋本　振玉案：校語當作「名」字，從宋本。

第二十八葉第六行「註：棲遲下土」。從宋本　振玉案：校語當作：「土」字從元本。

第七行「註：滿子尼，字正叔」。今改　振玉案：校語當作：「滿」字今改。

第二十二行及二十三行「又在領徐州之明年，至備與袁術誘布襲下邳」　振玉案：此有奪字。當作：「又在備領徐州之明年，至備與袁術戰，術誘布襲下邳」。

第二十四行「況備雖不領豫州」　振玉案：「不」當作「名」。

第二十九葉第二行「協領徐州」　振玉案：「領」當作「傾」。

第四行「宜由魏史附今」　振玉案：「今」當作「會」。

第三十葉第二行「明練簡至」。以《世説》校　振玉案：校語當作：「練」字從《世説》校。

第十一行「不可以一節論也」。從《册府》較　振玉案：校語當作：「論」字從《册府》校。

第二十一行「余爲諸君當之」。從《通鑑》　振玉案：校語當作：「君」字從《通鑑》。

第二十二行「射箭飛書」。從《御覽》　振玉案：校語當作：「射」字從《御覽》。

第三十一葉第十一行「註：衆少子蔚」。何改　振玉案：校語當作：「衆」字從何改。

第二十行「懲」疑作「澂」　振玉案：「澂」當是「徵」之誤字。

第二十三行「久求不得」、「何言不舉耶」。從《御覽》　振玉案：校語當作：「久」字、「舉」字從《御覽》。

第三十三葉第二十行「註：昔魏絳開懷以納戎賂」。從《册府》增　振玉案：校語當作：「賂」字從《册府》增。

第三十四葉第十四行「今屯宛」。何改　振玉案：校語當作：「宛」字何改。

第十五行「揚聲欲入寇」、「此不過欲補綻支黨」。二條從《鑑》　振玉案：校語當作：「寇」字、「綻」字從《通鑑》。

第三十六葉第三行「註：瓜分中國」。從元板　振玉案：校語當作：「瓜」字從元板。

第三十八葉第二十二、二十三行「直老鈐下耳」。《御覽》引此「鈐下耳」下有「公府閤有鈐以博呼。鈐下，有吏者也」。當亦是裴註　振玉案：三「鈐」字皆當作「鈴」，「博」當作「傳」。

第四十一葉第十二行「弁辰二十二國」　振玉案：「二十」當作「亦十」。

卷中

第一葉第七行「以宗室拜中郎」。《後漢書》作「郎中」　振玉案：《御覽》引亦作「中郎」。

第二葉第八行「盡歸其財物」。趙從北宋本「財物」下增「及」字　振玉案：「北宋」當作「北雍」。

第十三行「以始封之年爲元年也」　振玉案：「始封之年」當作「始封之明年」。

第四葉第八行「註：以衆明作羽翼之親也」。何校「親」改「臣」　振玉案：何從宋本改。

第五葉第三行「註：高七文」。宋本作「七丈」　振玉案：此條當作：「註：高七丈。」宋本作

「十丈」。

第十八行「註：萬國未定」。從宋本　振玉案：校語當作：「定」字從宋本。

第十九行「龔行天罰」。從宋本　振玉案：校語當作：「罰」字從宋本。

第六葉第十八行「瑢爲亂兵所害」。從宋本　振玉案：校語當作：「害」字從宋本。

第二十一行「註：三人問其所志」、「中國饒士大夫」。均何改　振玉案：校語當作：「志」字、「大」字，何從宋本改。

第二十二行「挾天子而令諸侯」。從宋本　振玉案：校語當作：「而」字從宋本。

第二十三行「西通巴蜀」、「將軍自率益州之衆，出拊秦川」。從宋本　振玉案：校語當作：「蜀」字、「出拊」字從宋本。又案：「自率」當作「身率」。

第二十四行「註：乃投毦而答曰」。從宋本　振玉案：校語當作：「答」字從宋本。

第七葉第一行「註：更疏布單衣」。從宋本　振玉案：校語當作：「布」字從宋本。

第二行「聞元直、廣元」。從宋本　振玉案：校語當作：「廣」字從宋本。

第三行「備欲以固付託之誠」。從宋本　振玉案：校語當作：「誠」字從宋本。

第四行「註：據正道而臨有罪」。從元板　振玉案：校語當作：「正」字從元板。

第五行「所至戰捷」。從宋本　振玉案：校語當作：「至」字從宋本。

第十五行「雲本漢臣宿衛之將」　振玉案：當作「雲本信臣宿將」。

第八葉第二十行「註：京位至江州刺史」。從宋本　振玉案：校語當作：「江」字從宋本。

第九葉第七行「〔註〕：未知中國彊弱」。從宋本　振玉案：校語當作：「中國」二字從宋本。

第八行「註：天下分崩」。從《御覽》　振玉案：校語當作：「分崩」二字從《御覽》。

第九行「註：海内歸高之意也」。從宋本　振玉案：校語當作：「高」字從宋本。

第十行「〔註〕：固所以三分我九鼎」。從宋本　振玉案：校語當作：「九」字從宋本。

第十一行「〔註〕：木牛之奇，則非般模」。從宋本　振玉案：校語當作：「非」字從宋本。

第二十一行「註：喜雲來附」。從宋本　振玉案：校語當作：「喜」字從元本。

第十葉第五行「乘劉牧之懦弱」。宋本增　振玉案：校語當作：「弱」字據宋本增。

第七行「二道並侵」。何改　振玉案：「二道」何據北雍本改。宋本、南雍本皆作「三道」。

第九行「註：高義蓋世」。今改　振玉案：校語當作：「蓋」字從宋本改。

第十一行「特計略未展」。從元板　振玉案：校語當作：「特」字從元板。

第十二行「非測實之當言也」。從宋板　振玉案：校語當作：「當」字從宋板。

第十四行「仁恕惻隱」。從宋本　振玉案：校語當作：「隱」字從宋本。

第十七行「復相扶持」。從《册府》　振玉案：校語當作：「持」字從《册府》。

第二十三行「註：大兒名肅」。從宋本　振玉案：校語當作：「兒」字從宋本。
第二十四行「臨書愴悢」。何改　振玉案：校語當作：「悢」字何改。
第十一葉第二行「註：然後緩帶委質」。從《册府》　振玉案：校語當作：「緩」字從《册府》。
第八行「如令見察」。從《册府》　振玉案：校語當作：「令」字從《册府》。
第九行「但愚情區區」。從宋本　振玉案：校語當作：「愚」字從宋本。
第十一行「僕聞書不盡言」。何校　振玉案：「聞書」二字何從《册府》校。
第十六行「亮猶謂不然」。從元板　振玉案：校語當作：「謂」字從元板。
第十七行「天下響應」。何乙　振玉案：何從《册府》及元本。
第二十一行「并領其衆」。元板　振玉案：校語當作：「其」字從元板。
第十二葉第五行「建迹立勳」。從元板　振玉案：校語當作：「立」字從元板。
第十五行「延大怒攙儀」。今改　振玉案：校語當作：「攙」字從元板及《通鑑》改。
第二十一行「惟後軍師費禕往慰省之」。從宋本　振玉案：校語當作：「惟」字從宋本。
第二十三行「於鄉里合部曲數百人」。從宋本　振玉案：校語當作：「部」字從宋本。
第十三葉第十七行「註：況吾但委意於元儉」。從《册府》　振玉案：校語當作：「意」字從《册府》。

第十九行「註：辭曰：『今得前何府君』」、「時難復屈祇，拔祇族人爲之」。三字從《御覽》振玉案：校語當作：「曰」、「復」、「之」三字從《御覽》。

第二十二行「今漢中王以一時之功」。趙增　振玉案：校語當作：「中」字趙從《御覽》增。

第十四葉第三行「爲乖離乎」。從元板　振玉案：校語當作：「乖」字從元板及《册府》。

第八行「慈潛並爲學士」。「學」汲古本作「博」　振玉案：元板亦作「博」。

第二十行「故周文養民」。從宋本　振玉案：校語當作：「文」字從宋本。

第二十一行「及秦罷侯置守之後」。宋本　振玉案：校語當作：「及」字從宋本。

第十五葉第二行「博涉墳籍」、「入爲秘書史」。從《御覽》　振玉案：校語當作：「涉」字、「史」字從《御覽》。

第三行「註：臣有所與共儋纏采薪者九方堙」。從元修本　振玉案：校語當作：「者」字從元修本。

第四行「註：楚賢良大夫」、「於是市偷進」、「解齊將軍之幬帳」。皆元修本　振玉案：校語當作：「良」、「市」、「幬」三字從元修本。

第五行「註：敖幼而好游，長不喻解，今改至長不喻」。元修本　振玉案：此條當作：「長不喻解」，今從元修本改作「至長不喻」。

第六行「子中州之民」。何改　振玉案：校語當作：「之」字從何改。

第九行「而自以爲遠」。何正　振玉案：校語當作：「而」字何從宋本改。

第十七行「而夷徼人自錮食」。從《後漢書》　振玉案：校語當作：「錮」字從《後漢書・郡國志》校。

第十八行「不任下人」。原缺補此　振玉案：校語「原缺補此」四字不得其解，其爲譌誤無疑。校語當作：各本作「不牟下人」，據宋本改。

第十九行「民夷志慕」。從《御覽》　振玉案：校語當作：「民夷」二字據《御覽》。

第二十行「其督相率隨嶷朝貢者百餘人」。從宋本刪「皆」字　振玉案：校語當作：從宋本刪「皆」字，增「相」字。

第十六葉第五行「州辟爲從事」。從宋本　振玉案：校語當作：「辟」字從宋本。

第六行「註：界在西偏」。從宋本　振玉案：校語當作：「在」字從宋本。

第十四行「註：蜀令人代之」。從宋本　振玉案：校語當作：「令」字從宋本。

第十五行「註：不可以事有差牙」。從宋本　振玉案：校語當作：「牙」字從宋本。

第十六行「邂逅不集」。從元板　振玉案：校語當作：「集」字從元本。

第十九行「註：縱維好書而微自藻絜」。從宋本　振玉案：校語當作：「維」字從宋本。

第二十三行「註：天子聖仁」。何改　振玉案：校語當作：「仁」字從何改。

第十七葉第二行「意不能堪」。從元板　振玉案：校語當作：「意」字從元板。

卷下

第二葉第十四行「註：若微志得展」。何正　振玉案：校語當作：「若」字從何改。

第三葉第八行「註：漢朝遺議郎王誧」。從宋本，下同　振玉案：校語當作：「誧」字從宋本，下同。

第九行「始聞其言，以爲不然」。從北宋本增　振玉案：校語當作：「始」字從北宋本增。

第十行「乃使人諷誦」。何正　振玉案：校語當作：「乃」字何據宋本正。

第十三行「仰榮顧寵」。何乙「寵顧」　振玉案：何據宋本乙。

第四葉第十一行「註：尋遺還南」。宋本作「南還」　振玉案：此條當作：「註：尋遺南還」，宋本作「南還」。

第五葉第二行「註：乃引刀自刺中乳房」。三字增從《御覽》　振玉案：校語當作：「中乳房」三字從《御覽》增。

第三行「冬十一月」。從宋本　振玉案：校語當作：「冬」字從宋本。

第六葉第九行「註：奉聞之倒還」。「到」何改「倒」　振玉案：「到」、「倒」古今字，何改「到」爲

「倒」，從宋本。

第十一行「註：父禮，才學博達」。「札」改「禮」 振玉案：此據《張昭傳註》改。

第十二行「註：與張昭、孫邵部振玉案：「邵」字衍文，「部」當作「郃」。共定朝儀」 振玉案：「郃」《張昭傳註》作「紹」。

第七葉第一行「心自不安」。何乙爲「心不自安」 振玉案：何據北宋本改。

第八葉第一行「『啇』宋本作『酋』」 振玉案：「啇」北雍本作「酋」，宋本作「啇」。

第十三行「蒙其榮懼」 振玉案：「懼」當作「耀」。

第九葉第十二行「山陰縣民」。振玉案：「民」當作「氏」。趙本「氏」改「民」 振玉案：趙從宋本改。

第十三行「註：與羣弟居」 振玉案：「羣」當作「詳」。

第十六行「更遣吏通章」。振玉案：「通」當作「有」。何「有」改「通」 振玉案：何從毛本。

第十七行「註：但所託未得其人耳」。何增「耳」 振玉案：何從宋本。

第十八行「註：但其後不遵臣節」 振玉案：「遵」當作「達」。

第十葉第四行「註：捧其順振玉案：「順」當作「頭」。搖捎之」。從宋本 振玉案：校語當作：「頭」字從宋本，「捎」字從北宋本。

第十一葉第十行「註：貰困而後免」。「困」今正 振玉案：校語當作：「困」從宋本正。

第十七行「後年，卒爲左右邊鴻所殺」。從宋本　振玉案：校語當作：「年」字從宋本。

第二十四行「註：慎子拯」、「拯好學」。下同，從《晉書》改　振玉案：校語當作：兩「拯」字從《晉書》改，下同。

第十二葉第二行「當令如宗室」。從《御覽》　振玉案：校語當作：「令如」二字從《御覽》。

第五行「註：萬夫所天恃」。從宋本　振玉案：校語當作：「恃」字從宋本。

第七行「顧丞相事煩」。從《通鑑》　振玉案：校語當作：「顧」字從《通鑑》。

第九行「註：是以潘濬欲因同會手劍之」。從宋本　振玉案：校語當作：「因同會」三字從宋本。又案：「同」字疑衍。

第十行「註：方今畜養士衆」。今正　振玉案：校語當作：「士」字從宋本正。

第十四行「或諷議而去，或結友而别」。從宋本　振玉案：校語當作：「諷」字、「友」字從《世説註》正。

第十五行「陽羡張秉生於民庶」。從《御覽》　振玉案：校語當作：「民庶」二字從《御覽》。

第十九行「註：太傅諸葛恪以雄奇蓋衆」。從宋本　振玉案：校語當作：「以」字從宋本。

第二十一行「註：時人謂從居者爲諸葛」。從《廣韻》校　振玉案：校語當作：「從居者爲」四字從《廣韻》校。

第十三葉第四行「紓行振玉案：「紓」當作「紓」，「行」字衍文。曹公移都之計」。從何改　振玉案：校語當作：「紓」字從何改。

第十行「於是甘果繼進」。從宋本　振玉案：校語當作：「繼」字從宋本。

第十一行「註：權擢以爲選曹尚書，選舉號爲得才」。四字從《御覽》增　振玉案：校語當作：「選曹尚書」四字從《御覽》增。

第十八行「此五君者未爲過人」。今增　振玉案：校語當作：「君」字今增。

第二十行「註：以昭公美」。從元板　振玉案：校語當作：「美」字從元板。

第十四葉第一行「召綜爲五官中郎將」。從元板　振玉案：校語當作：「將」字從元板。

第五行「不爲恭所服」。何改　振玉案：「所」字何改。

第六行「輒相怨恨」。從《册府》　振玉案：校語當作：「輒」字從《册府》。

第七行「託乘桴浮海之語」。從元板　振玉案：校語當作：「海」字從元板。

第十三行「吾得卿，事諧也」、「乃渡江擊秣陵」俱元板　振玉案：校語當作：「事」字、「江」字從元板。

第十五行「權延見羣下」。一清案：「權」字以意改　振玉案：元板正作「權」。

第十七行「老賊欲廢漢自立久矣」。從《通鑑》補　振玉案：校語當作：「久」字從《通鑑》補，又宋本亦有「久」字。

第十九行「熛振玉案：「熛」當作「煙」。火張天」。《御覽》作「慓」,「慓」是飛火,作「煙」誤矣　振玉案：二「慓」字皆當作「熛」。

第十五葉第五行「賜錢十萬」。從元板　振玉案：校語當作：「十」字從元板。

第六行「益州將龔肅舉軍來附」。《考證》從元本改　振玉案：校語當作：「龔」字從元板。

第七行「蒙謂瑜、普曰」。從宋本　振玉案：校語當作「瑜」、「普」二字從宋本。

第九行「陳啓顧等皆勤勞國事」。何改　振玉案：「事」字何改。

第十六葉第十二行「賀齊討黟賊」、「黟賊平定」。今正　振玉案：校語當作：二「黟」字今正。

第十七行「俠守沔口」。從《御覽》　振玉案：校語當作：「俠」字從《御覽》。又案：各本原作「夾」,亦未誤。古「夾」、「俠」通用。

第二十二行「註：仁澤罔著」。今正　振玉案：校語當作：「罔」字今正。

第二十三行「曹休出洞口」。何校　振玉案：校語當作：「口」字從何校。

第二十四行「因使召募得百餘人」。從宋本　振玉案：校語當作：「募」字從宋本。

第十七葉第十一行「隝、沔二谷中」。今正　振玉案：校語當作：「沔」字今正。

第十二行「雖名襲任」。何改　振玉案：校語當作：「名」字何從宋本改。

第十四行「註：自稱領都督」。從宋本　振玉案：校語當作：「自」字從宋本改。

第十七行「註：特謂嚴畯曰」。從《册府》　振玉案：校語當作：「特」字從《册府》。

第十八行「江水盛溢流」。何校增　振玉案：「盛」字何校增。

第十八葉第六行「而用傒子言」。從宋本　振玉案：「傒」字從宋本。

第十二行「註：奉承革命」。從宋本　振玉案：校語當作：「革」字從宋本。

第十三行「〔註〕：亡考故日南太守歆」。從宋本　振玉案：校語當作：「亡」字從宋本。

第十四行「〔註〕：又奏鄭玄解《尚書》逵夫事曰」。從宋本　振玉案：「曰」當作「目」，又校語當作：「目」字從宋本。〔一〕

第十九行「註：求與丁覽、卜静等爲比」。卜静見《顧雍傳》　振玉案：校語當作：「静」字以意改，「卜静」見《顧雍傳》。

第十九葉第一行「註：其文章之士」。何改　振玉案：校語當作：「士」字何從宋本改。

第三行「註：忠子潭」。何改　振玉案：校語當作：「潭」字何從北宋本改。

第四行「註：昺字世文」。何改　振玉案：校語當作：「世」字何從北宋本改。

第六行「豔性峭厲」。從《御覽》　振玉案：校語當作：「峭」字從《御覽》。

第九行：「寡婦振玉案：「婦」當作「歸」。無子」。從宋本　振玉案：校語當作：「歸」字從宋本。

第十一行「封新陽亭侯」。何改　振玉案：「亭」字何改。

第十二行「二男一女」。從宋本　振玉案：「二」字從宋本。

第十三行「優於宗仲」。振玉案：「仲」當作「修」。何改　振玉案：校語當作：「優」字何改。

第十四行「子喜頗涉文籍」。從《御覽》　振玉案：校語當作：「頗」字從《御覽》。

第二十葉第二行「不遑假寐」。從元板　振玉案：校語當作：「假」字從元板。

第四行「註：挾數以相危」。從北宋本　振玉案：校語當作：「挾」字從北宋本。

第五行「審刑賞以示勸沮」。從北宋本　振玉案：校語當作：「賞」字從北宋本。

第八行「登辭疾不受」。從宋本　振玉案：校語當作：「疾」字從宋本。

第十五行「註：後諸葛壹僞叛」。以《吴主傳註》校　振玉案：校語當作：「壹」字從《吴主傳注》校。

第十六行「是後王夫人譖，始與金公主有隙」　振玉案：「金」當作「全」。

第二十一葉第十行「以戈拓塹爲緣道」。何校　振玉案：「塹」字何校。

第十五行「丹楊三孫皆降」。今正　振玉案：校語當作：「楊」字今正。〔二〕

第十六行「襲蘄春」。何校　振玉案：校語當作：「蘄」字何校。

第二十二行「表裏機互」。何改　振玉案：此條當作：「表裏機牙」，「牙」字何校改。

第二十二葉第三行「謂宜城、信陵與建平接」。從北宋本　振玉案：此條當作「註：謂宜城信陵與建平接」，「與」字、「接」字從北宋本。

第十行「常留心推按」。從宋本　振玉案：校語當作：「按」字從宋本。

第十二行「歲有暴風障氣之害」。從《册府》　振玉案：校語當作：「暴」字從《册府》。

第二十三葉第六行「乃移書四郡屬城長吏」。從《御覽》　振玉案：校語當作：「郡」字從《御覽》。

第十二行「未可如何」、「欲刎頭謝責」。何云：從宋本改　振玉案：「頭」字何從宋本改。

第十六行「註：以得蹉步。凌統聞之」　振玉案：「蹉」字從元本改，校語未及。

第十八行「將軍孫儀、孫怡、林恂等」。據《三嗣主傳》及《通鑑》改正　振玉案：校語當作：「怡林恂」三字從《三嗣主傳》及《通鑑》改。〔三〕

第二十三行「必皆委綝就公」。從宋本　振玉案：校語當作：「皆」字從宋本。

第二十四行「又難與兵向宮」。從宋本　振玉案：校語當作：「宮」字從宋本。

第二十四葉第十四行「其所紀載既多虛無」、「實不可使闕不朽之書」。從元板　振玉案：校語當作：「既」字從宋本、「闕」字從元本。

〔校記〕

〔一〕「逵夫」《證聞》局本原作「達夫」，均誤。應爲「逵失」，形近致訛。

〔二〕「三孫」應爲「三縣」。

〔三〕據《三嗣主傳》及《通鑑》，校語應作：「孫怡」當爲「張怡」，原書「孫卲綝恂」四字當爲「張怡、林恂」。據《三嗣主傳》及《通鑑》改。

唐折衝府考補

府兵之制，創於西魏，增於周、隋，而大備於唐。顧所立府數，在當代已言人人殊。而《新唐書·地理志》所載府名，又多亡佚，僅得四百四十有八。曩仁和勞先生經原作《折衝府考》，其子格又增輯之，凡補府百有九，合之《唐志》，得府五百五十有七。又博考諸書，於《志》之羼亂譌誤者，一一是正之。其書至精核，其定稿，藏振綺堂汪氏。光緒戊戌，從汪舍人（康年）假觀。適貴池劉京卿（世珩）方刻叢書，因以授之。劉君又轉授諸南陵徐觀察（乃昌），遂刊入《鄦齋叢書》中。當未刊時，予頗擬爲之校補，乃以人事旁午，（勿勿）〔匆匆〕未果。比年以來，每於石刻及隋唐兵符，見有府名爲勞氏所未及者，輒補録之。又《唐志》所載諸府，勞氏考注未詳者，瀏覽所及，亦隨時記於書眉。始於宣統初元，逮於壬申，凡六易稿。遂補府六十四，正《唐志》羼譌六，與《唐志》不合、未知孰是者二，補注百有七，沿勞氏書例，別紙録爲《唐折衝府考補》一卷，而以隋兵府之見於金石刻者三十有八附焉。上虞羅振玉。

關内道

京兆府

相原（《唐志》誤羼入華州，勞氏改正。）

《隋鷹揚府虎符》（嘉興竹里張氏藏，後歸吴清卿中丞。）有「右禦衛相原府」，是此府乃承隋之舊。又，龍門有《唐相原府校尉王寶爲亡父造觀音象記》。

通樂（勞補。）

《唐河間郡劉庭訓墓誌》：「遂授通樂府果毅。」

豐瀾（今補。）

龍門賓暘洞有《唐雍州（豊）〔豐〕瀾府校尉王弘□造象》。

崇仁（勞補。）

此府勞氏據《臧懷恪碑》補之，列卷四「未知何屬諸府中」。案：《唐都督楊公紀德頌》：「絳州同鄉、京兆崇仁二府折衝」，是崇仁隸京兆。

甘泉（今補。）

《唐彭城劉府君夫人墓誌》：「祖游擊將軍、京兆府甘泉府折衝悌。」

咸陽（今補。）

《唐揚智積墓誌》：「以功授上柱國，除咸陽府長上果毅。」案：咸陽縣屬京兆府，則此府亦當隸京兆。

義豐（今補。）

《唐董虔運誌石文》：「又改授京兆府義豐府右果毅。」

永樂（今補。）

唐景龍二年，薛崇徽寫《大般涅經·後記》：「弟雍州永樂府左果毅、上柱國崇暕供養。」

天齊（今補。）

《唐齊士員造象記》有「天齊府研律瓌」。又，《唐朱遠墓誌》：「嗣子護，任三原縣天齊府左果毅。」

（左清道率）頻陽（今補。）

《唐康留買墓誌》：「守左清道率頻陽府長上果毅」。又《齊士員造象記》有「頻陽府闕文瓚」。案：晉及後魏皆有頻陽縣，屬雍州馮翊郡，則此府必隸京兆。

王保（今補。）

《齊士員造象記》有「王保府折衝都尉趙伽」。

懷信（今補。）

《齊士員造象記》有「懷信府果毅都尉獨孤範」。案：《唐右戎衛開福府旅帥仵欽誌》：「考諱德，隋懷信府車騎。」是此府乃承隋之舊。

長豐（今補。）

《齊士員造象記》有「長豐府折衝王□感」。案：以上三府，未知何所隸。然此《記》載府名五，其二皆隸京兆，疑此三府亦京兆屬，姑附此俟考。

（左衛）寶泉（《唐志》。）

《唐董守貞墓誌》：「遷游擊將軍、左衛寶泉府左果毅都尉。」

懷舊（勞補。）

《僞周處士張信墓誌》：「祖德，隋任雍州懷舊府折衝。」勞氏據《新唐書・宰相世系表四下》「唐世進，懷舊府別將，龍支縣男」補此府而未知何屬。今知屬雍州，且承隋之舊。

恒王（今補。）

《唐右衛十將使孔公浮圖功德銘》：「烈考諱含光，京兆恒王府折衝都尉。」又，《王景秀墓誌》：「授恒王府典軍。」《李休墓誌》：「守恒王府典軍。」《宋遏墓誌》：「題試恒王府長史。」《崔載墓誌》：「試恒王府司馬。」

（左驍衛）豐安（今補。）

《唐劉玄豹夫人高氏墓誌》：「又改授左驍衛京兆府豐安府折衝。」

華州

（右衛）豐原（《唐志》。）

《唐劉玄豹夫人高氏墓誌》：「秩滿，授右衛華州豐原府折衝。」

同州

大亭(《唐志》。)

《唐行滎陽郡長史崔湛墓誌》:「超授同州大亭府折衝。」

安遠(《唐志》。)

《唐本願寺曾慶善等造幢題名》:「弟騎都尉,前安遠府别將思暕。」又:「弟,安遠别將、騎都尉元景。」

濟北(《唐志》。)

唐安(《唐志》。)

《唐苑玄亮墓誌》:「遷濟北、唐安二府折衝。」又,《來慈墓誌》:「起家擢授蓋松、唐安二府都尉。」

太州(《唐志》。)

《唐大雲寺彌勒重閣碑》:「前大州府兵曹參軍趙嘉賓。」

東河(《唐志》,今正。)

《唐王素臣墓誌》:「嗣子前同州東河府别將無虧等。」案:東河,《唐志》誤作「河東」。

隆安(今補。)

《僞周康郎墓誌》：「勑授同州隆安府左果毅都尉。」

鳳翔府

洛邑(《唐志》。)

《唐王修福墓誌》：「轉岐州洛邑府果毅。」案：岐州至德二載改鳳翔，《誌》在開元九年，故尚稱岐州。

文城(《唐志》。)

《唐榆林郡都督府長史王承裕墓誌》：「弱冠，以軍功授扶風郡文城府別將。」

邵吉(《唐志》。)

《陰氏世系》：「幹子嗣瓌岐州邵吉府別將」。又，《唐光禄卿程君墓誌》：「岐州邵吉府折衝滿之孫。」

望雲(今補。)

敦煌《陰氏世系》殘卷：「業子庭藴，見任岐州望雲府別將。」案：《唐志》鳳翔府有「望苑府望雲」，不知即望苑否？待考。

邠州

良社(《唐志》。)

《唐孔公浮圖功德銘》：「曾祖唐朝訜（即邠之譌）州良社府折衝都尉。」

蜯川（《唐志》。）

《唐焦璀墓誌》：「署守邠州蜯川府長史。」

舜城（《唐志》。）

《僞燕段公夫人常氏墓誌》：「夫人即唐朝邠州舜城府折衝、北庭副使仁師之曾孫。」

（右玉鈐衛）金池（《唐志》。）

《僞周楊憲墓誌》署題：「右玉鈐衛金池府折衝。」

隴州

（左金吾衛）源汧（今補。）

《陰氏世系》：「希次子嗣瑗，左金吾衛隴州源汧府左果毅都尉。」案：《唐志》有臨汧府，不知即源汧府否？又「源汧」疑「汧源」之譌。

涇州

（右領軍衛）純德（《唐志》。）

《唐右龍武軍將軍張德墓誌》：「次任右領軍衛涇州純德府折衝。」又，《唐邢思賢墓誌》：「授忠武將軍，行右領軍衛涇州純德府折衝都尉。」

涇陽(《唐志》。)

《隋孟常墓誌》標題「故涇陽府旅帥孟君墓誌」，知此府亦承隋之舊。

(左武衛)四門(《唐志》。)

《唐蔡崇敏墓誌》：「嗣子，涇州四門府別將，賜上護軍庭倩。」又，《唐劉明德墓誌》：「左武衛涇州四門府折衝都尉。」

原州

安善(《唐志》。)

《陰氏世系》：「超子忠諫，原州安善府左果毅都尉。」

寧州

羅川(今補。)

《唐劉龍樹墓誌》：「唐寧州羅川府折衝。」又，《劉玄豹夫人高氏墓誌》：「祖善，寧州羅川府折衝。」

(右領軍衛)天固(《唐志》。)

《僞周楊岳墓誌》：「父君楷，唐右領軍衛天固府統軍。」

永寧(《唐志》。)

《僞周劉洪預墓誌》：「祖世榮，唐上開府永寧府驃騎。」

慶州

永業(《唐志》。)

《唐王修福墓誌》:「授慶州永業府右果毅。」

(右驍衛)同川(《唐志》。)

《唐張德墓誌》:「初任右驍衛慶州同川府左果毅。」

鄜州

洛安(《唐志》。)

《唐游擊將軍魏德墓誌》:「貞觀十八年,轉任鄜州洛安府果毅。」

安昌(勞補。)

隋虎符有「左禦衛安昌府」,是安昌亦承隋之舊。

坊州

嘉禾(今補。)

《唐守晉陵府别駕倪彬墓誌》:「嗣子,中部郡嘉禾府果毅都尉釴。」案:坊州,天寶元年改中部郡。

丹州

長松（《唐志》。）

《唐崔甹墓誌》："父志，丹州長松府折衝。"又，《唐陰處士公修功德記》："皇考諱伯倫，游擊將軍、丹州長松府左果毅都尉。"又，《孔公浮圖功德銘》："祖諱崇雲，丹州長從府折衝都尉。"長從，殆長松之譌。又，《張德墓誌》："有子三人，長曰榮琮，左領軍衛咸寧郡長松府左果毅。"案：丹州，天寶元年爲咸寧郡。

（左威衛）通化（今補。）

《唐袁秀巖墓誌》："遷左威衛丹州通化府折衝。"又，英倫博物館藏唐《沙州户籍》載："索遊鸞，丹州通化府折衝。"案：《唐志》丹州有通天、同化二府，而無通化。

延州

（左武衛）延安（《唐志》。）

《唐劉玄豹夫人高氏墓誌》："嗣子伯曰崇曜，左武衛延安郡延安府折衝。"案：延州，天寶元年改延安郡。

寧戎（《唐志》。）

《唐大雲寺彌勒重閣碑》："守寧戎府兵曹參軍趙仁最。"

靈州

（右金吾衛）武略（《唐志》。）

英倫博物館藏《唐沙州户籍》載：「索思禮，前行右金吾衛靈州武略府別將。」

會州

（左金吾衛）黄石（今補。）

《唐智悟律上人墓誌》：「長子，會州黄石府別將，賜緋魚袋光歸。」又，《唐沙州釋門索法律窟銘》：「左金吾衛會州黄石府折衝都尉諱奉珍。」

夏州

寧朔（《唐志》。）

《唐漁陽縣子閻受福墓誌》：「累遷游擊將軍、夏州寧朔府折衝。」

綏州

義合（《唐志》。）

《唐劉漢潤妻楊氏墓誌》：「曾祖待賓，皇昭武校尉，守綏州義合府折衝。」又，《宇文琬墓誌》：「祖揩，皇綏州義合府左果毅。」

河南道

河南府

（右衛）巖邑（《唐志》。）

《唐河間郡劉庭訓墓誌》：「尋遷巖邑府果毅。」又，《唐劉玄豹夫人高氏墓誌》：「又改授右衛巖邑府折衝。」

（左武衛）伊陽（《唐志》。）

《唐劉玄豹夫人高氏墓誌》：「季曰崇峻，左武衛河南府伊陽府別將。」

（左驍衛）永嘉（《唐志》。）

《唐安神儼墓誌》：「祖君恪，隨任永嘉府鷹揚。」是此府承隋之舊。又，《唐張岳墓誌》署題：「永嘉府羽林宣威將軍。」《王元墓誌》署題作「左驍衛河南府永嘉府折衝都尉」。又，《唐王敏墓誌》：「釋褐永嘉府隊正。」又，《于賁墓誌》：「蒙受游擊將軍，守永嘉府右果毅都尉。」

（左威衛）洛泉（《唐志》。）

《唐張德墓誌》：「小子榮崇，任左威衛河南府洛泉府別將。」

懷音（《唐志》。）

《唐劉府君墓誌》：「遷崇信、懷音二府長上、折衝都尉。」《侯僧達墓誌》：「懷音府隊正。」

（左威衛）洛汭（《唐志》。）

《唐吕文倩墓誌》：「解褐守左威衛河南府洛汭府兵曹參軍。」《唐周夫人墓誌》：「嗣子左威衛洛汭府隊正、飛騎尉買。」又，龍門有《左豹韜衛洛汭府長史李客師造阿彌陀象》（案：左右威衛，光宅中改左右豹韜衛，神龍中復故。）。又，《唐楊士達墓誌》：「隨大業五年起家左宗衛大都督，至七年轉任洛汭府長史。」是此府乃承隋之舊。

（右屯衛）伊川（《唐志》。）

《唐劉玄豹夫人高氏墓誌》：「轉右屯衛洛州伊川府果毅。」又，端忠敏公藏洛州伊川府隊副張仁廓爲父造象。

（左玉鈐衛）金谷（《唐志》。）

《唐韋敬辨智城碑》署：「廖州大首領、左玉鈐衛金谷府長上、左果毅都尉。」《唐下管令康威墓誌》：「父諱達，皇朝金谷府統軍。」

柏林（《唐志》。）

《唐騎都尉郭君夫人楊氏墓誌》：「祖侯，隋柏林府別將。」知此府乃承隋之舊。

郟鄏（《唐志》。）

《唐梁秀墓誌》：「嗣子郟鄏府隊副。」

（左金吾衛）千秋（《唐志》。）

《唐彭城劉府君夫人墓誌》：「孤子，前左金吾衛河南府千秋府別將渾。」

（右金吾衛）鈞臺（《唐志》。）

《僞周楊順墓誌》：「守右金吾衛均臺府折衝。」

（右武候）轘轅（《唐志》誤作「軒轅」。勞正。）

勞氏引《漁陽郡李氏造龕銘》有「轘轅府折衝都尉□□□」。案：此銘乃前豫州司功參軍王有□爲考明威將軍及妣漁陽郡君李造龕象，非李氏造龕銘。又，《銘》載考威將軍，守右武候轘轅府折衝□□，勞考未詳。

金墉（今補。）

《唐李强墓誌》：「乃被入軍，授金墉府校尉。」案：此府殆以金墉城得名，姑附此。

大梁（今補。）

《唐王惲墓誌》：「祖濬應兵部武選，授官汴州大梁府折衝都尉。」案：隋河南郡，武德四年改汴州，開元元年改河南府。

汝州

龍興（《唐志》。）

《唐河間郡劉府君墓誌》：「遷龍興府折衝。」《唐董虔運誌石文》：「遷汝州龍興府右果毅。」

魯陽（《唐志》。）

《唐曹夫人墓誌》署題：「汝州魯陽府别將胡明期母。」

梁川（《唐志》。）

《唐張石墓誌》：「授汝州梁川府折衝都尉。」

陝州

（左領軍衛）上陽（《唐志》。）

《唐崔粤墓誌》署：「左領軍衛陝州上陽府折衝。」

桃林（《唐志》。）

《唐行滎陽郡長史崔湛墓誌》：「制授陝州桃林府果毅。」

（右衛）安戎（《唐志》。）

《僞周劉君夫人清源縣太君郭寶墓誌銘》：「次子明威將軍，行右衛安戎府長上、右果毅都尉。」

虢州

金門（《唐志》誤作「金明」。勞正。）

《唐張公夫人王氏墓誌》：「適金門府折衝。」《南陽張公碑》題稱：「行前虢州金門府折衝。」案：《唐志》誤作「金明」。勞考據《茹公神道碑》改「金門」。今得此《誌》，可爲勞注確證。

河東道

河中府

永安（《唐志》。）

《僞周楊順墓誌》：「加游擊將軍、蒲州永安府果毅。」案：慶州亦有永安府，與蒲同名，或彼有誤字也。

（左武候）桑泉（今補。）

《唐程鷩墓誌》標題作「左武候桑泉府司馬」，文中言「顯慶元年十月十一日，終於蒲州桑泉府之官舍」，是桑泉府隸蒲州。

晉州

（左衛）神山（《唐志》。）

唐大中十載薛志顒造《佛頂尊勝陀羅尼經幢》，志顒結銜：「守左衛晉州神山府折衝都尉。」

（右驍衛）安信（《唐志》。）

《唐劉玄豹夫人高氏墓誌》：「叔曰崇暉，右驍衛平陽郡安信府別將。」案：晉州，天寶元年改平陽郡。

晉安（《唐志》。）

《唐豆善富墓誌》：「轉晉州晉安府折衝都尉。」

（右衛）平寧（今補。）

《唐王元墓誌》：「除右衛晉州平寧府右果毅都尉。」

羊邑（今補。）

《唐果毅都尉裴垣墓誌》：「終就晉州羊邑府左果毅。」

絳州

新田（《唐志》。）

《唐智悟律上人墓誌》：「季子，絳州新田府折衝，賜紫金魚袋、上柱國光暉。」

武城（《唐志》。）

《唐豆善富墓誌》：「轉絳州武城府左折衝都尉。」又，《僞周楊順墓誌》：「後遷降州武城府果毅。」「降州」即「絳州」之譌。

蓋松(《唐志》。)

《唐康州司馬來慈墓誌》:「起家授蓋松、唐安二府都尉。」

(右武威衛)絳川(《唐志》。)

《僞周全節縣公王珧墓誌》:「改授右武威衛絳川府左果毅都尉。」

(右鷹揚衛)平原(《唐志》。)

《僞周王珧墓誌》:「父感,唐右鷹揚衛平原府左果毅都尉。」又,《王感墓誌》:「去麟德年中授右鷹揚衛平原府左果毅。」

桐鄉(《唐志》。)

《唐都督楊公紀德頌》:「絳州桐鄉、京兆崇仁二府折衝。」又,《朱遠墓誌》:「俄而擢拜絳州同鄉府果毅。」「同鄉」即「桐鄉」之省書,非有二也。又,《唐寧思真墓誌》:「父信厚,唐任游擊將軍、絳州桐鄉府左果毅都尉。」

夏臺(《唐志》。)

《唐李君夫人嚴氏墓誌》:「祖果,游擊將軍,絳州夏臺府折衝。」

古亭(《唐志》。)

《唐豆善富墓誌》：「進絳州古亭府折衝都尉。」

馮翊（今補。）

《唐王訓墓誌》：「考納，絳郡馮翊府果毅」。又，《僞周冠軍大將軍馬神威墓誌》：「遷馮翊府長上、折衝。」

（右衛）長祚（今補。）

《唐李良金墓誌》：「大父亨，絳州長祚府折衝。」又，《唐王元墓誌》：「受游擊將軍、右衛長祚府左果毅。」案：《唐志》絳州有長社府，或即長祚府之譌，著之俟考。

西河（今補。）

《唐毛爽墓誌》：「高曾祖道，先任降郡西河府長史。」案：絳州，天寶元年改絳郡，《誌》之「降郡」乃「絳郡」之譌。

慈州

（右威衛）吉安（《唐志》羼入同州，今改。）

《唐倶海墓誌》：「仲子文誼，昭武校尉，前守右威衛慈州吉安府折衝都尉。」案：《唐志》同州下有吉安府，而慈州無之，當據《誌》正之。又，《苑玄亮墓誌》：「恩敕遷吉安府左果毅。」

太原府

志節(《唐志》。)

《唐段會墓誌》："以功拜志節府車騎將軍。"《段會妻李氏墓誌》："武德五年，任并州志節府左車騎將軍。"

豐川(《唐志》。)

《唐夫人何氏墓誌》："父樂，酆川府果毅。"又，《王守廉墓誌》："左領軍豐州府折衝，旌乎厥勳。""豐州"殆"豐川"之譌。

竹馬(《唐志》。)

《唐解晉卿墓誌》署："守并府竹馬府折衝都尉。"

(右武衛)太原(今補。)

《唐李璿墓誌》："任右武衛太原府長上、左果毅都尉。"又，《劉龍樹墓誌》："唐并州太原府□□。"

汾州

介休(《唐志》。)

《唐王士林墓誌》："曾門諱譽，皇任汾州介休府折衝都尉。"

崇儒（今補。）

《唐三門主劉承恩等題名》：「汾州崇儒府左果毅劉承恩。」

沁州

安樂（《唐志》。）

《唐上騎都尉張詮墓誌》：「解褐拜沁州安樂府別將。」

（左威衛）延儁（今補。）

《唐楊弘慶墓誌》：「署守左威衛沁州延儁府別將。」案：勞氏補遺，據陳子昂《祭孫府君文》補延俊府，不知隸何道。以文中有「聲雄塞上，名重關中」語，遂疑當屬幽州。玉案：延俊即延儁。又，《唐志》沁州有延雙府，疑亦延儁傳寫之譌。

儀州

遼城（《唐志》。）

《唐劉元超墓誌》：「遷儀州遼城府左果毅。」又，《唐光祿卿程君墓誌》：「授儀州遼城府別將。」

忻州

漳源（《唐志》。）

《僞周馮君(名)墓誌》：「唐朝任漳源府校尉。」

朔州

(左衛)尚德(勞補。)

《唐王景詮墓誌》：「守朔州尚德府左果毅都尉，賜緋魚袋，太原王府君不禄。」又，《唐劉士弘墓誌》：「署義昌軍故衙前將，守衛朔州尚德府別將。」又，《唐璩崇胤墓誌》：「嗣子翼，朔州尚德府果毅。」

石井(今補。)

《唐王士林墓誌》：「大門諱儼，皇任朔州石井府左果毅都尉。」

潞州

戡黎(《唐志》。)

《唐金城郡申府君并夫人施氏墓誌》：「考諱珍，皇任戡黎府折衝。」

(左武衛)理會(今補。)

《唐彭城劉府君夫人墓誌》：「次子，前左武衛上黨郡禮會府別將浦。」《上柱國趙君墓誌》：「父德，皇潞州禮會府折衝。」

銅鞮(今補。)

《唐豆善富墓誌》：「擢授潞州銅鞮府左果毅都尉。」

從善（今補。）

《唐劉玄豹夫人高氏墓誌》：「仲曰崇暐，上黨郡從善府果毅。」案：潞州，天寶元年改上黨郡。

上黨（今補。）

《唐衛州新鄉縣令王希晏墓誌》：「父相，潞州上黨府折衝。」

澤州

沁水（《唐志》。）

《唐都督楊公紀德頌》：「高平郡沁水府果毅。」又，《董虔運墓誌》：「解褐授澤州沁水府左果毅。」案：澤州，天寶元年改爲高平郡。

（右威衛）丹川（《唐志》。）

《唐邢政墓誌》：「以功授右威衛丹川府校尉。」

（右騎衛）高平（今補。）

《唐李經墓誌》：「祖諱仁，右騎衛澤州高平府折衝都尉。」

河北道

懷州

吴澤(《唐志》。)

《唐懷州修武縣十八家造象記》:「男,大陸、吴澤二府校尉仁悊。」

翊善(勞補。)

《唐李經墓誌》:「授懷州翊善府别將。」玉案: 勞氏據楊炯撰《梁待賓神道碑》補此府,不知何屬。據《誌》,知屬懷州。

易州

遂城(《唐志》。)

《唐劉談墓誌》:「祖諱敬宗,皇遂城府折衝。」

安義(《唐志》。)

宣霧山有《唐易州安義府右别將王世雄造象》。《唐右驍衛游擊將軍婁敬墓誌》題署:「安義府左果毅都尉。」

武遂(《唐志》。)

《唐光祿卿程公墓誌》：「累遷易州武遂府□□。」

幽州

（右武衛）潞城（《唐志》。）

《僞周劉君墓誌》署：「潞城府折衝都尉。」《唐魏君夫人雷氏墓誌》：「詔授游擊將軍、潞城府果毅都尉。」又，《唐游擊將軍魏德墓誌》署題作「右武衛幽州潞城府果毅都尉」。

良杜（《唐志》。）

勞氏引《舊書·張守珪傳》：「以功加游擊將軍，再轉幽州良社府果毅。」「良杜」作「良社」。玉案：邠州已有良社府，則似應從《志》作「良杜」，殆《舊書·守珪傳》誤也。

涿城（《唐志》。）

《唐滎陽郡長史崔湛墓誌》：「涿城府果毅祥業之子。」

（左金吾衛）停驂（《唐志》。）

《唐本願寺曾慶善等造幢題名》：「弟昭武，校尉、左金吾衛幽州都督府停驂府別將、上柱國義琮。」

（右戎衛）開福（《唐志》。）

《唐仵欽墓誌》署題：「右戎衛開福府旅帥。」

英樂（勞補。）

《唐李經墓誌》：「公季子希玉，幽州英樂府折衝。」玉案：勞氏據樊衡爲幽州長史薛楚玉作《破契丹露布》補此府，不知何屬，據《誌》知屬幽州。

檀州

（右屯衛）密雲（《唐志》。）

《唐本願寺曾慶善等造幢題名》：「幢主，昭義校尉、右屯衛前檀州密雲府左果毅都尉、上柱國孫義元。」案：此府《新志》誤列嬀州，勞氏據薛楚玉《破契丹露布》訂正。

山南道

夔州

東陽（《唐志》。）

《隋羊君墓誌》：「大業五年，除右禦衛東陽府鷹揚郎將。」是此府乃承隋之舊。又，《唐唐州別駕王元崇墓誌》：「左□夔州東陽府左果毅。」

房州

至成（《唐志》。今正。）

《唐呂君夫人張須摩墓誌》：「祖任房州至成府果毅。」案：房州與均州接壤，《唐志》均州有府，一曰至誠，殆即至成，疑此府在房州，《唐志》誤列均州也。

梁州

廉讓（今補。）

《僞周陳叔度墓誌》：「祖文瑞，唐任梁州廉讓府驃騎將軍。」

隴右道

秦州

三度（《唐志》。）

《唐苑玄亮墓誌》：「授秦州三渡府別將。」「三渡」殆即「三度」。

成紀（《唐志》。）

《陰氏世系》：「次子思言，秦州成紀府別將。」

清水（《唐志》。）

《僞周冠軍大將軍馬神威墓誌》：「尋授清水府、武亭府左右果毅。」

蘭州

金城(《唐志》。)

《僞周龜符》(吴縣吴氏藏)有「鷹楊衛金城府」。

廣武(《唐志》。)

《唐高承金墓誌》有「子懷彬，蘭州廣武府果毅」。

洮州

(左屯衛)安西(《唐志》。)

《隋秀容縣長侯雲墓誌》：「嗣子彦，貞觀九年，詔授左屯衛安西府左果毅都尉。」

岷州

(右屯衛)臨洮(《唐志》。)

《唐沙州圖經》「張芝墨池」條有「壯武將軍，行右屯衛岷州臨洮府折衝都尉、上柱國張燕客」。

涼州

姑臧(《唐志》。)

《唐金滿縣殘碑》：「姑臧府果毅都尉。」

洪池(《唐志》。)

《唐王承裕墓誌》：「皇明威將軍、武威郡洪池府果毅暠之孫。」案：涼州，天寶元年改武威郡。

（左領軍衛）麗水（《唐志》。）

《陰氏世系》：「祖子守忠，行左領軍衛涼州麗水府折衝都尉。」

（右武衛）顯美（今補。）

《唐彌勒菩薩兜率天下生成佛經碑陰石經頌》經主題名，有「任邱右武衛涼州顯美府右果毅都尉、上柱國王仁恭妻田」。

沙州

龍勒（《唐志》。）

《唐苑玄亮墓誌》：「遷龍勒府折衝清泉軍大使。」

（左玉鈐衛）效穀（《唐志》。）

《僞周李君修龕象碑》：「考達，左玉鈐衛效穀府旅帥。」

瓜州

大黃（《唐志》。）

《唐隴西李府君修功德碑記》：「祖操，皇大黃府鎮將。」又，《僞周李君修龕象碑》：「□□，隋大黄府上大都督、車騎將軍。」此府亦承隋之舊。

甘州

甘峻(今補。)

《陰氏世系》：「次子仁梁，甘州甘峻府左果毅都尉。」

西州

(玉鈐衛)蒲昌(今補。)

《唐沙州圖經》有「游擊將軍，守玉鈐衛西州蒲昌府折衝都尉，攝本衛中郎將，充于闐鎮守使、敦煌郡開國公張懷福」。

岸頭(今補。)

《唐唐神護塼誌》：「西州交河縣民岸頭府旅帥唐神護。」又，《唐沙州圖經》有「昭武校尉、前行西州岸頭府果毅都尉、上柱國張懷立，昭武校尉、前西州岸頭府左果毅都尉、攝本府折衝、充墨離軍子將張履古」。又，《陰氏世系》：「祖子守忠，行西州岸頭府折衝。」

前庭(今補。)

《唐汜建□專誌》署題：「西州高昌縣前庭府隊正。」

淮南道

揚州

（左武衛）新林（《唐志》。）

《唐張德墓誌》：「次子榮芝，任左武衛廣陵郡新林府别將。」又，《本願寺曾慶善等造幢》題名：「父策，左金吾衛前揚州新林府果毅都尉。」案：揚州，天寶元年改爲廣陵郡。

和州

（右武衛）和川（今補。）

《唐魚符》（《筠清館石文字》）有「右武衛和川府」。案：此府不知何屬。《唐志》載和州府一曰新川，考唐羈縻隴右道直州有新川縣，和州似不應遠取爲府名，「新川」或「和川」之譌，存疑俟考。

嶺南道

廣州

綏南（《唐志》。）

《唐王夫人費氏墓誌》署：「前廣州綏南府别將。」

桂州

洭南(今補。)

《唐程知節碑》:「子明威將軍、桂州洭南府折衝處嗣等。」

附未知隸何道諸府

圉谷(勞補。)

法京巴黎圖書館藏唐拓《温泉銘》後有唐人墨書:「永徽四年八月,圉谷府折衝□□。」

(左衛)武亭(勞補。)

《僞周冠軍大將軍馬神威墓誌》:「尋授清水府、武亭府左右果毅。」

(左驍衛)大順(勞補。)

《隋秀容縣長侯雲墓誌》:「嗣子彦,貞觀二十二年,詔授左驍衛大順府左果毅都尉。」

(左衛)白渠(勞補。)

《僞周壯武將軍王敏墓誌》:「授左衛白渠府長上折衝。」

(右驍衛)高平(今補。)

《唐陰處士公修功德記》:「皇祖諱庭,唐朝右驍衛守高平府左果毅都尉。」

(右衛)嘉山(今補。)

《僞燕宋文博墓誌》:「府君唐授游擊將軍、右衛嘉山府果毅。」

(右衛)德閏(今補。)

《唐高知行墓誌》:「父文穎，唐任游擊將軍、右衛德閏府左果毅都尉。」

(右衛)勳一(今補。)

《僞周劉君夫人清源縣太君郭氏記銘》:「次子明威將軍，行右衛安戎府長上、果毅都尉，攝右衛勳一府中郎將元節制文。」

(左玉鈐衛)麗山(今補。)

《僞周昝斌墓誌》:「俄遷左玉鈐衛麗山府左果毅。」又，涇陽端忠敏公(方)藏《唐梁君妻李氏墓誌》，梁君結銜爲「唐故麗山府果毅都尉」。案:《唐志》不載此府，惟《勞考》據《楊盈川集·梁待賓神道碑》:「父贊，隋左千牛備身、驪山府上騎柱國，補驪山。」「麗山」疑即「驪山」。

潞川(勞補。)

(右衛)從善(今補。)

《唐安令節墓誌》:「祖瞻，皇朝左衛潞川府左果毅。」

《唐劉公綽墓誌》:「轉右衛從善府校尉。」(編輯按，從善府隸潞州。參本書頁六九三「潞州」條。）

（右領軍衛）八諫（今補。）

《唐郭馮德墓誌》：「以天授二年六月授右領軍衛八諫府隊副。」

居義（今補。）

《唐揚智積墓誌》：「父神通，居義府果毅。」

（左金吾衛）邑陽（今補。）

《僞周昝斌墓誌》：「又除游擊將軍、左金吾衛邑陽府左果毅，依舊長上。」

（左金吾衛）積善（今補。）

《唐董虔運墓誌石文》：「祖謙，游擊將軍、左金吾衛積善府折衝。」

（左武候）疑山（今補。）

《僞周王玄裕墓誌》：「父才，唐任左武候疑山府統軍。」

隆化（今補。）

《唐北平縣令董明墓誌》：「解褐任隆化府帥都督，遷左屯衛府長史。」

歸政（今補。）

《唐邢思賢墓誌》：「初任趙王府執仗，遷左衛長上，除歸政府左果毅長上。」

金花（今補。）

《僞周張遼墓誌》署題：「故金花府司馬。」

崇信（今補。）

《唐劉庭訓墓誌》：「遷崇信、懷音二府長上折衝都尉。」

大陸（今補。）

《唐懷州修武縣周村十八家造象記》：「男，大陸、吴澤二府校尉仁悊。」又：「男，大陸府隊正上騎都尉行密。」

（左武衛）温陽（今補。）

《唐定遠將軍李璿墓誌》：「詔授定遠將軍、左武衛温陽府長上折衝。」又，元和韓氏藏「右鷹揚衛温陽府印」。案：《舊唐・職官志》：「光宅元年，改左右武衛爲左右鷹揚衛。」知此府本隸左衛，後改右衛也。又，隋虎符有「右屯衛温陽府」，是此府乃承隋舊名。

（右威衛）弘濟（今補。）

洛陽賓陽洞有垂拱二年前右威衛弘濟府長上折衝蘇文達造象。

（左驍衛）朔陂（今補。）

《唐段會墓誌》：「久之，拜左驍衛朔陂府折衝都尉。」《段會妻吕氏墓誌》作「朔坡」。

(右豹韜衛)臨高(今補。)

《僞周王敏墓誌》:「授右豹韜衛臨高府長上果毅。」

(右領軍衛)道渠(今補。)

《唐魚符》(吴縣蔣氏藏)有「右領軍衛道渠府」。

崇先(今補。)

《僞周楊順墓誌》:「以公爲崇先府典軍。」

附隋兵府

玄真

尚義

《隋鄧昞墓誌》:「除玄真府副鷹揚郎將。九年,轉尚義府鷹揚郎將。」

谷城

《僞周成州長史張安墓誌》:「祖夔,隋谷城府鷹揚。」

(左衛)三川

《唐陪戎副尉康武通墓誌》:「父仁,隋任左衛三川府鷹揚郎將。」又,《唐安師墓誌》:「夫人康氏，隋三川府鷹揚邢州都督康府君之女。」

濟口

《唐劉君妻斫斯氏墓誌》：「父誕，濟口府鷹揚郎將。」

(右翊衛)務德

《隋張曉墓誌》：「尋遷務德府鷹揚郎將。」《唐張軌墓誌》：「顯考諱曉，隋右翊務德府鷹揚武賁郎將。」

涇陽

《隋孟常墓誌》標題：「故涇陽府旅帥。」

恒安

《唐王敏墓誌》：「父穆，隋恒安府鷹揚郎將。」玉案：勞氏據《唐書·宰相世系表》「趙郡李氏東祖房，李師太恒府旅帥」，認爲唐兵府。然究不知爲隋爲唐，附此俟考。

龍水

《隋殷州刺史段師墓誌》：「頃之授龍水府副郎將。」

慈潤

《唐蘇州吴縣丞杜榮墓誌》：「釋褐補慈潤府司馬。」

龍泉

《唐萬年縣尉孔長寧墓誌》：「隋荓州樂平縣法曹，後轉弘化郡龍泉府司馬。」

安德

《隋孫隆墓誌》署：「江都安德府司馬。」

大黄

《僞周李君修龕象碑》：「□□隋大黄府上大都督。」

永建

《唐楊藝墓誌》：「隋岐州永建府長史。」

鄴城

《唐韓通墓誌》：「泊乎壯年，出爲鄴城府校尉。」

善政

《唐趙安墓誌》：「大業七年，辟蔡王府參軍，俄除善政府校尉。」又，《元仁師墓誌》：「父善積，隋同州善政府鷹揚郎將。」

勵威

《僞周陳叔度墓誌》：「父敦，隋勳侍，勵威府司兵。」

通遠

《唐上騎都尉康達墓誌》："父洛，隋任許州通遠府鷹擊郎將。"

大寧

《唐大寧縣令王纂墓誌》："父□□大寧府鷹擊郎將。"又，《榆社縣令王和墓誌》："父護，隋大寧府鷹擊郎將。"

廉臺

《唐韓慈墓誌》："父名尚，隋任廉臺府校尉。"

（左衛）布政

《唐渠州司倉楊基墓誌》："祖貴，隋任左衛布政府鷹揚郎將。"

先賢

《唐王君字昭仁墓誌》："隋仁壽元年，授公幽州先賢府車騎將軍。"

崇訓

《唐趙才墓誌》："父弘略，隋崇訓府司兵。"

鄧城

《隋殷州刺史段師墓誌》："授鄧城府鷹揚。"

三鄉

《唐趙嘉夫人郭氏墓誌》：「祖滿，隋任三鄉府校尉。」又，《唐夫人惠氏墓誌》：「父達，隋任三鄉府鷹揚。」

（左屯衛）昌平

隋虎符有「右屯衛昌平府」（見《台州金石録》）。

（右禦衛）永昌

隋虎符有「右禦衛永昌府」。

（右禦衛）安昌

隋虎符有「右禦衛安昌府」。

（右禦衛）美政

隋虎符有「右禦衛美政府」。

（右屯衛）温陽

隋虎符有「右屯禦温陽府」。

（右禦衛）相原

隋虎符有「右禦衛相原府」。

（右翊衛）天井
隋虎符有「右翊衛天井府」。
（右翊衛）石橋
隋虎符有「右翊衛石橋府」。
（左禦衛）淳義
隋虎符有「左禦衛淳義府」。
（右武衛）白松
隋虎符有「右武衛白松府」。
（右屯衛）清湖
隋虎符有「右屯衛清湖府」。《唐鄧恢墓誌》：「父霞，隋朝請，俄遷清胡府校尉。」不知「清胡」即「清湖」否？
（右驍衛）濟陰
隋虎符有「右驍衛濟陰府」。
（左屯衛）赤城

隋虎符有「左屯衛赤城府」。

（右武衛）通觀

隋虎符有「右武禦通觀府」。

唐折衝府考拾遺

往在錢塘汪氏振綺堂，得勞氏《唐折衝府考》，間爲之補遺，成書一卷付諸梓，嗣屢有增益，易稿者四五。至歲丙子，復有增訂，計補注《唐志》百五十九，勞氏所補加證者十有八，《志》及《勞補》所無，又補府八十有六，乃不復別行，遂併入勞書，而附以隋兵府之可考者四十有八。既付繕印矣，乃於一歲中，又於石刻得補注二十四、補府四、補隋兵府五，不及增入，因别爲《拾遺》附焉。丁丑季冬，松翁羅振玉記。

關内道

京兆府

太清

《唐桐柏縣令元振墓誌》：「祖父□太清府統軍。」

武亭

《唐游騎將軍崔智墓誌》：「京兆武亭府折衝。」案：《勞考》據員半千《蜀州青城縣令達奚君神道碑》補此府，因《長安志》「武功縣有亭川」，謂此府疑在京兆，得此《誌》可證勞說。

龍栖（今補。）

《唐桐柏縣令元振墓誌》：「調京兆府龍栖府别將。」（勞氏《補遺》有：「龍西不知即龍栖府否？」)

壽城(今補。)

《唐元振墓誌》：「遷西畿壽城府別將。」案：唐京兆府，天寶元年稱京師，曰西京。此誌在天寶三載，故稱西畿。

同州

(右驍衛)興德

《唐左武軍宿衛李獻墓誌》：「解褐□右驍衛馮翊郡興德府別將。」

襄城

《唐寧遠將軍關楚徵墓誌》：「特拜寧遠將軍、同州襄城府折衝。」

鳳翔府

岐陽

《唐翊府左郎將□知感夫人張氏墓誌》：「遷岐州岐陽府折衝都尉。」

邠州

公劉

《唐□知感夫人張氏墓誌》：「累遷游擊將軍、邠州公劉府左果毅。」

寧州

驎寶

《唐闞楚徵墓誌》：「又拜游擊將軍、寧州驎寶府折衝。」

慶州

永清

《唐闞楚徵墓誌》：「俯就慶州永清府果毅。」

鄜州

龍交

杏林

《唐李冲墓誌》：「歷洛交郡杏林、龍交、弘農郡開方三府果毅。」

河南道

河南府

永嘉

《唐郭倫妻楊氏墓誌》署題：「永嘉府隊正。」

鞏洛

《唐游騎將軍崔智墓誌》：「河南府鞏洛府折衝。」

同軌

《唐左衛司戈劉景嗣墓誌》：「曾祖朴，同軌府折衝。」

寶圖

《唐崔智墓誌》：「尋拜河南府寶圖府果毅。」

汝州

龍興

《唐闞楚徵墓誌》：「始以開元四年拜汝州龍興府别將。」

魯陽

《僞周葛路墓誌》：「行左武威衛魯陽府長上折衝都尉。」

陝州

上陽

《唐中州長史劉如璋墓誌》：「曾祖術，隋陝州上陽府折衝。」是此府承隋之舊。

虢州

金門

《唐闞楚徵墓誌》：「稍遷虢州金門府果毅。」

開方

《唐李冲墓誌》：「歷洛交郡杏林、龍交、弘農郡開方三府果毅。」

河東道

河中府

青源（《唐志》作「清源」。）

《唐右金吾衛中郎將裴昭墓誌》：「蒲州青原府折衝。」

永康（今補。）

《唐闞楚徵墓誌》：「俄改蒲州永康府别將。」

晉州

羊邑

《唐李獻墓誌》：「伯兄亘，平陽郡羊邑府别將。」

絳州

長平

《唐裴昭墓誌》：「遷絳州長平府果毅。」

代州

雁門

《唐崔智墓誌》：「父武，皇雁門府折衝。」

河北道

昌州（貞觀二年置。領契丹松漠部落，隸營州都督。萬歲通天二年，遷於青州安置。神龍初，還隸幽州。）

帶方（今補。）

《唐薊縣令張積善墓誌》：「父昌州帶方府果毅。」

隴右道

芳州

甘松

《唐高捧墓誌》：「詔授甘松府果毅。」

未知何隸諸府

德潤(今補。)

《唐高捧墓誌》：「改授德潤府果毅都尉。」(《高知行墓誌》有德潤府，不知與德潤是一是二。)

附隋兵府

漳水

《隋奉誠尉□君墓誌》：「□□□任漳水府校尉。」

寶城

《唐處士郭君夫人楊氏墓誌》：「安陸郡寶城府鷹揚郎將□之女也。」

慈閏

《唐永和縣令韓才墓誌》：「父恭，隋任慈閏府鷹擊郎將。」(《杜榮墓誌》有慈潤，不知即慈閏否？）

温池

《唐李智墓誌》：「祖素，隋温池府鷹擊郎將。」

真化

《唐張夫人墓誌》：「父宜生，隋雍州真化府鷹揚。」〔一〕

〔校記〕

〔一〕先祖雪堂公補勞氏《唐折衝府考》，丙子歲（一九三六年）輯《百爵齋叢刊》時重印《勞考》，即將所補補入，不別自成書。《勞考》印成，續有所得，又成《拾遺》一卷，即印附於後。茲輯印本書，仍單印《補考》及《拾遺》，由黄中業同志繕録並加標點，予復審一過。一九八六年一月二十三日，繼祖謹識。

萬年少先生年譜

予生長淮安，乃彭城萬年少先生寄迹之地也。少讀顧亭林處士贈先生詩什，每慨慕其爲人，嘗訪先生遯居之處，曰隰西、曰南村者，杳不可得，第於荒蕪野潦間想象遺址而已。

光緒乙未，先府君佐郡彭城，郵寄臨川桂氏新刊《徐州二遺民集》，因得讀先生遺文，而苦多删節。後數年，始得秦郵所刊足本，稍稍悉先生之平生，欲編輯先生年譜，而《江南通志》及淮安、清河兩《志》所載先生傳頗苟略，考先生卒年不可得，以是中輟。去年冬，既撰《徐俟齋先生年譜》，偶翻閱白耷山人及周櫟園《集》，始考知先生卒年在順治九年壬辰。廿載懷疑得之一旦，爲之狂喜，乃重加輯録，以償夙志。事實多根據本集，而益以當時諸家記述，復於吴中章式之、比部許見先生手寫詩卷，太半不見集中，又予舊藏先生手迹《沈孝子寫經葬親啓》，魯通甫孝廉一同所撰《白耷山人年譜》載先生《爲閻古古寫孝經跋》，亦集中所無，知《全集》所遺，尚復不少。又搜葺諸家集中與先生投贈及追弔之作，爲《年譜》一卷，《附録》一卷，《全集補遺》一卷，於是先生事實略備矣，而不可知者則闕之。行篋無《徐州府志》，假之友人，久不得答書，不知能據《志》以補予之所遺否？爰先付手民，待之異日再爲增訂。

嗚呼，先生一明季孝廉耳，非有一民尺土之寄，而懷抱忠憤，起兵草澤，天命已移，身遭囚繫，顛沛隱遯，垂死而志不衰。千載以後，尚論之士有餘慕焉。即其餘藝，流傳亦足千古。每披覽手蹟，芳懿孤迥，如見其人，輒自恨生晚，不及執鞭。予與先生遭遇先後同揆，而才謝古人，勢殊往昔。八年浮海，寸束莫白，文章餘事亦復無成，以視先生，撫躬增赧。此譜之作，非敢云尚友古人，亦聊寄其景行之私云爾。歲在己未，二月二十七日，後學上虞羅振玉書於海東之西代寓居。

此譜之成在戊午歲末，今年春寄滬江印之，海外少藏書，據《白耷山人集》及《賴古堂集》、《印人傳》，考知先生卒於順治九年壬辰，年五十，而卒之月日不可知也。魯孝廉所撰傳以爲卒葬隰西，又言或云歸葬徐州，孰是孰否，不可知也。順治己丑，先生返里，過沛主劉下邳家，下邳之姓名與事實不可知也。蓄疑待決，意以爲且俟之他年矣。乃孟夏返國，得銅山孫廣文運錦所撰傳，又得西江胡氏新刊王于一先生《四照堂集》中有祭先生文，知先生果卒於順治壬辰，而其月日則五月三日也。卒之次年，歸葬徐之鳳皇山。又於徐州竇氏所藏舊寫先生詩集殘本中，見《悲哉行》、《飛雲橋行》二篇，爲秦郵刊本所佚，二詩記下邳事實甚詳。又於《徐志》及他書得補瑣聞數事，於是期之他年者，不匝歲而得之，殆先生九京之靈有以默相之歟。

萬年少先生年譜

明萬曆三十一年癸卯　先生生。

先生名壽祺，字介若，一字若，見先生《文昀》與顧云美自作《塔影圖記》、周亮工《印人傳後》，年少以一字字，字若。一字内景，一字年少，原籍江西南昌，曾祖以醫自湖廣游徐州，遂家焉。祖某，字懷谿，贈文林郎、福建道監察御史。祖母夏孺人。父崇德，字惺新，萬曆三十二年甲辰楊守勤榜進士，授浙江臨海縣知縣，入試雲南道監察御史，巡視北城，出按河東鹽法，以母老乞養，拜疏不待報即行。四十八年庚申，光宗、熹宗相次即位，入直禁中，備非常。遼東告急，欽差提督遼餉，轉福建道監察御史。魏忠賢用事，託疾去，出爲山東按察副使。母項孺人。歿，葬徐州城南十里太山之陽。《徐州府志·古迹考》：萬崇德墓在太山東、奎山西。又《山川考》：雲龍山尾東數十武爲太山，在城南四里。此據先生自志，作「城南十里」，與方志小異。

三十二年甲辰　二歲。

三十三年乙巳　三歲。

三十四年丙午　四歲。

三十五年丁未　五歲。

三十六年戊申　六歲。

三十七年己酉　七歲。

三十八年庚戌　八歲。

三十九年辛亥　九歲。

四十年壬子　十歲。

四十一年癸丑　十一歲。

四十二年甲寅　十二歲。

四十三年乙卯　十三歲。

四十四年丙辰　十四歲。

四十五年丁巳　十五歲。

先生入學後歷更諸師：曰曹，曰朱，曰劉，曰陳，曰胡，曰許，至是年誦二十餘萬言。

四十六年戊午　十六歲。

四十七年己未　十七歲。

泰昌元年庚申　十八歲。

天啓元年辛酉　十九歲。

入學爲諸生。按察命先生從王紫芝先生受學。紫芝名立轂，字伯無，按察門人也，萬曆丙午浙江舉人，授江西新淦縣知縣，善内外止觀之學，以目失明遂棄官學道。三年，目復明。後爲沙門以終。先生從之游，於六經旨要外，兼受天人之學，澹泊明志，不慕榮利，以求至道。

二年壬戌　二十歲。

三年癸亥　二十一歲。

山東盜起，避難淮安。先生同學黃公家瑞亦攜家避地，與先生同舍止宿。黃公字禎卿，亦字禎臻，號如千，滕縣人，仕至淮揚巡撫。乙酉罷官，寄居雲間。與沈公猶龍、陳公子龍等起義師於泖湖，兵敗死之。見《滕縣志》及《自靖録》。

四年甲子　二十二歲。

五年乙丑　二十三歲。

長女生。先生不知幾女，長女適李氏，壻早卒，其名字不傳。又有女名淑修，字宜洲，適章醇鄉，能詩，著《詠林閣草》，見《徐州詩徵》。

六年丙寅　二十四歲。

七年丁卯　二十五歲。

崇禎元年戊辰　二十六歲。

以即位恩貢郡國士，先生與焉。入試於廷，以「百姓足君孰與不足」爲問，此爲先生受知遇之始。夏，徐勿齋汧、張受先采、置酒天壇，先生與楊維斗廷樞、沈伯叙明掄、袁公白徵、李存我待問、秦宏甫鏞、張天如溥、閻古古爾梅皆集。主客皆南方之彦，極一時文章交游之盛。見閻爾梅《天壇集飲詩序》。

二年己巳　二十七歲。

三年庚午　二十八歲。

南京鄉試，中楊廷樞榜第五十九名舉人。考官爲江右姜公曰廣，得人最盛。若楊維斗廷樞、張天如溥、錢與立位坤、鄭士敬敷教、陳臥子子龍、盛子裁王贊、沈巨山壽嶽、吴梅村偉業等，並以文采風誼名當世，僉以爲極人物之選，有明二百餘年所未有也。

與同年楊維斗、陳臥子、吴梅村等會宴於秦淮舟中。沈眉生壽民、治先壽國兄弟及黄太冲宗羲三人則以下第人亦與會。先生賦《秣陵舟讌詩》以記其事。見黄梨洲《思舊録》。

是年與王于一猷定定交於淮安。

四年辛未　二十九歲。

五年壬申　三十歲。

先生至吴門。張天如溥合七郡文會爲復社，開大會於虎邱，七郡之士來會者七百餘人，先生與焉。是會得文二千五百餘首，從來社藝無如是之盛者。是年訪朱雲子隗於虎邱之西巖。見朱望子《題先生贈徐君平書册》，叙此事在辛未、壬申間，姑繫於此。

六年癸酉　三十一歲。

先生在京師，日與陳臥子、黃如千相往還。見《陳忠裕公自訂年譜》。始刻詩集於京師。是年五月至吴門，徐勿齋宫詹邀先生與陳臥子給諫、楊維斗解元觀競渡。見徐侯齋《跋先生贈徐君平書册》。

七年甲戌　三十二歲。

先生自吴中返里門。秋，就宅東舊屋葺治爲五室，壘石於庭，名之曰「青泥院」，爲文記之，以讀書養志於其中。

是年春，黃如千射策稱旨，以進士就官縣令。先生爲作《文稿序》。

八年乙亥　三十三歲。

項太孺人卒，先生廬居。壻李生樸人卒，作祭文以哀之。是年集十年所積之文，爲《二雨齋文選》，並爲之序。

九年丙子　三十四歲。

先生與同志開文社於南京，數爲大會。與會者沈眉生壽民、冒辟彊襄、劉伯宗城、陳則梁梁、張公亮明弼、吕霖生兆龍、劉魚仲履丁、張芑山自烈、顧子方杲、侯雍瞻岐會、方密之以智、孫克咸臨、沈崑銅士柱、麻孟璇三衡、梅惠連之熉、劉湘客湘、周勒卣立勳、李舒章雯、顧偉南開雍、徐闇公孚遠、宋子建存標、陳百史名夏、陸子元慶會等。見冒巢民《吴樓山先生集序》。復與同郡李孝乾向陽、王先仲尚文、雷汝遜□□、曹澹如志明、馬空同伯奇、畢一士廷諤及門人王子克允升爲文社，月三聚，以九爲的，四時仲九日文七篇，餘日文三篇。又令門人杜仁夫先榮、杜子愚先發、王子穆允懷、畢山令庚、黄子道如春、萬子臣孝張爲小聚，隨文多少。先生作文昀以立德、立言相敦勉。里中文社不知開於何年，文昀中有「僕甲戌蘇門歸」語，知在甲戌。後乙亥歲，先生丁艱，丁丑則往吴中，疑當在此年。又，里社諸人多不可考。李、曹最知名。李字晴寰，明天啓甲子舉人，崇禎末官金山衛教授，國變閉户著書，不應徵辟，與先生以氣節文章相砥礪。當乙丑計偕，魏閹慕其名，以大魁啖之。公峻拒，不入闈而返。閹怒，遣緹騎追之，亡匿金山寺。閹敗，始復出。國變杜門不仕，撰《五經疏》、《莊子注》、《道德經注》、《陰符經注》、《離騷注》。曹澹如事迹見下庚辰年。馬空同諸生好讀書，交游長者，尚孝弟，見先生所撰《劉氏墓表》。又王子克，年二十五而卒，先生有祭文，又爲《閔隕篇》以悼之，殆在及門中尤才秀而早卒者。

十年丁丑　三十五歲。

卜居吴門。同年友鄭士敬之子仙弢《蘇志》無傳，其名無考。以解試冠諸博士弟子，先生爲作《試藝序》。秋八月十六日，流賊十萬自宿州入徐，二十六日自睢寧至者又不下十萬，幕府徐公邀斬甚衆，獲俘僞王子等。賊由山外奔西南，不敢入境。先生作《東徐治賊頌》，復作《請申詳徐公治績啓》。兩文均不載徐公名。案《徐州府志・職官表》：淮揚兵備道徐標，崇禎年任。繼任者姜兆張，十三年任。則先生所頌之徐公，即標也。又，《徐志・宦績傳》：徐標，山東濟寧人。崇禎六年爲徐州兵備參政，整飭屬僚，訓課諸生。河決常山數十里，力塞之。流賊至，率將吏晝夜城守。賊西走，遣將追至馬家林，俘馘而還。以憂去職。後擢保定巡撫，殉國難。南都時，予祭葬，蔭子，祀徐州名宦祠。

閻古古孝廉遭父喪，卜葬微山，廬於墓。先生謂孝廉先人墓舍與齊劉瓛孝廬近，所謂鸛鴒三年，去之者今再見矣，因書「瓛廬」二字以遺之。見《白耷山人年譜》。陳臥子先生是歲亦遭母喪，先生命傔以書唁之。見《陳忠裕公集》中《謝先生手簡》。

十一年戊寅　三十六歲。

崇禎初，阮大鋮名在逆案，失職避居南京，與馬士英比。是年流賊逼皖，大鋮招納游俠，談兵説劍，冀以邊才召。八月，無錫顧杲、餘姚黄宗義等百三十七人作《留都防亂公揭》逐之，先生與焉。大鋮懼，爲閉門謝客。是年，卜築淮陰之西湖。見先生門人劉湘撰《隰西草堂集序》。案：阮葵生《茶餘客話》載先生溪東書屋在河下，李元賡《山陽河下園亭記》載先生初卜居菜市橋西山子湖濱，名「隰西草堂」。此所謂西湖，殆即菜市橋西山子湖，亦即所謂「溪東書屋」，惟《園亭記》誤以溪東書屋爲隰西草堂耳。隰西之築在戊子，後此且十年，其地在浦西，非河下也。附正於此。

十二年己卯　三十七歲。

正月，與歙徐君平秉衡定交於淮安。秋，至南京。八月九日與姜如須垓、錢開少邦芑、程穆倩邃夜讌聯句。先生作《建業聯句詩序》。案：先生與穆倩先生往還至密，穆倩從蕺山講學，非僅以藝事顯者。曹秋岳作長歌贈之，頗言其海桑之痛，而事實不可知。予意亦必與於義師之役者，先生諸友中若鄔處士繼思、胡處士介均必與義師事，惜其事實不可知矣。程、胡名頗顯，若鄔處士，則僅見名姓于先生集及亭林先生贈詩而已。嗚呼，當有明末季，士之抱介節而行義不傳於當時者多矣，安得一一鉤稽而表章之乎！

十三年庚辰　三十八歲。

流寇陷徐州，先生友曹澹如志明罵賊死之。澹如選貢生，事見《自靖録》，又《徐志·人物傳》：姚賊之變，志明卧病於山房，賊至不屈，憤詈被害。是年先生至吴中，訪徐君平於闔閭門之臯橋。

十四年辛巳　三十九歲。

寓吴中，有《九日平江詩》。

十五年壬午　四十歲。

冬，返里門，書籍散佚，新舊本皆亡失。

十六年癸未　四十一歲。

寓居京口。集庚辛以來避亂奔走四方與同志唱和之作，得樂府、五七言古詩、五七言律詩、七言絶句凡六十九首，爲《内景堂詩》，序而刊之。未幾，復移寓雲間。先生有《將自京口移寓雲間留别鄔大詩》，不自注何年，考其行蹤，當在是歲，尚俟再考。

十七年甲申　四十二歲。

移家吴郡。三月，京師陷，賦《甲申詩》二章以志哀。五月，南都建，賦《五月詩》以志喜。秋，有《渡清河詩》，又有《大雪前二日與汪大嘉光包輔挑燈永夜詩》。是歲，兵部職方主事楊文驄監京口軍，有《楊貴陽監軍南徐詩》。

是歲爲我朝順治元年。

順治二年乙酉　四十三歲。

是歲爲南都弘光元年。先生在吴郡赴鄭京山師召至留都，訪徐君平於三山街。君平占石城星氣甚異，謂亂兆已見，乃與先生聯袂去金陵。五月，南都破，江以南郡縣皆不守。先生友沈公自炳、錢公邦芑、戴公之儁起兵陳湖，沈公猶龍、陳公子龍、黄公家瑞起兵於泖，吴公易起兵笠澤，皆與先生會師。八月兵潰，沈、黄諸公死之。《自靖録》：沈自炳，字君晦，貢生、中書。乙酉起陳湖，率舟師圍城，不克，結營水鄉。八月，營破，赴水死。《小腆紀傳》：錢邦芑，字開少，丹徒諸生。隆武中上書言事，官御史。永曆間，以原官巡按四川。永曆入緬後爲僧，號大錯。《陳忠裕公年譜》注：戴之儁，字務公，長洲諸生。乙酉同起兵，兵敗降松江提督吴勝兆。順治四年陰勸勝兆歸明，約島帥黄斌卿助師。事泄，勝兆與之儁等十餘人同被殺。又錢飲光《廣哀詩注》戴初起義於陳墓，降虜，入松江吴勝兆將軍幕府，密説反正而事敗，與《忠裕年譜》合。《自靖録》：沈猶龍，字雲升，萬曆丙辰進士，官至兵部侍郎。乙酉募兵守松江，城破中箭，陣亡於東門濠上。陳臥子起兵事詳《陳忠裕公年譜》。黄如千事實見前。《自靖録》：吴易，字日生，號惕齋，崇禎癸未進士。甲申三月京師陷，五月南都立，憤不爲先帝討賊，乃起鄉兵，得水師千餘人，兵敗，父承緒、妻沈、女吴全家赴水死。易僅以身免，收集散亡，與浙東爲聲援。丙戌六月，浙東潰，易亡匿嘉興錢氏園，仇家執送浙江，不屈，死於武林之草橋門，年三十五。案，錢開少先生與義師事諸野史並不載，據先生《自志六圖》知之。錢飲光《生還集》有《讀開少御史諫草漫書》云：「吾家有仲文，風流擅文賦。横被黨人名，鉤校同我錮。吴江舉義師，竟被樓船誤。」自注：「鎮南黄蜚初爲吴聲援，已遁海而敗。」又《藏山閣文存》載《上熊魚山先生書》亦有

「錢邦芑留都陷後同吴日生舉事太湖，事敗奔泖湖，哭於黄蜚軍前，求濟師，不應而去」。均與《自志圖》合，足補野史之缺。又如千先生之殉，《乙酉滕縣志》及《自靖録》並云投水死，先生答門師書言黄如千病故於雲間，己丑詩序言黄殉國難，卒於泖湖，又似病卒者。殆兵解至慘，先生不忍斥言之歟？又先生與義師事亦僅見於先生自述，一見於《自志六圖》，再見於《隰西草堂詩》末首，云「往事悲潯泖，餘生寄楚州」。三見於《偶成詩》，云「此日口吟淮里曲，去年面縛潯湖渦」。是其明證。顧亭林先生贈詩僅記被執得釋，事實隱約不明。山陽魯通甫先生撰《清河志》載先生於寓賢乃不及起兵事。近刊《徐州二遺民集》又刪去「隰西草堂詩」末章，無識殊甚，故附論之。先生遯迹斜江五里之遯村，與同志作《遯渚唱和詞》。被執，囚繫兩月餘得脱，遂還江北，寓居淮安。《鬼鴟詩序》言「丙戌二月，江南長老以書至」云云，是此詩作於二月間。詩中有「我歸楚州已三月」句，是先生至淮安在十一月或十月末，與《自志》所言「囚繫兩月餘」語正合。是年有《元日雨雪詩》、《二月十一日夜集錢氏廬詩》。集中有《冬日返里省墓詩》，當亦在是年。又案，先生甲乙二年雖寓吴中，然恒往來於京口與南都，集中有《春過京口錢大邦芑詩》，首句云「三年不見思徘徊」。先生以癸未寓京口，故云三年，是此詩亦作於乙酉，乃往來京口之證。又有《由京口旅寓再入南都久之思還詩》，殆亦作於乙酉五月以前。云「再入」，則甲申五月以後曾一至南都，乙酉再至也。此往來南都之證。蓋先生初欲於留都有所樹立，及見羣邪當國，知不可與謀，遂褰裳去之，以就陳泖矣。

三年丙戌　四十四歲。

先生自甲乙兩年居吴郡，數爲兵寇所掠，數世之蓄，一旦都盡，瀕死者不下十餘次。故里屋宇皆已焚燬，餘者官據爲公廨田園，可售者皆鬻賣，所存磽确，牛力兩窮，追呼之聲不絶於耳。伶仃北還，八口待食，乃賣書畫以療饑。是年春，祝髪於普應寺爲浮屠，幅巾衲衣，名曰慧壽，自號明志道人。

市人謗爲異服，淮安推官馬公杞獨敬先生，圖保衛，乃私夜謁先生，於是謗議乃息。見閻古古《馬進士墓誌》。

是歲有《正月一日詩》、《寒食詩》、《重午和吴大詩》、《中秋詩》、《鬼鴟詩》。

四年丁亥　四十五歲。

是年秋，積潦爲害，郭外皆没。作《家藏楷法跋》、《宋儋帖跋》，有《中秋詩》。

五年戊子　四十六歲。

游廣陵，以五千錢得《五字損本蘭亭序》，乃甲申國變後自宫臧手流出者。先生重其爲内府法物，屬雲間包生重裝，自爲之跋。仲冬徙宅於浦西，去城三十五里，西近洪澤，南曰徐湖，北則河淮合流，東入於海，四區皆隰，築其原爲「隰西草堂」，賦詩以志之。是年，胡彦遠處士訪先生於草堂。見胡彦遠《張胎簪六十壽序》。先生集淮楚名士十餘人觴之，流連嘯詠者越旬月。

六年己丑　四十七歲。

孟春，暫返里門。二十七日由隰西啓行，二十九日過下邳，拜明義士王贊明之墓於相山，以詩吊之。《徐州府志·人物傳》：王台輔，太學生，邳州衛人也。少孤介，崇禎末聞宦官復出鎮將，草疏極諫，未上而京都陷，痛哭南還。福王立，劉澤清等張會於睢陵。台輔衰絰直入讓之曰，國破君亡，此公等臥薪嘗膽時也，顧飲酒高會耶！及南京傾覆，台輔泫然流涕，視其廡日，此吾所樹，盡此死耳。明年粟盡，集其里黨，深衣幅巾出見之，大呼烈皇帝，北面再拜，自縊死。又《古迹考》：義士王台輔墓在縣北四十五里象山顛。仲春十有二日辛丑，過沛主劉下邳家，作《郭烈女碑》，爲閻古古書《孝經》。入沛宫，登歌風臺，有《再入沛宫詩》、《登歌風臺詩》。孟夏五日，至夏鎮。二十有六日，至滕縣西鄉之曒溝泉。故淮撫黄公家瑞家在焉，往恤其孤。仲夏，二十有三日，抵里門。季夏十日，至蕭縣西鄉。十有一日，抵碭山縣，賣田。二十有四日，病風痺。孟秋三日，還里，病不能興。仲秋二日，始扶杖而起。八日買舟東下，十日還草堂。此行得詩五十九首，名之曰《己丑詩》，爲之序。季秋，十有八日，劉下邳遇害，爲詩哀之。此詩不見集中。又劉下邳名、字亦不可考。徐州竇氏藏先生詩集寫本中有佚詩，爲刻本所無，曰《悲哉行》、《飛雲橋行》，皆記劉下邳事，述下邳事實甚備。下邳蓋以乙酉駐軍下邳，國變後家居，後山東土寇入徐，官軍敗績，下邳爲招撫，欲陰結之以謀恢復，後爲人告發，全家論死。惜遍考羣書不能得其名字，爲可憾也。又案，先生乙酉以後雖遁迹桑門，而移山之志未嘗少輟。是年主下邳家，殆有所圖謀，及下邳遇害，仍懷抱孤憤至於没齒。哀哉，哀哉！是年買圃於草堂之陽，取靖節詩語名之曰「南村」，引泉樹蔬之處曰「平疇」，疇北折有廊，曰「韻步」，上有館，曰「遠游」，其側有樹，曰「春陰」，作《南村記》。

七年庚寅　四十八歲。

姑熟唐祖命舍人允甲自家來訪，留草堂者二月，流連倡和，得詩十七章，手書以贈舍人。吴中何定巖道明亦來訪，爲作《定巖贊》。是歲有《孟春一日詩》、《二月二十日冒雨同何定巖徐青山由普賢社入西寺詩》。是年徐君平年五十，先生爲作畫，並序其行誼以贈之。

八年辛卯　四十九歲。

春，至姑熟，爲唐髯孫念祖圖其祖君平先生象，並爲之贊。是歲崑山顧寧人處士炎武過淮上，至草堂，賦詩以贈。先生爲繪《秋江別思圖》酬之。

九年壬辰　五十歲。

春，至吴郡，游顧處士苓塔影園，作游記，作《沈古乘寫經葬親啓》。四月，過廣陵，偕歸元恭訪王于一先生，時已有脾疾，返隰西後作畫寄徐孝廉枋，並乞孝廉作草堂圖。見《居易堂集·懷舊篇》自注。五月三日，卒於隰西。錢唐胡彦遠處士聞，赴爲位哭於旅堂。明年八月，歸葬徐州鳳皇山。胡彦遠、王于一先後並爲文以吊之。

先生著書有《隰西禁方》、有序，見集中，書不傳。《隰西草堂集》、先生自刻《内景堂詩集》，卒後，門人吕維揚編《隰西草堂詩》一卷，康熙乙丑劉湘序之，道光間刻《隰西草堂詩集》五卷、《文集》三卷、《遯渚倡和集》一卷，署「邑後學孫運錦輯，湘鄉左茂桂、左茂樹編刊」，每卷後有高郵夏崑林、王敬之校款，殆刻於高郵者。先生集本，此爲最足。光緒間，桂太守中行守徐時刊《徐州二遺民集》改詩五卷爲二卷，文三卷爲一卷，删詩一百七十一篇，文十一篇。遺民之作，隻字皆關史事，不可删也，不知當日校刊諸人何不學至此！蓋刊行之功，不能免其妄删之過矣。異日當取秦郵本重刊之。《墨表》四卷，《算天文法》、《占周易法》各一卷。今但存《詩文集》及《墨表》，餘均佚不傳。

先生元配不知何氏。繼室徐碩人，能與先生共甘苦。先生元配不知卒於何年，山陽邵氏藏先生《致山陽李穎升尺牘》，曾託潁升友人字爾亮者作伐，欲議婚沈氏，書中有云：弟明年秋杪除服，始講吉禮，此時正可從容行聘云。所云「明年除服」，殆在項孺人喪後一年，時先生年三十四，是元配之卒在三十四以前。至後來繼室爲徐氏，是沈氏之婚議而未諧也。徐碩人聘於何年，亦無可考。子二，長子睿，字渠客，能讀父書，爲名諸生，作字能肖先生。吳人徐石林旃、夏邑陳簡庵希稷，皆學先生書，然不及睿。見《印人傳》。娶於唐，祖命先生女也。次子穀。猶子穆，字遐客，從先生游，亦知名於時。

先生於詩文書畫外，凡琴棋、劍器、醫藥、刻印、鑒賞，下及刺繡、女紅之事，無不通曉。所爲《印説》謂印法根於書法，書法亡而印法亦亡，痛詆世俗所謂章法、刀法及文字杜撰補綴增減之弊，一洗前人之陋。周櫟園謂其俯視文、何，非虛譽也。

范石夫《朋舊尺牘識語》：萬年少兄詩文字畫著筆便雋，其《易經制舉藝》尤當，精於譚理，不落蹊徑。是先生又工於經藝，而尤精於《易》義也。

先生庚午舉於鄉，名噪一時。好狹斜游，又甚工寫麗人，坐上妓以此索之，輒爲吮豪，諸妓之有聲者，皆暱就之。風流豪邁，傾動一時，同輩謝不及也。滄桑後，罷公車，盡遣所買諸歌妓。見《印人傳》。

先生集中有《與總府書》，作於晚年，乃當時搜訪遺逸，迫上公車，先生作此謝之也。其言南發被盜，行李文書並皆劫盡，身傷伏病，不能泥首，遺猶子穆持牘上懇云云，蓋以詭辭求免，非其實也。當時以徐高士枋之狷潔，其《答吴縣知縣汪爚南書》亦允補牘，則當時功令之嚴可知，明哲保身之不易，有如此也。《昭代名人尺牘小傳》言先生甲申後避地吴中，當事欲授以吴江令，不就。考先生自乙酉冬返江北，未嘗居吴，此或是起義兵時爲同輩所推耶。

先生門人王允升最才秀而早卒，其他見先生集中者曰何堅、曰程軒、曰黄始、曰劉湘、曰李鑑，見先生集序者，曰吕青履，名維揚。先生有《何堅自江南至詩》曰：「書史一囊周禮樂，身軀七尺漢衣冠。」殆亦奔走國事，志先生之志者。吕青履編先生遺集，亦不負師門者也。劉湘字子琴，豐縣歲貢，歷霍邱訓導、丹陽教諭、太倉學正。去任，爲諸生所懷。工爲詩文，見《徐州府志》。吕維揚，銅山人，著《藕園詩集》，見《徐州詩徵》。

先生平生事實流傳頗少，致爲之傳者，多疏漏失實。陳鼎《留溪外傳》尤空疏模糊，至稱先生卒年六十餘，則全出臆造。魯孝廉一同撰傳較完密，然稱先生父名星新，蓋據先生《自志六圖》而誤以字爲名。其於乙酉起兵事，又削而不書，而曰「崇禎三年舉於鄉，甲申京師陷，明年壽祺被執」，不及起兵而但記被執，使後世讀者不知以何事被執也。先生自志稱當時同起兵諸友，但舉其名而不冠以姓，曰炳儁芑、曰瑞龍、曰易孝廉，未詳其事實，不能遽知爲何人，又不加考索，遂率爾削去，先生一生大節遂未由考見，亦載筆者之過矣。至先生以癸巳返葬，見王于一《祭先生文》，傳稱卒殯南村，或曰後歸葬於徐州，亦考之未核也。銅山孫繡田廣文運錦撰先生《傳》，事實較詳，而蕪雜尤甚，且多譌誤。先生祖妣夏、妣項，《傳》言「母夏孺人，戒不與外事」，誤以祖妣爲妣。先生以崇禎元年戊辰即位恩貢成均，誤作「丁卯以選貢入國學」。先生以乙酉南都陷後，與同志沈、錢諸公起兵陳泖，而誤作「甲申之變，慷慨起義，與練湖、三泖、笠澤諸兵合」。先生當乙酉八月兵潰，避地斜江，被執兩月而釋。冬，寓淮陰，明年丙戌春，乃祝髮於普應寺，乃誤作「削髮從浮屠氏學，易名慧壽，儒衣僧帽，遯迹斜江」。敘削髮於遯迹斜江之前。至先生以庚午應南京試中式，而誤作「庚午捷北榜」。此以未諳明代制度致謁，又不僅記事之疏矣。惟記先生卒葬頗詳，爰並附録於後，以資參考。

萬壽祺，字年少。其先自南昌遷徐州。父星新，天啓末監察御史，出爲山東按察副使。壽祺年十五誦書二十餘萬言，崇禎三年舉於鄉。甲申，京師陷。明年壽祺被執，有陰救之者，得北還。攜妻子居山陽，再徙清江浦，號所居曰「隰西草堂」、曰「南村」。嘗自負甕，妻徐、子睿荷鍤隨之，灌園自給。晚被僧服，自稱明志道人、沙門慧壽，然痛飲食肉如故，四方慕其名者日至。壽祺故家子，琴棋劍槊，百技通曉。家有良田美宅，山莊百頃，及世事牽染，幾瀕於死，所藏蓄一時都盡。冠黃冠紫衣，蕭然物外。每與遺民避人歌嘯，泫然泣下。所爲詩最工，與陳子龍、夏允彝相上下也。卒殯南村，或曰後歸葬於徐州。《清河縣志·流寓萬壽祺傳》。

有明孝廉萬年少先生，名壽祺，一字若，或若若，侍御惺新公子。生有夙慧，成童時誦二十餘萬言。天啓改元，年十有九入邑庠。侍御門人王紫芝來省師。王浙人，萬曆丙午鄉舉，令新淦，棄官入天台山學道，精貫天人。先生以侍御命從王游，盡得所學，凡經、史、諸子百家之書無不讀；禮、樂、兵、農、天文、地理之奥無不究。且旁涉靈憲、星卜、書畫之理，雞碑、雀籙、繆篆之文，下筆成章，往往驚其坐人。侍御卒，無期功强近親。外侮且沓至，母夏孺人戒不與外事，閉户讀《禮》而已。既而外侮益甚，乃奉孺人命，避地江南。當是時，海内亂兆隱伏未形，江南又佳麗地，與諸名士文讌，縱横酒旗歌扇間，跌宕自喜。會外侮稍熄，遂渡江而北。丁卯以選貢入國子學，庚午捷北榜，五上公車未第，而天下事大壞。蓋明自神廟時，江陵既敗，百務頽廢，廟堂水火，加以礦税四出，民不聊生。熹宗繼之，閹宦内訌，草菅正士殆盡，宵小塞廷，秦蜀晉豫間羣盜如毛而起。思陵勵精圖治，當擾亂之極，矯以苛察，所託多非其人，時事遂不可爲矣。先生無心仕進，在京邸日與陳卧子、楊維斗、夏允彝諸公商榷今古，退則結社立約、賦詩作文，以古大家壽世相期。其時則有李孝乾、雷汝遜、王先仲、曹澹如、馬空同、畢一士，門人王子克、王允懷、杜先榮諸人與焉。

先是天啓二年，山東盜起，徐匪人有謀爲之應者，先生浮家南避。後盜賊日熾，遂往來泛宅於吴楚間。甲申之變，慷慨起義，與練湖、三泖、笠澤諸兵合。乙酉，大兵南下，八月兵潰，流寓吴門。携鼎彝圖籍及累世蓄貲，尚兼艫聯艦。蘇人有垂涎而誣之者，遂被逮。將施刑，督師聞唱先生名，曰：「此彭城名孝廉也。」釋縛，延上座，留軍營數日。將表請典宏文院，力辭。復命權吴江縣，亦堅辭。遂放歸。而家業盡矣。時明社已屋，國朝定鼎，先朝達官多膺佐命勳，山林遺佚之士亦争自湔濯，觀光上賓。先生乃削髮從浮屠氏學，易名慧壽，自稱壽道人，儒衣僧帽，遯跡斜江間，剩水殘山，憑吊欷歔。既乃卜築淮陰之隰西，負甕灌園，妻徐、子睿荷鍤相後先，過者疑武陵桃源去今未遠也。

李舍人舒章者，先生故知也。入本朝復原官，時國家萬事草創，制誥多出其手，嘗假過淮陰造訪，先生以僧服見。李望見大慟曰：「李陵之罪，上通於天矣。」鬱鬱遂卒。先生高風亮節，於此益顯。壬辰五月初三日，卒於淮陰，年五十。子睿、堂姪穆扶櫬返葬於徐之鳳皇山。先生生平凡三變，早歲風流跌蕩，人呼爲才子；中年詩壇文讌，與海内英雋相角逐，不愧名士；晚乃遁跡空門，爐香經卷，則又爲逸老，爲方外人矣。平生無藝不精，古文清迥拔俗；詩擅大曆十子之長；書由王内史入，後參用顔平原法，而胎息終在晉人；畫法倪高士，兼工白描佛像、仕女，矜貴不妄作，片楮寸縑，獲者寶逾拱璧。其著作存者文稿數十篇，《隰西草堂詩》五卷，《印譜》一卷，《遯渚詞》一卷，《墨論》一卷，《印説》數十則，《隰西禁方》一卷，《算天文法》、《占周易》各一卷，餘稿散軼矣。孫運錦撰《傳》。

比寓居津沽郊外，寒夜寂寥，爰取舊稿，一一補正，付京師手民再刊之。半歲以來，頻見先生手迹，得佚文、佚詩爲前所未見者。秦郵舊刊先生集流傳日罕，並寄滬江重印行，而以《拾遺》附焉，不復附於《年譜》之後。至劉下邳事實雖可知，而姓名終不可考，當俟異日考知，再行刊補。先生倘陰相之，以彌此憾乎？將寤寐以求之矣。己未十一月下澣，振玉再識。

年譜附録

友朋書問題識及投贈祭弔詩文

答萬年少書

陳子龍臥子

自甲之春訖丁之冬，中間千有餘日，雖山川間之，干戈繼作，然渺河梁以抒懷，望雲龍而不見，每當遥夕，未嘗不明月欲墮也。流人作孽，淮西榛梗，屬聞足下遭太夫人之戚，欲將一介而羣傔欷歔如使絶域，遂使古義墜廢，至今罪戾極深，便應斥絶。而足下尚推夙昔，遠使陳辭，告哀繐帳，何小人之薄而君子之厚也。春夏僕僕京輦，趨走朝貴之門，俯仰輿臺之側，生平意氣不勝摇落。奉諱以來，愁疾交侵，昔時風流何可再問。弟年已及立，足下又稍過之，嗟竹素之難期，望丹砂之可學，能不愴然耶。足下姿制朗逸，才情雄麗，孔嘉之樂其事多端，至於朝吟繁欽之詩，夕誦相如之賦，鳴琴在堂，風人所慕矣。又聞遠宗伯鸞，卜居吴市，使後世繼士衡《吴趨》之篇者，增此勝流，何其盛與。

題萬年少書册

閻爾梅 用卿

萬年少書法從天分中得來，往往於遒秀處作新姿，體氣高妍，款行匀潔，譬美人初起著輕素單襦，縠紋疏映，肌澤晶然，余嘗推爲本朝第一。吴門顧云美集其往來小帖數十幅爲一册，皆行書也。嗟乎，萬子捐館舍十年矣。萬子捐館舍之年，即余晝明夷之年也。萬子捐館舍，萬子一生事蓋棺定矣。余晝明夷而不獲蓋棺，余一生事將安所底止乎？嗟乎，六書輟講，八法失傳，讀籀史之殘碑，猜疑石鼓；發蘭亭之真本，惋惜崚陵。古琴音稀，高山絃碎，釵脚鉤銀，鳳閣之青氊已敝；刀铓切玉，鶴銘之緑字難蒐。對此遺箋，潸然出涕。嗟呼，萬子江北人也。銅章畫粉，多藝多材；繡虎雕龍，不衫不履。可謂極才人之致，掇名士之長者。亡國以來，逃禪自廢，聽老鸛音，恥過劉瓛之墓；燒殘薰草，微聞龔勝之香。信陵謝客，甘心醇酒婦人；尚子入山，瞑目男婚女嫁。嗟乎，支公長逝，冀神理之猶綿；張緒永辭，歎風流之頓盡。顧白日之將沉，廣陵散於今絶矣；慨黄壚之非故，山陽笛不覺悽然。嗟乎，吉光片羽，織成塔影園中；安石碎金，鎔在虎邱山下。往矣伊人，慟哉吾友。

萬年少先生贈徐君平書畫册跋

華亭 顧開雍 偉南

古者，入山求道之士，皆有託而逃者，其爲仙骨天授，自致金闕之下，蓋百不得一。世故稠濁，麗跡非途，君子必灑以求去，旦夕漁樵屠沽，與黄冠而處猶伯仲也。方孝若自爲少年任俠負氣游江淮間，江淮之士比于朱家、郭解。當是時，天下太平，恐一旦老死化爲庸人，我曾不得以聲實致天下，則孝若恥，恥故入俠。洎乎龍蛇溷流，獸蹄行道，苟有達者，燻目佯狂，求吊後世，而罔弋罥布，戚將不免者有之，當是之時，則孝若悲，悲故入道。夫俠與道爽，而恥與悲互。孝若行年且五十矣，毋論埽神館鷄犬將入雲中，使孝若以今日之悲易二三十年以前之恥，悲必不痛，其以二三十年以前之恥易今日之悲，其又可勝恥耶！萬道人者，不玄而佛，不冠而兜，不十洲而丈室，不女几而維摩，於孝若所爲有似南轅北轍。然其恥我聞之，其悲我見之，今特八拈孝若以成畫，畫已輒序，序已輒書後，半爲乙酉前之孝若，半爲己丑後之孝若，兩孝若具在，謂道人無所託，何以畫，何以序？謂孝若無所託，何以俠，何以道？嗟乎，不可言也。庚辰七月二十有三日。

又

李淶

壬辰秋，孝翁值予于道路扁舟間，邂逅即稱莫逆，嗣是神聽和平，相勗以道，而學道之外無他事。孝翁蓋昂藏丈夫也。其所謂學道者，洞曉陰陽，深澈玄理，存養不二，我相俱亡，有入世而出世之據。是以生心在手，釋盡塵氛，吾道中賴有此君子。然予生雖晚，水乳無分，時以知易行難互爲策勉，而直欲參究竟以幾精微。今孝翁六十餘矣。回視壽道人圖五十時，其獲益何如耶？詩曰：「高山仰止，景行行止。」孝翁固知所勵矣。然吾舍孝翁其誰與歸？癸卯冬日。

又

金涇姚　佺仙期

年少平日作畫有如范鴟夷三破千金，意不在此，聊示伎倆。然亦時近戲筆。獨爲孝若寫八幅箋精盡於此，似柳林秀才觀寧寀《竹林圖》，曰：「我當入畫。」□之即騰身入圖。仿佛圖畫中音聲者，又似圖上下墜指阮步兵像曰：「工夫及此。」衆視阮像，脣若方嘯者。嗚呼孝若，待道人嚴氣正性，不入懈怠。故年少視孝若不敢褻，畫其一端也。始知圖畫以象昭勸，觀其肅肅穆穆之容，猶如姚思元作紫微二十四化，皆所以警悟世俗，非止於遊戲丹青而已也。一時追魂入圖。今年少復叙述孝若之事，令人起敬起愛，是以君子貴慎交焉。若夫跋語，未甚當意，亦猶誤書，更自一適。戊戌長至前一日。

又

宣城唐允甲祖命

古今傳贊，司馬、班、范尚已。然亦必其人、其事、其時、其地之拓落不羣，足以洞心駴目，恣人憑吊，然後文人始得以其筆瀾墨瀋曲折赴之，而纖髮其無遺憾。故《史》、《漢》中亦間有平平無奇者，非其文有軒輊，其人其事無能縱其揚扢也。新安徐孝若先生，烺烺大節，今人所未逮，古人所僅有。泛宅吴楚間，海内識與不識，無不知有徐先生者，今年五十。彭城萬大道人，染短箋八幅爲壽，幅後書先生事略一段，又旁引古人爲喻，文不必盡與畫合，又不必不與畫合，若即若離，顧長康所謂傳神寫照正在阿堵中，鄭虔三絶擬之，卑卑不足道已。吾師漳浦黄石齋閣老與余父執王心乾翰林問答語云：「拚豪傑得聖賢，拚聖賢得神仙。」又云：「拚神仙得聖賢，拚聖賢得豪傑。」故石師被俘時有「拚得拚不得」之作，兩先生語俱關至極。徐先生之爲豪傑耶？聖賢耶？神仙耶？攬道人之文與畫必有儻然遇之者。昌黎云：「童頭豁齒、没世無聞者不可勝道。」《伯夷傳》云：「附驥而名益彰。」嗚呼！徐先生孝友廉潔，任俠好施，晚而慕道，海内識與不識，誰不知之而能言之，固所謂其人其事與其所處之時與其地皆足傳者。然非道人極意刻畫之，亦安能使後人誦清芬而咏駿烈、永永無窮已耶？手此册者，作《史》、《漢》中《逸民》、《高士傳》讀可也。庚寅七月朔日。

又

山陽邱　隨季思

年少聖明時孝廉，舉垂十六年，聲義滿天下。迨晚年，事不可爲，即僧隱賣書畫自給，士論高之，而求其筆遂不以錢不得也。乃獨爲君平作書畫册，子精神較倍深，特不以錢。昔子濯孺子問射，以尹公正人知庾公，然則天下後世有見是帙者，其亦可以知君平矣。抑予愴然重有感，於筆墨敘述之外，知重友生之誼，而痛哭流涕於身世之間也。西軒思道人。

别本贈徐君平册跋顧禹功畫，先生書文，與前册相同。

吴郡顧　殷禹功

曩憶徐子君平同萬孝廉年少先生每過吴門，訪予於餘閑齋，相與論談，胸次快暢，出示孝廉所書，二公交誼情見乎辭。文叙典雅，書法秀勁，展閲間手不忍釋。徵予畫以備左圖右書。自顧陋劣，附名于驥尾，得無形穢，辭之莫敢。萬云：時習之流，咸以堆砌爲高，氣韻生動置之不講，至于畫之天趣，索然不問矣。謬余匠心獨妙，過許合符古人。且君平頗稱具眼，良賈深藏，非妄投耳。秘之奚囊，江山風月或有相類者，借以永懷。雖稱過譽，益滋愧赧。勉爲應命，著筆五幀，餘素三紙，更伺異日。不謂別去悠悠，二公相繼謝世，迄今思之，倏忽廿多載矣。此册未知流落何所，爲予門人李復旦購得，重請補作，良堪歎羡。轉憶萬子之言，感慨曷能自已，遂爲續完，併志數語，不勝人琴之感耳。二公在仙之靈，當爲呵護，擇人而陰授之耶。復旦其善藏之。歲在戊午冬，十月望日。

又

徐　枋昭法

猶憶崇禎癸酉歲，予始識彭城萬孝廉，時届端午，觀競渡，先公爲主人，同集者爲陳給諫臥子先生、楊解元維斗先生也。給諫議論慷慨，顧盼偉如；解元渾渾噩噩，道以器重；孝廉卓犖多姿，暉映數人。而先公則言笑沉敏，兼有諸君之美。是日賓主歡甚，而拊時觸緒則感慨繫之。又十餘年，而國變矣。先公首爲汨羅之游，給諫、解元相繼殉難，孝廉亦悒鬱以死，爲可哀也。今見孝廉手蹟，如見其人，回首如昨，已五十年。余時爲童子，而今年六十二，亦頹然老矣。不覺其俯仰傷懷也。癸亥歲春三月，秦餘山人。

又

朱　陵望子

崇禎辛未壬申之間，予方總角，同先兄雲子讀書虎邱之西巖，時沛縣閻古古社長亦寓鄰房，往來無間。方當積雨，古古欲歸，先兄以禽言戲之曰：「如此泥滑滑，歸途無乃苦。山鳩解留人，墻頭呼古古。」適萬年少孝廉從彭城來，古古同鄉又同年也。見之相與一笑。遂偕枉過先兄，留酌竟夕，予得與末坐，挹其豪邁風流之致。兩公亦稱予佳子弟，良足愧也。既而先兄館天長，予亦同往者二年。嗣以試事紛稠，又各餬口館穀，或渡太湖、或赴遠方，海内名流不時浹洽。丙子之秋，年少又同中州彭孝先見過，得叙間闊。未幾，四方多故，遂至鼎革矣。

乙酉冬，予避地支硎，陸履常社長亦在光福。予行山徑三十餘里訪之。閑談之次，言及徐君平俠士也，有伏羲象，云是文王時物，質係古玉，製甚佳妙，紫檀龕之。四月將盡，知留都變，遂棄龕束其象於胸，踉蹌而歸。因相與歎息。龕後流入吴門，予曾見之，亦名手造也，竟不知歸於何人。又六七年，予以看梅入山，忽遇年少於萬峰之秋遠堂，時先兄已故，相與欷歔道故，云寓於白蓮橋。及遊竣出山，往訪之，已行矣。又幾年，古古來吴門，特枉過，因知年少已爲故人。迄今逾三十年，予既老矣，諸君已邈不可追。適復旦道兄以此册索題，見其辭義手蹟，俱非草草，與徐君之交誼從可知也。復旦得之，可稱希遘。予撫今追昔，歷歷如昨，有感於中，不能自已，遂不覺其言之長耳。戊辰十月朔日。

又

汪　琬苕文

予素聞年少先生風流文采，以豪俊自喜，惜予少時未及從之游處。君平何人，乃得先生稱道如此？又先生雅善繪事，嘗見所畫洛神甚工，顧空其右方，以俟禹功何也。

萬年少先生醒世圖跋

唐允甲祖命

此道人一幅醒世圖也。然道人卒以憂死，即妻子不能爲道人累，則有辨。宿草已深，墨光如昔，撫卷三歎。至摹寫精工，雖近代十洲、雲鵬，無以過之。固知有至性人，事事不苟且類如此。畊塢甲題。

金陵孟景沂先生訪予姑熟草堂，言念道人，因出此圖相示，歎賞不已，遂輟以相贈。先生與道人有舊，置之衿袖間，以當山陽之笛。道人萬姓，名壽祺，字年少，以國變薙髮禪隱，更名慧壽，別號内景道人，徐州人，庚午舉思宗烈皇帝孝廉科。僕不敏，弱息翁也。甲午十一月朔，畊塢樵允甲再題。

題萬年少畫漁父圖

胡　介彥遠

當年曾許爲漁子，莫使扁舟久待人。隰西先生見訪錢唐，泛河渚山水而樂之，相約以渚漁終老。嗟乎，息壤在彼而邈若河山，今日垂死病中，展對是册，呼萬若其或出矣。

跋隰西金剛經

同　上

隰西道人所書《金剛經》流傳海内者，予所見已十數本。字形大者彷彿梵本，小者亦類指頂。此卷爲吾友閻容庵所藏，獨收束如蠅頭，其收縱攢捉之妙，猶麗蕭遠，真所稱「鳳翥鸞翔」者也。隰西常語予曰：「吾書無所不學，而於穎上二本悟得米法。」故宜其運腕落墨無一實筆。予嘗以國朝書法真得米書神韻者，唯隰西得參董華亭之席，非趙吳興所得闌入也。

祭萬年少文

王猷定于一

維歲在壬辰夏五月，萬君年少卒於清江浦之邸舍。其年家友弟王猷定寓廣陵，聞訃欲往吊，牽於事不果。越明年癸巳秋八月，君之子舉君柩歸彭城，定抱疴不獲工爲文辭，謹齎瓣香，造君之草堂而哭焉。其言曰：嗚呼，君死矣。夫君死入吾夢者三焉。每夢知君之死，涕淚嗚咽不自勝，覺而猶依稀幅巾布衲。其笑語有莊者，諧者，有荒唐而莫解其故者。此何莫非疇昔之情，靡境弗造，而吾經年不得一展拜樿旁，似乎人情之真，反不如夢，誰實爲之，嗚呼忍言哉！萬曆之季，予先人與君之先人同舉於鄉，復同官御史。予多君五歲，先君謂予曰：「萬氏子才，汝識之。」迨庚午，君得雋，予始遇君於淮，而兩家之先人已下世。君方盛，四方交，出入車從甚都。是時齊魯方苦寇，君慷慨抵掌談天下事，何壯也。不謂十年而天之所爲遽若此，君能以無死耶？曩者乙酉之役，君之爲生亦岌岌矣。當是時，予赴友難，竄身燕薊間，已挈妻孥淫上，顛毛種種，羸憊非人。而君亦緼袍草屨，瞥見似不相識，久之，乃執手相勞曰：「子爲故人良苦。」自是每過韓王臺下，必造君之浦。委巷春泥，茅堂秋草，不留連不已，酒酣則徜徉於黄河之岸，望故壘，聞水聲濺濺，雄心激盪，相與走狹邪，狂吟大叫，世俗之人鮮不詫王子貧而乞食，何乃猖狂若是，而不知王子苟非是將不活。蓋舉人世可悲可涕之事，藉君以少寬焉。及予再遷邗上，求一髣髴君之聲音笑貌而不可得。予以是歎友朋之難也。

去歲君自吴歸，訪予故居，止君宿。君倉皇且出關，詰朝偕歸子元恭來就朝食。維時四月廿日也，予見君脾病頗達於面。豈意未幾而君之蒼頭至，忽報君死，竟以此日成永訣耶。傷哉！君學道人也，浮生百年之夢，腐而不足道，何懼何榮而介介此乎。所可傷者，吾儕老人，生無井里邱墓之樂，而又畏見一切後來功名之人，惟是二三遺老相與談洪荒海外之事以送餘年，而今亦並奪之去，使人寂然如日行陰雪中，仰視蒼天，謂之何哉。至于君有子，足以光君之業，君之文章，天下後世必有能傳之者，奚俟予言。嗚呼，尚其饗之！

祭萬隰西友兄文　胡介

癸巳十月十有四日，隰西之故人錢唐胡介再拜隰西堂下，以文告隰西友兄之靈曰：慨自往夏，得子凶問，介與陳參爲位旅堂。會鏡湖之葉適至，遂人上一爵而泣數行。時告子以茲歲之冬來撫子之子，憑子之棺仰天一哭而收子文章。九日既往，介發錢塘。十月初吉，次於山陽。念雞黍之舊，如在昨日，而死生患難，攬轡蒼茫。隰西既長往，桐軒適逮繫南中。上弦之夕，乃涉清江，何期子之靈車已還東徐，子之妻子已返敝廬，子之隰西，他人入室。閑庭繫馬而莫縶其白駒。隻雞斗酒，踟躕路歧。雖車過腹，痛其焉辭？自傷黄鳥，載人後車，曾不得造睿、穀之墓廬。睿、穀，隰西二子名。鬧水輓舟而上，嗚嗚邪許，顧孰知予心之傷悲。比在秦郵，宿李氏清齋，夢子把袂，臨流徘徊，豈知我渡江而步虛來歸。自予渡江，豈無故人釃酒翱翔，繁絃急管，華鐙在堂，一念巨卿，而默然神傷。爰與二程，謂淞與軒也。刺舟浦前，望隰西之宇，而眇若雲煙。微霰密雪，故人在焉。躑躅從之，已不自前。悲來乎填膺，口不得言。執筆載書，公門程軒。

己酉歲，振玉案，「己酉」殆「己卯」之譌。予與張子子材、萬子年少同游於小谷山。山有石穴焉，土人以爲洞。予曰：噫，此古人隧而葬者也。遂各賦詩。

拾　泰泰然

憶昔先皇癸未前，隧門開處草芊芊。鶴歸華表市城變，龍起黃河波浪懸。白骨千秋迷舊穴，青山長夜幾何年。野人誤認桃源路，疑有秦人玉洞眠。

冬日同萬年少游橫雲山李舒章園亭 陳子龍

立冬景奄忽，薄暮山蒼茫。頹雲浩當野，黯然天外涼。石壁森崢嶸，深澗多嚴霜。朱樓峙其間，窈窕松月光。永夜宿煙霧，獨鳥號山岡。夢境有超越，及晨滯餘傷。搔首登高臺，雲物都荒荒。人影亂木杪，絕磴相翱翔。遐哉池上飲，其樂不可忘。名士秀萬子，文苑長李郎。身在林泉際，思橫日月旁。明時一握手，願言保孤芳。

酬萬年少二首 同上

石華秀南澗，幽蕙揚中陵。物情有欣慕，在遠各自矜。豐沛多奇材，東吴擅修能。與君新結交，意氣來相憑。帝京共游戲，江表觀徽繩。道歡洽清燕，雅負豪傑稱。傷哉禮俗士，焉能辨淄澠。風塵滿天地，阿閣飛青蠅。何年竦長劍，昔人如股肱。

秋英粲林麓，揚舲大江湄。子愛澗中藻，余愛瀨下蘺。幽芬娟以淑，心曲多恢奇。偕游不其山，道遠方俟時。流猋生雙闕，白日忽已移。赴難愧古人，變服良可悲。子負河朔風，默坐流英姿。問誰執此釁，我言既相疑。幽憤當見理，何言酬恩私。

寄懷萬年少　　同　上

早霜戒疏林，勁秋吹已暮。憶別銅馬門，至今吴江樹。自對青冥間，無期弄雲霧。引領日參差，予美違往路。策馬桓山陰，鼓檝黄河渡。寄我瑶華音，中腸益回互。明時有尊酒，相期遺世務。誰能天一方，懷哉隔情素。

送萬年少還彭城　　同　上

飄零鑾錦溼玄霜，永夜蘭橈小帳香。冬暖鏡臺飛孔雀，月明紈扇畫鴛鴦。大江北渡吴歸客，舊楚西來漢故鄉。指點横塘春事近，莫教惆悵鬱金堂。萬子約于明春納姬吴中，並唔吾輩。

吴閶口號十首之一　　同　上

萬子風流自不羣，盧家識錦已紛紜。可憐宋玉方愁絶，徒爲襄王賦楚雲。萬子謂年少也。

秋夜水亭即事與萬年少張九霞孫不踰同賦　　閻爾梅

菊閣收寒燭淚清，睡魚風醒唼檣纓。初逢恰是知名後，私語還因抱恨停。月視秋池雙岸樹，人歸曉霧五更星。素羅零亂花前影，繫夢時時到野汀。

題萬年少隰西草堂二首　　同　上

方外嗟行役，棲遲構竹庵。河淮鄽户牖，江海畫東南。嘉樹經秋翠，晴峰浴夕藍。盋池仙跡邇，笙月好同參。

素壁承蒹瓦，朱闌紐石藤。求羊三逕客，詩酒六朝僧。澤闊難窺岸，山遥不辨罾。旅堂春緑曉，餅食看魚罾。

至徐州過萬年少故宅二首　同　上

當世誰堪語，斯人復永違。生前家已棄，没後櫬何歸。荒草埋虚閣，秋風鼓敗扉。多情惟燕子，還向舊巢飛。

秋水堂前路，塵封晝不開。撫絃絶真賞，聞笛有餘哀。花落樊桐館，雲收戲馬臺。黄泉無驛使，誰説故人來。

過訪萬年少隰西草堂　程　邃穆倩

值得漁夫棹，江梅隱雪津。黄河冰腹厚，白草馬蹄春。既釋隆中業，還爲川上人。友生難解事，往行不須論。

同諸公送萬年少還吴門　同　上

惆悵流鶯樹，鵑聲急落暉。何心工戲謔，無物著依違。之子亦游子，曰歸不當歸。丹陽舊津驛，湖水拂春衣。

贈萬舉人壽祺　顧炎武亭林

白龍化爲魚，一入豫且網。愕眙不敢殺，縱之遂長往。萬子當代才，深情特高爽。時危見縶維，忠義性無枉。翻然一辭去，割髮變容像。卜築清江西，賦詩有遐想。楚州南北中，日夜馳輪鞅。何人詗北方，處士才無兩。回首見彭城，古是霸王壤。更有雲氣無？山川但坱莽。一來登金陵，九州大如掌。還車息淮東，浩歌閉書幌。尚念吳市卒，空中吊魍魎。南方不可託，吾亦久飄蕩。崎嶇千里間，曠然得心賞。會待淮水平，清秋發吳榜。

送萬年少歸淮揚　　張　怡瑤星

達人志廖廓，世事等秕糠。濯足臨溪水，散髮晞朝陽。溪水日東流，歸彼百川王。朝陽隱豐蔀，昏曀鮮晶光。擾擾棼絲中，誰爲振其綱。慨彼北風詩，虛邪徒自傷。

萬年少隱西草堂　　顧夢游與治

山色過淮少，漁風出浦多。中林間白板，高岸隱黃河。抱膝思當世，聞歌喚奈何。齋心真佛子，祇此未消磨。

答萬大年少見訪四詩兼以贈行　　胡　介

蘭葉被芳洲，春花吹白日。平生此離居，懷子念非一。江淮成阻修，心理喻琴瑟。何期惠前綏，其人在邇室。會合能幾時，春風送行客。

送子千里行，我心勞如何。回風吹短檝，寒影没長河。感念疇昔意，豈徒附女蘿。君歸及東作，抱甕事春和。江山正蕭條，瀼瀼零露多。

惘惘遠行客，逐逐即前旅。同爲失路人，含辛不得語。況彼春遊子，苦樂異儔侶。我欲與子言，煩寃怨無緒。

日暮難爲別，撤酒下高堂。踟躕整襟帶，臨河復徬徨。弦望會有期，中心何悢悢。探策命靈氛，爲子善行藏。無咎占坤爻，吾道在括囊。

和萬大年少　同上

雁冷霜殘人未眠，閑房孤坐擁詩篇。杯深漏短同今夕，月落樓空憶去年。驛馬五更閨夢過，清燈千尺客心懸。醉吟此夜歸何處，江北江南一望煙。

題萬大年少隰西草堂二首　同上

江茅淮柳自爲家，深巷蕭蕭日角斜。圯上獨逢黃石履，門前重返信陵車。春燈閑坐千家雨，孤夢空迴一苑花。多少傷心消未得，草堂風過試袈裟。

黃河如帶未能還，俯仰乾坤獨放關。抱膝數看參户白，舒懷重對草堂閑。籬花老去冰霜苦，旅雁南來道里艱。珍重墻東各回首，相思人在鳳凰山。

花朝喜萬大年少至自淮南　同上

落落蓬蒿仲蔚居，門前流水接淮徐。三年夢去棠梨晚，千里人來碧草初。蕭瑟爲文憐庾信，漂零作客類相如。酒闌愛聽別來事，小弟南村已荷鋤。

宿河口懷萬大年少　同上

清江重渡恨離羣，幾處旗亭唱白雲。萬里黄河兩岸雪，中天明月似逢君。

與萬大年少朱三蓼庵王二于一飲沈嗣宗園　同上

竹下同清飲，嗣宗舊有名。半酣推筆起，羣坐感秋生。世亂家千里，堂空酒二更。踏殘門外月，歸去不勝情。

發邗上寄邱四宋大兼傷萬年少之逝　同上

二月下蕪城，桃花春水明。新楊喧浴馬，廢苑寂啼鶯。郊外無軍壘，人間賴友生。存亡兼契闊，悲喜總傷情。

憶萬大年少調寄《望遠行》　同上

夢裏沉沉聽鸊鵜，一晌關山路迷。草堂去後草萋萋。夜深人倦立棠梨。星欲落，馬頻嘶。記得春燈曉鷄，月中人已隔苔溪，坐看楊柳月痕西。

憶萬大年少調寄《調笑令》　同上

惘惘心何已。岸草汀花還若此。個中有個人千里，明月一天如水。長年人在關山裏，今夜關山又起。

寄贈萬年少壽祺**淮上隰西草堂同胡彦遠**介**陸麗京**圻**賦四首**　朱一是近修

隰西堪比鹿門幽，近接元龍百尺樓。洞口問津無漢魏，堂前過客有羊求。黄河瓠子秋風起，清浦桃花春水流。勝地登臨時極目，中原蒼莽使人愁。

年少如君已老成，詞壇還記舊時名。一身涕淚經興廢，千古文章没戰争。爲闢幽居侔栗里，漫勞故國憶彭城。臥游自畢平生願，五岳何須慕尚平。

削竹編茅膝可容，五車書卷飽三冬。子真谷口人高隱，文舉尊中客過從。故國荒臺看戲馬，何年珠履盡登龍。飄零我亦東游者，應借君家廡下春。

萬里橋西有浣花，草堂今復在君家。秋風燦燦籬邊菊，夏雨綿綿圃内瓜。閑倚高樓多作賦，愁聽遠戍一吹笳。百年勳業唯杯酒，莫負鬖鬖兩鬢華。

寄題萬年少隰西草堂　陸圻麗京

浦前樓閣楚雲中，浦外遥連瓠子宫。水自龍門環塞北，人如牛儈老墻東。常看日射黿鼉窟，不盡秋陰草木風。我愧南飛空繞樹，欲從廡下作梁鴻。

題彭城萬年少隰西草堂二首　韓繹祖茂貽

淮泗交流地獨偏，高原烽火接齊煙。沉湘正則天難問，漉酒柴桑事足傳。牧豕祝鷄娱此日，調鷹走馬悔當年。縱横一任諸君策，舉世誰能識仲連。

九州歷遍盡蒿蓬，留得幽人一畝宫。門外柳誰知晉代，墻邊桑樹識豳風。湖山何處容稱長，田舍無能愧作翁。暫劃鴻溝成小築，黄河如帶草堂東。

報恩寺同萬年少夜坐二首　秦祖襄汝翼

積歲勞相憶，心期曠亦通。分身四海内，失路一時中。抱膝囂囂意，加餐蹇蹇躬。無言相對處，萬樹忽號風。

蕭寺悲涼甚，從新説舊官。可憐亡國恨，翻作潔身看。龍劍光空暗，漁竿地未寬。重來弓劍處，流血莫應乾。

秋客清江萬年少自徐州至晤集有感　王猷定于一

不盡湯湯對濁河，隔江猶自見漁蓑。幾年馬角悲雄劍，半衲浮雲共女蘿。滿地霜戈曹國外，粘天雪浪石城多。鶤飛不定看幽樹，把酒寒空問老荷。

幽薊神皇四十年，芄蘭猶記策先賢。弟兄異國看雙鬢，聾瞽人間學半禪。故壘黄河明月夜，新詩鴻雁朔風天。石鐘沉響山何在，紅葉蕭蕭下楚船。

南北風煙一海濆，家園鞞鼓雜聲聞。琵琶亭畔空啼鳥，芒碭山中幾朵雲。樓燼無勞王粲賦，戰頻應灑李華文。洋洋河水公無渡，畬火龍蛇莽不分。

陰符焚盡寫丹經，日月交微守一星。幽磬已隨蕉夢遠，古刀猶帶獵風腥。荒雞久戍飛殘夜，鹽賦難供絶海溟。堪痛隕霜黄葉後，農官仍望黍苗青。淮揚人家雞多白日飛去，海水不成鹽，奇事也。

送萬年少歸南村 張養重斗瞻

歲月忽已改，北風吹客舟。杖策入城郭，徘徊念良儔。良儔皆古歡，城郭非昔游。懷此常惻惻，躑躅語道周。心中悲不已，拂袖歸山丘。仰聽鴻雁鳴，俯瞰大河流。流水無西返，鳴雁自春秋。一去不回顧，高臥南村頭。

隰西草堂 靳應昇璧星

雖少冬青樹，猶餘古薜蘿。閑居真處士，枯坐老頭陀。雲水隨緣過，江山入夢多。問津如有客，夜半看黄河。

傷萬年少 同上

未得憑棺哭，相聞亦自憐。室啼蓬首妾，囊檢賣文錢。北上曾三刖，南村乞一廛。喜君存此意，松菊晚能全。

留胡天放萬年少劉諓庵小飲 李孫偉遠令

疏簾畫檻掛煙蘿，雅集欣逢上客過。撥竹看雲行彳亍，挑燈聽雨話婆娑。留餐劚筍猫頭大，泥飲撈蓴雉尾多。風景正佳須少住，不知諸老意如何。

酬萬年少　岳　薦西來

南中昨得剡溪藤，舉目雲煙百喟增。從古鄉關鄰苦縣，至今鈎黨避甘陵。故山薇好春無恙，野寺花開感不勝。同此義熙書甲子，詩成先寄隰西僧。

季夏集萬年少隰西草堂同祖命于一偉南階六愚山諸子賦　龔鼎孳孝升

蓬蒿風日異，處士繫前朝。策杖開花徑，臨河折柳條。琴書幽巷滿，江海客星遥。吾土傷王粲，人才屬鮑昭。蘭醪偏解事，栗里久尊腰。此地愁金粉，南州自玉簫。嘲于一也。清譚方亹亹，玄著並超超。嵇阮能留晉，巢由獨遘堯。天心茅屋見，物態野雲饒。山静宜燒蕨，情芳總握椒。龍藏應有地，雞舞是何宵。歲月藜牀度，兵戈桂樹摇。國風猶草澤，大道本松喬。猿鶴安高枕，煙波緩去舠。德衰均歎鳳，音好只疑鴞。沙暗離鴻路，林荒鐵馬樵。團瓢姑白眼，鐙火半紅綃。逸史傳駒谷，餘生付鹿蕉。緑蘿長嘯合，錦瑟美人調。入社難逃醉，相携過虎橋。

遥題萬年少隰西草堂　嘉興屠　爌闇伯

商風振頹木，鴻鵠矯青岑。聞有淮陽老，離居獨拊心。美人日以遠，榛苓思不禁。浮雲自奄忽，陽景自侵尋。豈不賤苟安，壯往非所任。有客從外來，爲我張素琴。一唱唐堯曲，再咏微子吟。名材無細響，慷慨感同音。願託凌虚翼，從君松竹林。

陳階六坐中次王雪蕉韻與萬年少 周亮工櫟園

但歌莫聽夜蛩清，亂裏逢人意已傾。天外夢魂今夕話，杯中涕淚故園情。淮流古岸惟餘咽，秋到城頭別有聲。笑爾杖藜何所適，始憐雨雪一身輕。

哭萬年少 喬 邁子卓

史筆千秋在，傷心萬事非。途窮天地窄，世亂死生微。丹旐翻前驛，玄烏送落暉。蕭條徐泗遠，白馬故人稀。

題萬年伯年少隰西草堂 曾 畹庭聞

歌風臺下夜烏啼，鬱鬱山莊古木齊。半畝桑田人去住，一湖春水屋東西。星臨豐沛瞻龍虎，地接青徐雜鼓鼙。獨把漁竿憑自釣，門前草色正萋萋。

萬年少業師隰西草堂 程 軒左車

晚食貪貧賤，衡門煙水深。松風鳴佩玉，蘿月引牀琴。中夜看天地，微言問古今。寧知隰西外，江海自浮沉。

懷萬年少年丈 邱 謹浩亭

蕭然古貌獨翩翩，領略春風在少年。杖履追隨人並老，琴尊往覆榻常懸。當時淮海推名士，此日江湖作散仙。悵望風規殊杳邈，安能陪奉日周旋。

山子湖望隰西草堂　陸　觀 孚若

水滿平湖秋日清，小橋三板入村平。蘆中士去留鴻爪，槎上人歸聽鳥聲。楚國遺黎三户在，蕭田廢土十年耕。彌天衰草殘蒲外，别有臨風望遠情。

過板廠西街訪隰西草堂故址　吴寧謐 静公

野水殘雲外，沙門慧壽居。此間留別業，歲晚伴樵漁。地僻經過少，年深巷陌虚。夕陽空徒倚，誰爲一迴車。

題萬年少先生浩然踏雪圖　任興簡 淡山

蘭室秘珍異，清輝開素練。蹁躚出世翁，冒雪争游衍。凍積長坂冰，肅結平林霰。不覺天宇闊，了了皆可見。趣塗南村遥，别路前溪轉。巾折林宗傲，杖曳康樂倦。奇懷豁千古，寒光凝一片。幸覿鉅公筆，欲讀高士傳。

徐俟齋先生年譜

明季節義之風以吴中爲最盛，而志彌貞，遇彌苦，學彌醇，予所尤景仰者，莫如徐俟齋、顧亭林兩先生。亭林學行二百年來海内人士所以闡揚欣慕者，至矣。俟齋遺書則泯然無存。所著《居易堂集》雖間有傳本，而平生行誼士夫罕能言之。澗上之祠，真如之墓，則頹廢之餘，鞠爲茂草，無復有薦馨香而申景慕者，寧非人世之至憾乎？予始以戊午仲冬捃拾先生事迹之載本集及他家記録者，編年繫月爲《年譜》一卷，並輯諸家《别集》中有記述先生遺事及投贈之作，爲之《附録》，於是先生學行粗可觀覽。

顧先生事實，後世所記務爲怪誕，每致失真。即以湯文正公訪先生於澗上一事言之，當日踰垣以避，兩賢未嘗識面，卓氏《明遺民詩集》、《宋中丞自訂年譜》與《文正年譜》所載甚明。卓、宋與先生同時，所記必得其實。而《嘯亭雜録》乃云文正訪先生，久乃得見，食以粗糲，文正不敢不飽。至嘉慶間，有僞爲文正與先生書札者，極道相見之歡。夫據傳聞以致記載失實，此失之無心者也。僞札之作則惑世誣賢，其罪莫逭，而吴江徐氏乃以載入《澗上紀略》，可謂暗且愚矣。故予爲此譜，務辨别真僞，以期紀實。至先生身世遭遇之奇窮，饑寒之凛凓，人事之舛迕，骨肉之崎嶇，無所不臻其極。誠如先生所自述：「彼蒼之所以厄之者，亦至矣。」而先生處之泰然，先後數十年不挫不辱，其行誼可感天地而泣鬼神。蓋自生民以來，遇之窮，節之苦，誠未有過於先生者也。子輿氏之誦伯夷曰：「奮乎百世之上，使百世之下聞者，莫不興起焉。」墨胎氏以後，惟先生當之無愧色。

嗚呼，時至今日，廉恥之道掃地盡矣，安得如先生者爲之師表，俾頑廉而懦立。故予特撰此譜以風示當世。世之覽者，其亦怦然動其秉彝之好而奮其觀感之心否耶？歲在己未仲春，後學上虞羅振玉書於海東之西代寓居。

此譜以兩月之力告成，不能無疏失。既印行，王靜安徵君爲舉正三事。仲夏既僑居津沽，友人爲致徐山民待詔《澗上草堂紀略》，又於上海王氏假楊無補、明遠兩處士《懷古堂詩選》。冬寒多暇，因取舊稿復加釐訂，付都下手民再刊之。附記歲月且志諸君子之嘉惠。己未十二月八日，振玉又記。

徐俟齋先生年譜

明天啓二年壬戌　三月二十二日，先生生於吴趨里第。

先生名枋，字昭法，號俟齋，别號秦餘山人，江蘇長洲人。曾祖□□，字素庵，太學生。曾祖妣沈碩人。祖銓，字雲澗，處士，敕贈翰林院檢討。少受經於申文定公時行，以經學名家。祖妣旌表貞節朱孺人。崑山朱家佐之女，節孝先生集璜之姑，柏廬先生用純之祖姑。父汧，字九一，號勿齋，崇禎戊辰進士，官至詹事府少詹事兼翰林院侍讀學士，謚文靖，事實具《明史》。母吴孺人。先生昆弟二人，先生爲文靖伯子，仲弟柯，字貫時。女兄弟四人，皆吴孺人所生也。

天啓三年癸亥　二歲。

天啓四年甲子　三歲。

天啓五年乙丑　四歲。

天啓六年丙寅　五歲。

天啓七年丁卯　六歲。

崇禎元年戊辰　七歲。

崇禎二年己巳　八歲。

崇禎三年庚午　九歲。

從虞山趙端吾先生受《論語》、《孝經》。端吾，趙文毅公孫也。

崇禎四年辛未　十歲。

從葉聖野先生襄學。先生《五君子哀詩》：「憶昔執經初，枋年未束髮。」又云：「揮忽十餘年，乾坤正蕩潏。」則受業當在崇禎初，或尚在從趙端吾先生學之前，姑隸於此。又先生嘗從沈伯叙先生明掄學，先生集中有《答業師沈伯叙先生書》，亦不知從學在何年，附識於此。

崇禎五年壬申　十一歲。

先生妣吴孺人卒。是歲文靖公奉朱太孺人歸里第。

崇禎六年癸酉　十二歲。

是歲始學文。文靖公開文社於家，先生社作爲張天如溥、張受先采、周仲馭鑣諸先生所賞，一時傳誦。父執陳臥子先生子龍至，折輩行與訂忘年交。

崇禎七年甲戌　十三歲。

先生長姊歸嘉興吴佩遠職方。祖錫。

崇禎八年乙亥　十四歲。

入學爲弟子員。文靖公携以謁大司馬申公，用懋。申公顧謂文靖曰：「此子非常人也。」

崇禎九年丙子　十五歲。

從鄭士敬先生敷教受學，始應鄉試。是時先生泛濫諸子百家，自漢至宋説家者流，無不熟覽。

崇禎十年丁丑　十六歲。

先生祖妣朱孺人卒。文靖命先生從朱以發先生集璜受學。

崇禎十一年戊寅　十七歲。

以發先生携長子致一處士用純來，與先生同塾，少於先生五歲。

崇禎十二年己卯　十八歲。

以發先生授經於家，先生至崑山就學。

崇禎十三年庚辰　十九歲。

長子煴生，後改名孟然。先生仍從朱先生學。是歲文靖公襄校禮闈，得士二十一人。（交）〔文〕靖尤賞萊陽姜垓，曰：「此非常人也。」

崇禎十四年辛巳　二十歲。

仍從朱先生游。

崇禎十五年壬午　二十一歲。

舉於鄉，時三試秋闈矣。房師姜弱蓀先生荃林時知寧國縣。江右人，以卓異例補房山。甲申之變，終隱不仕。朱以發先生贈詩有「夙昔承家學，忠孝天所紀」語。是年文靖公休沐里第。

崇禎十六年癸未　二十二歲。

文靖公擬修族譜，不果。是歲，先生謁房師姜弱蓀先生。

崇禎十七年甲申，二十三歲。

三月京師陷。五月南都建。文靖爲權姦所搆，《明史·徐汧傳》：汧官南都時，安遠侯柳祚昌希馬、阮意，疏攻汧，言：「前者潞藩在京日，汧朝服以謁，有異志。自恃東林巨魁，與復社諸姦張采、華允誠、楊廷樞、顧杲等狼狽相倚。陛下定鼎金陵，彼公然爲《討金陵檄》。所云『中原逐鹿，南國指馬』，是爲何語。乞置汧於理，除廷樞、杲名，立行提訊，其餘黨徒，容臣次第糾彈。」疏出，善類惶懼。楊無補處士補亟走金陵，解其獄。文靖乃歸吴門。事詳先生所撰《楊無補傳》。文靖携先生入萬峰，謁剖石上人，命執弟子禮。歲除，文靖以國變令家人不得賀歲。自是先生嗣守，每度歲一拜先人木主而已。是年先生依吴子佩遠於汾湖。

大清順治二年南都弘光元年。乙酉　二十四歲。

五月南都破，行薙髮令。閏六月十二日，文靖殉國。范石夫《朋舊尺牘跋》：勿齋太史當先帝之變，已義不欲生，避迹虎邱之長蕩，一泓秋水，朝夕徘徊。乙酉六月十二日，有剃髮之令，默無一言。是晚月明如晝，以酒犒諸從，躬倚船舷，對月獨坐，突躍入水中。人不及救。楊處士炤《懷古堂詩選》有《過新塘橋吊徐文靖公詩》，自注：乙酉六月十二日夜，公坐一小船，問夜之早晚，待旦而赴水。曰：「以便收吾尸也。」與范石夫語微異。先生欲從死，文靖不許，乃號泣奉遺命。殮公畢，徒跣變姓名，避地吴江之蘆墟，依吴子佩遠。《朋舊尺牘跋》：昭法匿身松陵，全髮被獲，長立不跪，叩亦不答，主者無如何，乃髠而釋之。是年，陳臥子給諫亦避兵蘆墟，時相往還。先生師節孝先生佐守崑山，七月二日城陷，亦自投東禪寺之後河死之。

是年六月，唐王聿鍵監國於福州。八月，魯王以海監國於紹興。

順治三年丙戌　二十五歲。

文靖既殉國，先生舅氏吴明初先生明初先生名待考。贈以數金，乃得藁葬於金墅。《蘇州府志》：金墅鎮在長洲縣西北五十里。時吊者幾絶。五月，楊無補處士獨攜子炤謁陽山權厝所，哭盡哀。見楊無補先生《懷古堂詩選・夏五月率炤兒哭奠徐勿齋宫詹陽山權厝處詩》。考文靖以閏六月殉國，則此五月當在丙戌，而楊明遠《乞修志諸君於徐文靖公傳附見先處士詩》注言：「乙酉秋，先人奠文靖公於陽山，哭之以詩。」與無補先生題稱「夏五月」不合。而詩中有「空山朱夏肅」語，則詩實作於夏而非秋，明遠自注殆有誤耶。姑繫此事於丙戌，更俟博考。自是先生遂廬於墓。漳浦黄公道周貽書陳公子龍，招先生入閩，陳公亦邀先生參其軍，皆謝不往。先生有致陳給諫及楊解元書，皆言此事。是年春，勒文靖公手迹於石。

是年九月，唐王陷於汀州。

十月，桂王由榔監國肇慶。十月，唐王聿鐭立於廣州，越四十日而陷。

順治四年丁亥　二十六歲。

吴子佩遠依先生於金墅。文靖吴趨里故第，有欲佔爲傳舍者，先生作書與胡其章給諫周鼐論之。

此事雖無年月可考，然在喪中，故姑附記於是年。

是年先生父執陳臥子、楊維斗兩先生前後被執，俱不屈死之。

順治五年戊子　二十七歲。

先生長姊吴碩人卒，即吴子佩遠配也。是年，先生始與南嶽大師弘儲訂交，事以師禮。萬峰重建大法堂，先生爲作碑。

是年吴佩遠仍依先生於金墅。

順治六年己丑　二十八歲。

臘月，朱致一處士徒步至先生山居，楊明遠處士亦至，乃分韻賦詩，先生並爲之序。此墨跡藏南潯蔣氏，序與詩均不載《居易堂集》，附記於此：致一表兄爲吾師以發朱先生長公，結髮同學，心期如一。乙酉之禍，先文靖既沉身於前，先師亦相繼畢節。兩家孤子瀕死流離，隔絕五載。己丑臘月，致一徒步至余山居。余兄弟悲喜不暇，兼招明遠楊子過叙。明遠爲先師、先文靖門人，亦同學同心者，握手痛涕，斗酒相樂，因拈韻賦詩，以寫我憂。嘉會難遇，不無別離之感也。徐枋序。詩曰：「故人生死別，六載同零丁。今日得握手，絮問百事并。欲言不成語，欲泣還無聲。亂離易感傷，況復爲弟兄。坐對無次序，譾言略逢迎。有時擁夜被，寒月空庭生。情語相慰藉，一笑落木榮。笑已終悲歌，霑淚徒縱橫。時事多愴意，非復矜醒清。靈均仍楚官，魯連甘秦坑。胡爲余小子，身重髮膚輕。所以戀微息，猶睎東方明。漫漫既長夜，何自荒鷄鳴。秉燭追古人，中心嘗京京。日夕敢玩愒，該討萬軸傾。多書比傅廸，好古豈老彭。抽書分韻脚，慘淡殊經營。高吟學梁甫，作賦還楚傖。悼亂王仲宣，詠懷阮步兵。努力歲寒期，哀哉君子行。」又案，此卷作者四人。首明遠楊炤，分「情」字；次先生，分「兵」字；次貫時徐柯，分「耕」字；次致一朱用純，分「明」字。三家之作亦附載之。楊詩曰：「落日有餘情，相看老弟兄。閑房眈促坐，殘臘愛新晴。止宿動旬日，譚諧到五更。明朝遵別路，惆悵向嚴城。」徐詩云：「玆夕誠佳會，相逢憂喜并。愴懷情契闊，撫序歲峥嶸。酒渴因良友，詩成愧我兄。欲吟梁甫句，鹵莽怯躬耕。」朱詩曰：「百里徒步至，信宿聚柴荆。艱難五載別，歡愛逾平生。楊子亦來集，天涯多弟兄。從容中契闊，轉覺恨未傾。高燈酌酒醴，譚讌及平明。慷慨盡一致，哀樂有殊聲。坐觀湖山好，連袂陌上行。波光既明净，嶺色復峥嶸。不勝風景感，脉脉愁懷盈。歸來期一寫，短章詎能成。寒風入窗牖，素絃爲我鳴。四望陰雲起，相顧悲零丁。且各置悲歡，聊復歌笑呈。良會豈再遇，同心幸相并。今日不行樂，後期空怦怦。置酒即歧路，寧不傷孤煢。」又案，先生弟貫時與先生中道異趣別居，致不相關，觀此詩，則是年尚式好無尤也。先生集中有與弟貫時書，戒以勿移居苕上，殆在是年以後矣。

是年先生次姊吴碩人來金墅莊居。先生撰《吴文學徐碩人合葬墓誌銘》云「自余二十七歲而母別去」，是則吴碩人之至金墅在順治五年戊子，然吴中吴蔚若侍郎郁生藏先生《致甥吴超士手札》八通，其第一通言：「回計亂後慈氏過金墅莊居，是年正三十。僕年止二十八歲耳。」則與墓誌所述差一年。二者相違，不能定其孰是，疑《墓誌》「二十七歲」之「七」字或是「八」字之譌，姑繫之是年以待考。

順治七年庚寅　二十九歲。

順治八年辛卯　三十歲。

是年春，文靖公墓木幾阸豪奪，少司農申公紹芳及徐禎起文學晟力御之，得無恙。先生作書以謝文學。見《與徐禎起書》及《懷舊篇注》。案，此時文靖尚藁葬，其禮葬之年不可考。據先生《再生記》作於戊戌，有云「先君未曾入土」，又《貧病説》「天道周星，猶遲反壤，先人孤櫬，藁葬兩楹」，則戊戌尚未大葬。又《答友人書》：「俟前歲營葬、買山二事，積逋既完，竟謝筆硯，此吾心也。」又《與馮生書》「昔歲先公營葬，有一通家賻三百金，僕絶不敢沾其豪釐」云云。此書作於壬子，則大葬在戊戌以後，壬子以前，以無年月可繫，附記於此。冬，楊無補訪先生於湖莊。

順治九年壬辰　三十一歲。

春，楊無補處士攜子明遠來草堂，淹留十日，同先生及先生從兄于木、吳子佩遠雨中登長雲峰，賦詩以記之。是年房師姜弱蓀先生書至，索先生文字，作書報之。

順治十年癸巳　三十二歲。

吳子佩遠北游，先生送之靈巖支硎白馬澗，賦詩十一章以贈。二月，姜如須行人垓卒，先生作《哀辭》。如須受知於文靖，居吳五年，四哭文靖之墓，時人歎其風誼。是年梁溪高彙旃先生世泰階除側枯蘭生白花，爲作《蘭白華頌》以記孝感。

順治十一年甲午　三十三歲。

先生外祖母王太夫人九十，伯舅吳明初先生七十，爲文壽之。

順治十二年乙未　三十四歲。

先生自廬墓卒哭後，著《二十一史文彙》及《通鑑記事類聚》，是年告成，作文以告家廟。天界覺浪禪師道盛自金陵來訪，宿於居易堂。覺浪訪先生於金墅，見先生《懷舊篇》，自注作「乙亥」，當是「乙未」之譌，故繫之是年。初與張蒼眉布衣雋訂交，蒼眉爲先生完官逋數十金。

順治十三年丙申　三十五歲。

順治十四年丁酉　三十六歲。

爲長男孟然聘鄭青山處士之洪女，是年將入贅於鄭，作《戒子書》。春，楊無補處士六十，爲文以祝。七月朔，處士卒，遺命以所藏畫本數十百幅以贈先生。先生作《楊無補傳》。先生方外師剖石上人六十，先生爲文並作《鄧尉十景》畫册以壽之。方南明先生夏六十，先生寫竹石以介壽。作《贈業師鄭士敬先生序》。李文中來訪，爲作《芥舟飲酒記》。文中，灌溪侍御模子也。

先生當國變時，家有田六頃，自遯迹金墅，連遭寇劫，加以外侮頻仍、豪强侵奪，鼠雀耗蠹、惡奴盜賣，境遇日益窘迫，馴致衣食恒不繼。自去年冬至是年夏，則日食一飯一糜而已，冬夏止服一苧衣。是歲十一月，祁寒無裩，中寒如瘧，復爲庸醫所誤，至於嘔血，沉疴八十日，絶食者六十日。家族無至者，乃託後事於張蒼眉布衣。布衣爲市藥延醫，如謀其私。

順治十五年戊戌　三十七歲。

正月二十日，鄭三山先生欽諭來視疾，時先生已瀕危，約絮於背，薦薪而寢。三山亟解衣以贈，以藥起之，乃得更生。是時窮益甚，致去歲除夕晡時，家人猶未得午飯。先生作《病中度歲記》及《再生記》誌其事。先生病中猶讀韓、柳、曾、王、三蘇全集及《三國志》、《韓非子》，不遺一字。是年，更有以逋賦陷先生者，於是先生益不得寧居矣。

九月，姜如農給諫埰訪先生於墅區，先生爲題《敬亭荷戈圖》。

順治十六年己亥　三十八歲。

先生避居積翠，依穹窿南宏大師幾閱月。吴子佩遠來同居。朱致一處士來訪問。見柏廬先生《金孝章六十壽序》。是年，覺浪盛禪師示寂於天界寺。

順治十七年庚子　三十九歲。

二月，避地於鄧尉青芝山房。無錫秦大音侍御鏞來訪。先生甥吴商志瀀省親於金陵，作《孤楫渡江圖》，並賦詩送之。朱致一處士母陶太夫人六十，先生爲文以介壽，處士以書報謝。作《吴母徐太夫人八十壽序》。

順治十八年辛丑　四十歲。

弟姪官逋之累未解，議分義田與闔族，有《與闔族書》。並欲隱遯苕霅間，詒書李霜回武部令哲謀卜居，不果。武部吴興人，後以莊氏史案被難。案：先生自記在金墅十五年，則離金墅在前一二年。旋避居天池。據朱致一先生書知在此年。吴子佩遠避難來訪，篝燈對語徹夜。考佩遠至是再遭名捕，先生《吴子墓誌》及全謝山先生《吴職方傳》均不詳其事實。考己亥年海師入江，而吴子己亥、庚子皆在金陵，然則名捕之事必爲通海，蛛絲馬跡隱隱可考。先生《孤楫渡江圖詩序》言吴子在金陵寓迹甚奇，其詞隱約，必爲通海無疑。《張蒼水集》有《送吴佩遠職方南訪行在兼會師鄖陽詩》，題下注「辛丑」。其詩首句云：「何處申包哭，星槎滄海回。」則海師之入確爲職方招之，海師敗遂遭連染，及難解，乃赴鄖陽矣。

是年冬，桂王由榔入緬甸，緬人執送於滇。

康熙元年壬寅　四十一歲。

避迹梁溪常泰山之招提。爲詩弔秦大音侍御。朱致一處士以書慰問。是年，先生有幼子爲保乳所誤致殞，先生不責乳嫗，善遣之。見處士手書及《毋欺録》。

康熙二年癸卯　四十二歲。

夏日避迹秦餘杭山房，依張德仲徵君於東渚，屋止二間半。徵君名我城，明末舉孝廉方正，文靖中表。冬，徵君年七十，先生爲文壽之。靈巖儲公欲爲先生卜築澗上，先生具書遜謝，並託王雙白居士辭於儲公。儲公不可，於是澗上之居乃成，爲屋二十餘間，先生自是不復移徙矣。吴江潘次耕耒以詩請業，遂從游於門，先生作書勉之。是歲，作《主藥神賦》、《報國大律師三代塔銘》。葛瑞五問先生棲止之所，作書答之。

是年魯王薨，明系遂絶。

康熙三年甲辰　四十三歲。

二月八日，靈巖儲公六十，先生作壽序。黄太冲宗羲至靈巖儲公館之天山堂。黄晦木、高旦中、王雙白、鄒文江、文孫符、周子潔及先生皆集。先生與太冲論文愜甚，太冲賦詩以贈。張默全布衣舜臣棄家入山，先生作書與王雙白，乞同志作入山詩贈之。默全約深秋過澗上作十日之飲，以事不果，作畫册詒之。始與支山上人訂交，命子叔然受業於潘次耕，叔然當是先生次子，其名僅一見於《師説》，不知生卒於何年。先生與馮生書言：「一兒年十二，能書畫，見者以爲神童，以饑不得食、病不得藥，以殞。」殆即謂叔然與。張尚書有譽遺先生書，請題秦大音侍御遺墨，先生以書答。又有《與葛瑞五書》。是年冬十二月，先生友堆山禪師米卒。禪師名薛寀，字孟諧，常州人，崇禎間曾守開封，以病歸里，國變後染薙，受衣鉢於南岳大師，去名寀之宀，改名米，居玄墓真如塢，其地有米堆山，因自號「堆山」。先生嘗載酒訪之，見其室中僅《高士傳》一卷而已。至是卒。

康熙四年乙巳　四十四歲。

朱致一處士與先生以性命之學相質論。見《毋欺録》。夏四月，鄭桐庵先生七十，爲文以祝。張默全處士六十，爲作《張公賦》。作《時次其處士墓誌》。

康熙五年丙午　四十五歲。

春，先生次姊吴碩人來山居匝月。案，先生女兄弟四人，長姊適吴佩遠職方，次姊適吴修之文學昌文，他二人皆無可考。

潘次耕以避難變姓名爲吴琦，字開奇。以母吴太君先生甥吴權之從姊。畫象乞題，先生爲作記。五牧劭圓上人六十，爲作壽序。作《法林水觀禪師航公塔銘》。

康熙六年丁未　四十六歲。

先生次姊吳碩人卒。先生撰《吳文學徐碩人合葬墓誌銘》，稱碩人卒年四十八。吳中吳蔚若侍郎藏先生《致甥吳超士尺牘》，有「慈氏四十有五，僕亦四十三」語，則碩人之卒在是年也。子文止生，字之曰觀成。嘉興巢端明孝廉鳴盛國變後不入城市，世所謂「海内三高士」，謂先生與端明及宣城沈眉生徵君壽民也。是年三月來訪先生於澗上，一時傳爲盛事。秋，作《秋林落木圖》以贈靈白法師。

康熙七年戊申　四十七歲。

作《高母馬太夫人七十壽序》、《穹窿擴南宏大師塔銘》、《獅林廣運大師智公塔銘》、《五牧德慶琚和尚塔銘》、《答退翁老和尚書》。

康熙八年己酉　四十八歲。

重九，與朱致一處士游天平。冬，歸元恭處士莊來訪，待雪靈巖，爲畫扇。處士以書謝，裁書答之。作《長姊吳子元配徐碩人墓誌》、《法林庵迴塵浄公道行碑》、《致巢端明孝廉書》、《答退翁老和尚書》。是年孟然三十，詒以畫幅並題詩勖之。潘耒《澗上祠堂記》言先生三子皆先卒。孟然之卒不知在何年。先生《修家譜告廟文》作於六十歲，但列文止名而無孟然，殆卒已久矣。又潘耒《戴南枝傳》稱先生没，僅一嫠婦、一孤孫，則孟然婦鄭亦先亡也。又朱柏廬先生《毋欺録》謂昭法有子爲保乳所誤殞，卒善遣之。是先生有子四人，次耕先生言三子者，殆舍殞於乳哺中者言之。又先生不知幾女，一女適休寧江氏，見先生《告張碩人文》，不知尚有他女否，並附識於此。周玉鳧先生之璵卒。玉鳧嘗約同志爲畫社，以充先生薇蕨之資，先生之歲寒交也。

康熙九年庚戌　四十九歲。

沈貢園奉其先德貞居隱士遺墨示先生，爲書其後。作《桃源圖》，詒甥吳商志。作《朱處士繼配周碩人墓誌》。

康熙十年辛亥　五十歲。

病血痢兩閱月。寧都魏叔子禧來訪，並出所作《致周青士篔書》示先生，乞青士向曹秋岳爲李屺園高士謀繼粟事。先生曰：「秋岳今之貴人，李先生必不食其食，已不能濟，聽其餓死可也。」已而，高士果不食而餓死。作《華公允誠墓誌》、《寶華大律師見月老和尚小影題語》、《答笻公書》。

康熙十一年壬子　五十一歲。

川湖總督蔡毓榮慕先生高節，不敢以金餽，贈名藥值千金，託馮生鶴仙羽以將意。先生以書謝馮生而却之。八月二十七日，先生方外師靈巖儲公圓寂，年六十八，先生作《哀辭》。是年先生聘顧荀若處士授文止學，五月荀若卒於潤上，先生爲之含斂。見朱柏廬先生《祭荀若》文。案，先生業師趙端吾亦曾授孟然學，見《楊無補六十壽序》，不知在何年，姑附記於此。

康熙十二年癸丑　五十二歲。

一病幾殆。秋八月，吳子佩遠將自吳門游中州，更由秦入楚，過山中作別，賦《送遠》詩以贈之。

六月八日，姜如農給諫卒，先生作《謚議》。作畫册贈張蒼眉。是歲，先生友歸元恭處士亦卒。

康熙十三年甲寅　五十三歲。

先生自居澗上，不出户者十餘年矣。是年重九，馮生鶴仙載酒邀先生登高，先生欣然命駕。楊明遠攜其子在及先生子觀成、門人潘耒從。先生作《重九登高記》，並作圖以遺之。十月，張蒼眉布衣卒，作《哀辭》。作《處士胡獻其墓誌》、《宛山劉氏家乘序》、《與吴子佩遠書》。

康熙十四年乙卯　五十四歲。

宣城沈公湛徒步至吴者再，乞作耕巖先生傳。先生許之，作《沈徵君傳》，凡二千六百餘言。

康熙十五年丙辰　五十五歲。

作《楊處士明遠六十壽序》、《病中放歌》。

康熙十六年丁巳　五十六歲。

康熙十七年戊午　五十七歲。

康熙十八年己未　五十八歲。

吴子佩遠卒。先生作《吴子墓誌》。李灌溪侍御模卒，年八十，先生作《哀辭》。

康熙十九年庚申　五十九歲。

先生元配張碩人卒。碩人有淑德。魏叔子以賻至，以書却其金，而請以一言光泉壤，謂：「碩人賢聲著中外，隱節未易，孤撑同心，實難再得。」蓋至是先生懷抱益孤矣。孟秋，從嫂蔡孺人七十，先生爲文以介壽，並以書爲徵序於朱致一處士。

康熙二十年辛酉　六十歲。

文止年十五，先生令開筆課文，遺書朱致一處士，請爲評選先輩制藝授之。前年，先生請處士館澗上，處士以書託先生宗人贍明以謝，自是先生仍以問學爲請。是年擬修《家譜》，二月，爲文告家廟，告張碩人，並作書與闔族。三月，先生六十，朱致一處士爲文壽先生。作《鳳棲李吴氏家乘序》、《鄧尉畫册復還記》。

康熙二十一年壬戌　六十一歲。

初夏，病目六十日，作《目疾後五戒》。又患臂痛，八閲月始愈。是年，姜如農給諫嗣子安節、實節奉給諫遺櫬葬宣城敬亭山之西麓趙子岡，並奉給諫遺齒二十有四歸萊陽城東魚子山忠肅公墓側。先生爲作《齒墓誌銘》，先生此文不見《居易堂集》，今載《敬亭集》末。附録於此，以補集本之缺： 山東萊陽姜貞毅先生成，崇禎辛未進士，筮仕儀真令，以卓異授禮科給事中，建言廷杖，謫戍宣州衛。世變流寓吴門。癸丑歲，年六十七，卒於吴門。治命諄諄，必葬戍所，不復返骨故鄉。先生之心亦可悲矣。先生二子安節、實節謹奉遺命，卜葬宣州之敬亭山，成先志也。初萊陽之變，先生贈公諱瀉里，以諸生嬰城拒守，城陷不屈死。先生臨殁作《易簀歌》，自傷不能從二親之邱隴，言尤惋痛，天下悲之。先生被禍既酷，而家國繼變，萬死餘生，年未六十，齒皆脱落。先生有二十七齒，僅存三齒，落二十四齒。安節、實節平時襲而藏之。既葬宣州，而痛先生之臨歿悲歌思二親之邱隴，於是復奉遺齒歸瘞萊陽贈公之墓側，庶幾先生之心乎。噫，爲可悲矣。先生諱垜，字如農，私謚貞毅。長子安節，移家廬墓宣州，次子實節，仍居吴門。先生之葬敬亭自有誌，此爲齒墓，既忠且孝，是宜銘。銘曰：批鱗不折，折檻不慴。齽齗齟齬，穿齦䶙齾。睢陽之碎，萊陽之脱。浩然先生，惟剛者存。全而歸之，庶幾從親。書《芸齋周先生血疏後》。墨迹署「壬戌九月二日」。

康熙二十二年癸亥　六十二歲。

去歲朱致一處士喪其次子，二月先生遺書唁之。九月朔，處士過澗上，出其先世澤民先生鏡容圖乞題，爲作《鏡容贊》。有《春夏雜感詩》。

康熙二十三年甲子　六十三歲。

作《朱先生集璜傳》，並爲書遺致一處士。處士以書謝。五月朔，《敬書六世祖大中丞公貴人歎後》、賦《懷舊篇》長句千五百言，致一處士爲書其後。是歲，先生自訂《文集序例》，門生潘耒編次，爲《俟齋文集》。

康熙二十四年乙丑　六十四歲。

睢陽湯公斌撫吴，屏徒從微服訪先生者再。先生預走避，留老蒼頭宿門外，扣門不啓。湯公喟然曰：「賢者不可測如是耶。」徘徊久之，乃去。君子兩賢之。是歲，湯公建祠於虎丘，以祀文靖，楊明遠處士炤以詩紀之。

康熙二十五年丙寅　六十五歲。

楊明遠處士七十，製《竹杖銘》以壽之。

康熙二十六年丁卯　六十六歲。

爲朱致一處士作《竹杖銘》，處士以書報謝。

康熙二十七年戊辰　六十七歲。

正月，先生作畫補祝朱致一處士六十，先生嗣子文止亦以詩扇稱祝。

康熙二十八年己巳　六十八歲。

十二月，臨姚雲東《鸜鵒圖》，並書《鸜鵒賦》，書後以遺吴甥榷。

康熙二十九年庚午　六十九歲。

四月，文止卒，年二十四。文止學行過人，嘗賦《感懷詩》，朱致一處士書其後曰：「觀成卓然自命，將不徒爲一世之人，而欲上而千古，下而千古，之中爲賴有夫我者，則又豈文章風雅之所限也，則其學行可知。」又工書畫。先生忍饑食力，每以筆墨酬應爲苦，文止輒相助爲理。見先生《與朱致一先生手札墨迹》，予藏文止山水便面一，署「丙寅清明節」，乃二十歲所作，筆墨頗似先生，但稍平弱耳。近所傳世先生墨蹟每有平弱者，殆均出文止手也。少從楊震伯先生无咎學，其卒也，震伯視醫藥，親含斂，憑棺哭之慟，姜奉世寓節任殯事，先生皆以書謝。其《謝震伯書》謂：「此兒能秉師訓，平時純孝篤行，實有古人所少者，求其一言一動之謬竟不可得，不特鄙人有喪明之悲，意夫子亦有喪予之慟，並欲乞一文，爲此兒不朽計。」《謝姜書》謂「德被存没，感痛欲死，戚友感歎，潘次耕尤頌高誼，至隕泣不止」云云。由是先生傷感致疾。先生《致姜奉世書》不載集中，徐待詔《澗上草堂紀略》據手迹入録，今附録於此。其書曰：「德被存没，誼同高厚。不佞惟有感欲死、痛欲死而已。家人頂戴，實同此情，枉唁戚友，靡不感歎。若華氏昆仲子姪及潘次耕尤稱高誼，至隕泣不止也。則僕之銜結可知矣。僕以孑然衰老，遭此意外慘酷，亦萬無可生之理。昨別後即擬尺素，略申哀感，而無如五内崩裂，哀傷迷眩，不知所出，申紙不能作一字。昨手翰反先之，尤增悚息，然知在惘鑒也。此刻亦欲一札謝震老，然痛迫意竭，只素擱筆，臨楮長慟，不知所云。奉世老世丈真知己古人。五月十一日未刻。期服枋頓首、頓首。」書後又附言：「亡兒過辱謬知，有加無已，前承賜商云云，此自友朋千秋至誼，然僕實有鄙懷癖見，斷所不敢承，此自素蓄積或未甚悖，然當如此千秋高誼，唯應婉辭固謝，豈容如此逕情而談，此真所謂直而無禮矣。此亦垂死之老、哀情眩亂之所致也，惟知己曲宥之可耳。臨楮泥謝不宣。又拜。」此附札不知何指，意文止喪中有厚餽者而誼不可受，作此以謝之耳。至先生以不朽文止者託之易亭先生，行篋無《易亭集》，不知有文字表章之否。《澗上紀略》載易亭悼文止詩云「芳蘭舊挹三春露，玉樹新摧五夜風」，惜載斷句，不及全章。《紀略》又載文止《秋懷》十二章之一《懷姜奉世》云：「把酒登高送落暉，碧空時見彩雲飛。玉輪乍起林巒曉，銀漢斜傾星宿希。二仲別來秋寂寞，五噫歌斷月霏微。聯牀夜雨思姜被，拂拂清風襲我衣。」不知從何書轉録，此詩外尚有他文字流傳與否？

康熙三十年辛未　七十歲。

三月，先生七十生辰，門人潘耒爲文以祝。

康熙三十一年壬申　七十一歲。

康熙三十二年癸酉　七十二歲。

康熙三十三年甲戌　七十三歲。

九月，先生病亟，招其友楊震百至。時遺腹孫甫五歲，先生命出拜，曰：「此亡兒文止所遺藐孤也。兒向辱先生教，不幸早卒，今予且死，念非先生無可託孤者，以此累先生。」二十日巳刻，草《遺屬三則》，付孀媳華氏曰：「一、寡媳孤孫不可移居蕩口，山居不便，入城可也；一、孟然所生逆孽匪類，久已屏絶，不許一入我門；一、自我身後，一應家事無論巨細，俱要仰重楊先生經理，悉聽主裁，自然盡善。吾生平知之深而信之篤，謂在我可託孤寄命者兩人：一爲易亭，一爲次耕。今次耕在遠，不及面屬，然小孫將來自叨卵翼，奚俟面屬哉。至拙集遺文，前已與次耕面言，不必更贅矣。」書畢灑然，未幾遂卒。此《遺屬》末署「甲戌年九月二十日巳刻，秦餘山人俟齋遺屬付寡媳華氏」。臨危之筆，舊藏先生澗上祠中。嘉慶中，吴江徐山民待詔重修澗祠時尚存，不知何時遺失。光緒中，流入京師。老友貴陽陳松山給諫曾見之，後歸立尚書山。庚子都門之亂，尚書家毁於兵，此迹不知尚存人間否。又案，遺屬署「二十日巳刻」，不知卒於何日，諸家失記録。至遺屬言孟然所生逆孽，不知名字，先生何以屏斥至此，諸書亦無記述之者。先生遺腹孫名復官，後亦夭折，不知孟然所生尚有嗣續否。《居易堂集》目録前有孫男垕繕録記。所謂「垕」者，不知即復官抑即孟然所生也。尚待續考。貧無以殮。宋公犖方撫吴，致厚賻，寡媳孤孫以遺命辭。謀葬先生於祖塋，族人阻之，乃謀鬻澗上之居，門生潘耒持不可，願身任葬事。周先生茂藻爲《小啓》募金葬先生父子，乃無應者。山陰戴先生易老而且貧，先生集中無與山人往還文字，潘世璜《須静齋雲烟過眼録》記汪理庵藏《徐文靖書卷》，後有戴南枝贈俟齋先生詩八首，則爲素交可知。慨然爲先生覓墓地，棄絶人事，徒步跋涉，深山窮谷無不至，祁寒暑雨不之卹，黧面繭足不之顧。久乃得地於鄧尉西之真如塢，與文靖陽山墓地邇，從先生志也。顧地價三十金，無所措。潘耒乃先以十金成券，其他募於人，無應者。山人乃慨然賣字以資之。山人工八分書，求者雖出多金不可得，至是榜於門，幅受銀一錢，資稍集。又並旁地買之，所費凡四十餘金，皆出山人十指間也。已而潘耒與義故得葬費七十餘金。既葬，山人復賣字爲之培土、植松柏、伐石立表，又三十餘金，於是先生乃得成葬。越二年，一嫠媳一孤孫饔飧不繼，族人某乃私鬻澗上之居於莊氏之僕金某爲墓地。潘耒聞而憤甚，致書莊氏，謀廢約不可。則集紳耆籲諸宋中丞。又由諸生周敉寧等十人具牒請改宅爲祠。中丞許之。潘耒乃買田歸孤寡，而易宅以爲祠。於是先生之廬廢而復存，即今澗上祠也。澗上之祠建於康熙三十九年，至嘉慶元年吴江翰林院待詔徐達源重建。越十三年戊辰，達源與其弟子趙上舍筠再修之，復增置祠田。道光十九年，徐達源、趙筠又與邑人顧禄重修。二十六年，吴縣丞徐承恩再修之。後燬。同治六年重建。又案，先生祠初無附祀者，自全謝山先生始倡議以南岳儲公及戴山人南枝、吴職方稽田合食。及嘉慶時，從全氏説而增張默全。道光修祠時，議增祀楊易亭、潘次耕兩先生而不果。今祠中附祀者儲公與戴山人而已。予意先生卒後，雖存孤孫，乃不再傳而絶。修祠之徐待詔與先生同姓，非族裔也。以張碩人之淑德，孟然、文止之學行，叔然之早秀，斬焉不祀，能無痛心。故予意先生配食，宜以張碩人及三子爲當。别爲一室以祀先生師友之贊成先生高隱而與先生合德者。儲公存時，先生事以師禮，卒後乃抑之配食，當亦先生所未安。師友之宜祀者若朱節孝、若鄭桐庵、若葉聖野、若靈巖儲公、若張德仲、若吴明初、若周玉凫、若李灌溪、若鄭三山、若楊無補、若穹窿宏公、若申青門、若袁公白、若方南明、若張默全、若張英甫、若徐禎起、若戴南枝、若楊易亭、若楊明遠、若朱致一、若姜如須、若葛瑞五、若王雙白、若吴稽田、若鄭青山、若王玄坦、若姜奉世、若周敉寧、若潘次耕諸先生，可别爲一室，庶爲允洽。二徐、趙、顧後先修葺祠宇，好義可嘉，亦宜從祀於諸先生後。附陳此説以諗來兹。于中丞準撫吴，祠先生於鄉賢。

先生著《通鑑紀事類聚》三百若干卷，《廿一史文彙》若干卷，《讀史稗語》二十餘卷，《讀史雜鈔》六卷，《建元同文録》一卷，《管見》十一篇，今均不傳。傳者《居易堂集》二十卷而已。《居易堂集》刻於潘氏，至嘉慶間板佚。震澤趙筠忽得之故家塵簏中，補刊殘佚，板乃復完。今又久亡。予所藏有「達源讀過」小印，乃山民待詔藏本，異日當謀重刊，以永之。

先生平生遭遇奇窮，觀與時次其書言爲異己者所嫉，不戕之不止，撫事悼心，時爲摧絶語，至今讀之，令人慨喟，然猶是他人下石也。至骨肉之間，亦有難言之痛。《文集·自序》曰：「饑寒之凛慄，風雨之漂摇，世事之詿誤，骨肉之崎嶇，靡所不更，靡所不極。」《再生記》云：「以窮居鄉僻，每事須人，而城中骨肉手足，無一至者。」又《書先六世祖大中丞貴人歎後》曰：「今吾徐氏子孫又何如乎，耰鉏箕帚，德色誶語，鬩墻轢釜，並倨反唇，朱陳厮隸，何云王滿，秦越肥瘠，豈質襜帷。嗚呼，吾門雖衰，猶爲甲族，而所以致此者無他，不自念其何人之孫子，不知其處若何之門第，不自敬其身而自戒懼其心也。」以上所云雖先生不忍顯斥其人，而參以諸家所記及以他事實證之，知所指乃弟貫時也。先生集中有《致二弟貫時書》，言「吾兩人寧居一處而不會面，豈容一刻有異林之感」，則貫時之與先生相見至稀。先生《修家譜告廟文》稱六世孫枋同叔沐、兄枚、兄集、兄棶、兄栻、兄杙、姪炯、姪煇、姪爓、男文止，而無貫時名，知先生修《家譜》貫時亦不贊同也。文靖陽山墓地乃先生傭書、賣畫、典衣、損食僅得告成。據潘次耕《戴山人傳》言先生卒後，族人不許葬祖塋。此時貫時固健在，所謂「族人」者，意即貫時。次耕受業澗上，殆不忍顯斥之以傷先生之心耶。然又謂先師既憖遺孤孫，族黨無相關者，則又昌言之矣。至先生逋賦之難，展轉亡匿，僅得免禍，而據《俟命録》所記，謂非異姓疏屬之所爲，則逋賦事亦貫時獨諉之先生者也。觀先生《與闔族書議剖田分族事》有云：「若使有利則闔族均霑，有害則獨歸之先人之孤、避世之人，此固理之所不出，且亦闔族尊長所斷斷不忍以相貽者也。」其言彌厚，而其迹彌不可掩。嗚呼，貫時於先生爲不弟，於文靖爲不子矣。先生身後，藐孤託於故舊，營葬任之良朋，貫時視同秦越，能無愧於心乎。楊明遠處士《懷古堂集》多載與貫時往還之作，而有《貫時過宿明晨率兒在送至無量寺前始別詩》，有句云：「風雅墜今日，人倫斁此時。」自注「時有所感」，蓋亦隱斥之矣。葉氏廷琯《鷗陂漁話》記道光時重修澗上祠，議以貫時配享。蓋未悉貫時之與先生異趣至於斯極也。他日或尚有附和此説者，故附記於此，以示配享之未有當也。

黄太冲《思舊録》言：先生畫神品。蘇州好事者月爲一會，次第出資以買其畫，以此度日。先生《答周玉鳧吏部書》言：「畫社得藉主盟，便覺增重。」又云：「來月會期，得即下榻，草堂尤荷。」《與古老書》：「畫社周儀部爲之始盟，固是山中雅集，今法門諸大老遂欲把臂入林，義不容辭，竟是此世界中一盛事矣。」《與葛瑞五書》：「十二日有畫集，賓從甚多。」是畫社創於周玉鳧先生，方外諸公亦與焉。每月會集，朋從甚盛，固以謀薇蕨之資，且亦蓮社之雅集矣。先生又有書致朱致一處士，有「兩年以來，承周玉老諸公有畫社，資弟薇蕨。今歲併此謝却」云云，則社事亦僅兩年間耳。彭允初《二林居集》有《俟齋先生手帖跋》云：此與外甥吴超士手帖，後有水樵子會約一通，邀諸朋好釀金就俟齋爲繼粟計而懼傷其廉也，則索徐先生作畫以償之。此殆即玉鳧先生畫社約，惜其文不傳矣。案，先生畫迹傳世者山水爲多，蘭石次之，予藏先生畫鷓鴣。先生致吴超士手札墨蹟言近畫漢壽亭侯象殊妙，有欲請供養者即當應之。彭允初跋先生手帖言：藏先生畫散花天女，則先生亦工人物也。世所罕知，特附識於此。

先生事實，諸家記述每有失實，或誣妄之甚者。先生二十一舉於鄉，《長洲縣志》誤作「十九中崇禎壬午舉人。卒年七十三」。《長志》誤作「卒年七十」。漁洋山人《池北偶談》載：姜吏部垓南渡後流寓吴郡，與徐孝廉枋善，一日行閶門市，姜顧徐曰：「恒温一世之雄，尚有枋頭之敗。」徐應聲曰：「項羽萬人之敵，難逃垓下之誅。」相與抵掌大噱，市人皆驚云云。案，先生平生善諧謔，見朱柏廬《致先生書》中。葉星期撰《先生傳》亦云「美風度，善談笑」，其與吏部諧謔當非虚語。惟如須先生卒於順治十年，乙酉以後，五年居吴。而先生乙酉以後，前二十年不入城市，後二十年不出户庭，寧有抵掌吴市之理？此記事之小失實也。《南疆繹史摭遺》記先生卒後託孤孫於吴稽田。稽田卒於先生六十以前，先生爲誌其墓，寧能有託孤之事？此則疏失之甚矣。《繹史》又稱先生豢一驢，甚馴，能知人意。有所需則以書畫置一簏驢背上，驢乃獨行至城，立城闉間，不闌出一步。市人見之咸謂「高士驢至」。取其卷，如所指備物而納諸簏。此市井無稽之語，乃采以入傳。徐鼒《小腆紀傳》又轉載之，陋已。至陳鼎《留溪外傳》謂「先生子不肖，所行大不道，閉置一室，絶其食死」云云，《外傳》載前賢遺事，虛誕失實十嘗八九，然未有悖理害道、惑世誣賢若此之甚者。臆造口實以厚誣往哲，不知作者是何居心也。此事稍知事理者無不知其誣罔，初不待辨，書之以爲世之不知妄作如陳鼎者戒。

附録卷上　諸家撰記

徐俟齋先生墓誌銘

葉　燮星期

康熙歲甲戌九月，有明孝廉徐俟齋先生以疾卒於天平之山舍，闔郡之人咸驚相告曰：「噫，俟齋先生死矣。」四方之士無論與先生識不識，其知有俟齋先生者亦無不驚且疑曰：「俟齋先生信死乎，其傳者妄耶？信死矣，後死者其孰與於斯矣。」欷歔太息，至有泣下者。先生窮而在下，不求舉世有一人知，而舉世人知而景之者如此，則何也？蓋先生一生以身繫名教者五十年，謂士行之不古，始於不知有其親，而因不知有其身。夫士貴有志，志卑則降，志降則身必辱，身辱矣有不辱其親者乎？猶得爲名教中人乎？先生於舉世頽流之日，毅然以世道人心之責祗身肩之不敢辭。志以屈而伸，身以晦而榮。以視碌碌降且辱者，其相去何如矣。故舉世血氣心知之倫，凡有親而有親所生之身者，於先生之没也不覺憮然失，悄然悲，等於泰山梁木之崩折也，不亦宜乎！

先生姓徐氏，諱枋，字昭法，别號俟齋，蘇之吴縣人也。考諱汧，明戊辰進士，官宫詹學士，謚文靖。先生幼有異質，諸先達賢者見之咸曰不凡。崇禎壬午舉於鄉，年纔二十一。先生以名貴公子，才名甚盛，早年掇科名，人望之如神仙，慮無有不自炫者。先生處之闇然，絶驕矜，去鄙吝，謂人生所重不在此，志所端向已默定於中。乙酉鼎革，文靖公死之。時文靖適家居，先生誓從死。文靖謂先生曰：「我死，不可不死也。自靖自獻，不死即不忠。爾死，非不可不死也，不死非不孝。我死君，固也。爾死親，使爾有子，又將爲親死，則子孫遞死無唯類。有是乎？爾不死，守身繼志，所以成孝兼作忠也。」手揮先生曰：「去！」先生號泣殮公畢，徒跣以遯，裹足荒山中，以死志未遂，於是形存而志等於死。生平戚友俱絶，操作勤苦，非力不食。嘗文靖公葬，故人某贈賻三百金，卻不受。歲祁寒，一女三歲，衣不完，致寒疾十年不瘥。兒年十二，饑不得食，病不得藥以殞。先生歎曰：「人情孰不愛兒女，喪行以殉兒女，不敢以彼易此。」先生既不一見當世士，當世士大夫及官於吴者欲一見先生不可得。川湖大帥蔡聞先生名，不敢以金餽，而致以名藥，值千金，因馮生羽以道意。先生謝不受，遺書馮生略曰：「僕年二十四守先公没世之言，長往避世，今已五十一歲矣。親知故舊都謝往還，絶問遺，顧敢與當世之公侯將相通交際耶？且當世之公侯將相，亦焉用此衰憊之廢民爲也？幸爲我善辭，以安我素，拜賜多矣。」巡撫都御史睢陽湯公重先生，屏徒從，微服至先生門，則先生已避之秦餘山，惟留一老蒼頭宿門外。叩門門不啓，不得入。湯公喟然曰：「賢者不可測如是。」徘徊久之而去。自是四方益重先生，終不得見。

庚午四月，先生子文止卒，得遺腹孫，悲悼憂勞，遂致疾。疾少間，時時事筆墨以餬口，疾益困，遂不起。招其友楊震伯至。時遺腹孫甫五歲，先生命出拜，謂震伯曰：「此亡兒文止所遺藐孤也。兒向辱先生教，不幸早卒，今余且死，念非先生無可託藐孤者，以此累先生。」言已，越五日而卒。年七十三。先生美風度，喜談笑，善屬文，書畫尤稱絶，有購得片紙者以爲寶，例不書款，此志也。所著《俟齋集》數十萬言。嗟夫，世之人皆能言先生之高節矣。然使先生從文靖公死於五十年之前，則父子同盡固烈，而繼志述事之義缺焉。於經事知宜，權事知變，猶未盡善。昔人有「死易，立孤難，我爲其易，君爲其難」之言。惟先生父子死於五十年之前後，文靖之死也，殺生成仁於一朝；先生之死也，守身善道以没齒。竊以先生後死爲尤難，而經權一無餘憾，非天下之大勇，其孰能與於此。嗚呼，至矣！於某年月日，故人某某等共襄先生之葬，於某縣某圖某圩之阡。銘曰：

乾之初九確不拔，節之上六貞苦節。惟確能貞甘且吉，兩世忠孝用作極。聞先生之風者，懦夫立。

徐昭法先生祠堂記

潘耒　次耕

忠孝節義者，天地之常經，名教之極則，舉世莫不欽崇。然常患空懸其名而無人焉以實之，則其德爲虚美，其行爲絶詣，而人紀或幾乎息矣。惟振古豪傑之士爲能巖氣正性，身任綱常之重，蹈屯履險，百折不回以底於完節，若龍、比、夷、齊、臧、札、黄、綺之倫，特垂聲於天壤，蓋古昔猶難之，況今日哉！當明末造，吾吴宫詹徐文靖公獨能捐身殉國，自沉深淵，致命遂志，天下歸忠焉。而公之長子孝廉俟齋先生復能遵公遺志，屏跡荒山，土室樹屋，非其同志，雖通家世好，踵門不得見，與之書亦不答。藜藿不糁，三旬九食，而一切饋遺堅却不受。文章書畫妙天下，時人以重幣購之不肯落一筆。守約固窮，五十年如一日，苦節至行，通於神明。是父是子，同風合轍，忠孝廉節萃於一門，殆造物者不欲使倫常墜地而篤生斯人以維繫之者也，而豈徒哉！

耒少受業於先生。先生家在天平山麓上沙村，没時三子皆已前卒，惸遺寡媳孤孫，謀鬻屋以葬，耒持不可，遂身任葬事，以留故居。既而孤寡徙依族人，族人遂鬻諸富人爲葬地。耒聞之悲憤，商諸郡人之好事者，得諸生周敉寧輩十人，具牒當事，請改屋爲祠。耒與尤悔庵、彭訪濂、馮勉曾諸君言於開府宋公牧仲，宋公素敬先生，立命所司剖斷還屋。然孤寡苦凍餒，耒乃歸田於孤寡，易此屋以建祠，仍迎孤寡居之。好事者復捐貲助爲修葺，於是先生之廬幾廢而復存，有天幸焉。

嗚呼，貞臣義士，域中之正氣。其生也，宜尊禮之。其殁也，宜表揚之。周武式商容之閭；燕昭表王蠋之墓；陳仲舉守豫章，先訪徐孺子；任延尉會稽，首謁延陵季子之祠。蓋欲教民忠孝廉節，必褒崇忠孝廉節之人以風厲之，所貴世實有其人，人實有其德，而不徒託諸空言也。往年湯中丞潛庵爲文靖公立專祠於虎阜，而今宋公復允衆請爲先生置祠，意在斯乎。吾吴邇年士習卑靡，恒苦才華有餘而志節不足，先民不遠，風烈猶存。異時浮胥江，過支硎，望先生之廬而不可即者，今幸登其堂，拜其像，如見其人，可以慨然而興起矣。

又

全祖望紹衣

俟齋先生丁國難，乙酉避地汾湖，已而遷蘆區。丁亥戊子，在金墅。癸巳以後來往靈巖支硎間。己亥，居積翠。及定卜澗上，遂老焉。先生故不入城，及老於澗上，並不入市，長年禁足，惟達官貴人訪之，則避去莫知所之。既卒，門人即以草堂爲祠。澗上居天平之麓，其地平遠清勝，靈巖一帶俱在望中。吾友陸茶塢之水木明瑟園，僅隔一水。予過明瑟，未嘗不肅拜先生之祠。茶塢因屬予爲記。

先生風節之高，其見於諸家志傳，不待予之文而著。而予得一言以蔽之者，以昔人處此，雖陶公尚應拜先生之下風，非過也。今吴下好事賢者方議裒資新此，並買祭田以綿春蘭秋菊之澤，其意甚善，而予竊欲增置栗主合食於先生者得三人焉：其一曰南嶽大師儲公，其一曰山陰戴先生南枝，其一曰嘉善吴先生稽田。蓋先生之得安於澗上也，皆儲之力，其身後則皆南枝之力也。是時以開府湯文正公之賢，欲致一絲一粟於先生且不可，而儲公獨能飲之食之。以漫堂宋公之風雅，致賻襚於先生，其孫以先生遺命不受，而南枝獨能殯之葬之。則二公之爲先生素心也，亦已篤矣。儲公之賢，先生集中之言不一而足，而南枝未有及焉，吾故欲引而齊之，使並食於一堂，亦舊史之例也。乃若稽田，其生平蹤跡，頗與先生相反，而實爲同德，蓋二公故郎舅也。稽田抱劉琨、祖逖之志，而又欲雪其王褒之恥，故終身冥行，不返家園。而先生終身不出庭户，其道交相成也。是以先生之初避地於汾湖，於蘆區以依稽田。及於金墅，則稽田依先生，因共往來靈巖、支硎間，已而又同居於積翠，及定居澗上，稽田每自北來，但過先生而不入其家。先生集中呼「遠公」者，皆稽田也。稽田一生，逐日奔走中原，不得稍洩其志，死葬膠東，以明其蹈海之憤，以白不願首邱之恨，是非大招、廣招之所能致也。而吾以爲先生之祠依然首陽一片浄土，可以歸其魂。使起先生而告之，必以爲然。且由是而知先生之高蹈，非石隱者流也。茶塢曰：「善哉，子之言也。吾當偕同志諸君舉而行之。」爰即詮次其語而題之壁。

重修徐俟齋先生祠堂記

袁　枚子才

長洲徐俟齋先生爲文靖公長子。公盡節前朝，先生隱居不仕，屏跡於天平山麓上沙村。其清風亮節，詳載邑志。又載潘稼堂《祠堂記》中。稼堂受業於先生，相知最深。先生亡後，有地一區，屋九間，其孤出售他姓，稼堂贖歸，即其屋爲祠堂，代爲祭掃。百餘年來，祠漸傾頽，木主在風雨中。黎里徐君山民見而傷之，以葺治爲己任，賦工屬役，整舊爲新，并請於潘氏，將當日所存契券及先生小影、遺屬俱交代焉。

嗚呼，一邑中之有孝子忠臣，猶人一身中之有眉目也。孝子忠臣之有祠廟，猶眉目之有所寄託也。眉目不存則林林而生，總總而羣，瞢昧混沌，迷所趨向；祠廟不存，則所謂眉目者亦歸於無何有之鄉。此國家所以有綽楔之建，扁表之加，樹之風聲，爲世道人心勸也。然而興絶國，舉廢祀，是俟王之所爲；繼志述事，是賢子孫之所爲。山民逢衣淺帶，倜然一詩人耳。雖同姓，又非本支，而能仁心奮發，見義必爲，吾恐不特俟齋先生九原感謝，即稼堂太史聞之，亦必異代論交，引爲知己無疑也。尤奇者，稼堂舉康熙己未鴻詞科爲建祠作記，余舉乾隆丙辰鴻詞科爲修祠作記，兩周花甲，冥冥中若有感通而相牽引者，然則《易》所稱「聲應氣求」，杜少陵所謂「文章有神交」，有道者其信然耶。余故親書此文而爲之歌曰：

宗廇新兮，俎豆陳兮，從此烝嘗，永千春兮。

又爲之歌曰：

孤姿絶狀，人如在兮，我將來游，奠椒漿而一拜兮。

嘉慶元年八月中秋後十日。

重修澗上草堂碑記

洪亮吉稚存

余每詣水木明瑟園，必過澗上草堂禮先生木主，見其窗牖零落，俎豆不虔，輒爲慨歎久之。今歲得徐待詔達源書，與其徒上舍趙筠復先生之祠，并捐田若干以備祭掃。夫待詔於嘉慶建元已重修先生之祠矣。今越十二年，待詔家已中落，復能與其徒爲此義舉。《傳》所云「樂善不倦，見義必爲」者，待詔及上舍皆有焉。今試觀萬物向榮之時，凡培植百果，料量衆卉，人人皆能之矣。又夫歲序欲盡，冰霰載途，山不髡而若髡，水不涸而欲涸，誰復能滋宿莽之草、護松柏之根者？是則趨盛背衰，樂榮惡悴，物物之性盡然，天亦不能使雨露之澤盛於冬時，日月之華偏於枯木，則亦天人之理然也。今二君獨能劬劬於勝國之遺民、國初之耆舊若此，吾知二君處文靖之時，必能爲文靖所欲爲，處俟齋之時，亦必能盡俟齋所欲盡，易地皆然，有不謀而合者矣。吾故樂爲記之，并繫以歌曰：

歲歷耄耋，心忘干支。草堂陰陰，此焉棲遲。青碧障天，紅無一絲。疑有精衛，巢於北枝。先生之生，海水四飛。先生之卒，澂泓一谿。所天既殁，其誰與依。噫吁嘻，鮮民之生，不如死之久兮。

父主東林，明之藎臣；兒居西澗，世之遺民。是父是子，求仁得仁。嗚呼，下爲河岳兮，上爲星辰，夫豈沾沾於澗水之濱。

重建澗上草堂記

孫晉灝

俟齋先生以名父之子不墜門風，居上沙之澗上草堂，飲水而甘，拾橡不給。林泉供其坐歗，城市無其轍跡。介性所至，雖古之高蹈不反者，何以加兹。先生死，膝下僅寡婦一，賴朋友高誼，經紀其身後事，迄今垂百餘年。墳壠荒圮，榛莽塞涂。求所謂草堂者，亦瓦毁垣斷，爲山鬼木魅之棲遲。聞者爲之欷歔，見者爲之墮淚。吾友吴江徐待詔達源，惻焉疚懷，爲補苴破壞，修復舊式。風雨之患除，塵霾之翳闢。堂基之制出，緑堊之施備。擇土人之願者守之，且請于官以要于久而不廢弛。春秋于時芼溪毛奠茉醑，妥往哲之靈焉。待詔之修草堂也，在嘉慶元年丙辰。越十三年戊辰，待詔之徒震澤趙録事筠于草堂之外繚以周垣，復買田若干畝，以所入爲歲時完葺之計，典守之稍食亦給焉。於是前事之廢者興，興者可以不廢，其計深，其慮遠矣。夫待詔敦同姓之誼，加意於勝國之遺民，産僅中人，不惜費以集事，難矣。而録事乃能志待詔之志，繼起而竟其功，尤難之難者也。是知人苟特立獨行，雖身後零落如先生，數世而下猶有高其節而興起者，而世俗嗜利背義，豐資厚餼，以財自雄，視他人緩急隔膜不關于心者，聞待詔與録事之風，亦可少愧已。嘉慶十有四年己巳九月九日。

重修徐俟齋先生祠記

沈維鐈

明遺民長洲徐俟齋先生於國變後隱於天平山之上沙村，所居曰澗上草堂，歿後爲富家所有。門人吴江潘檢討耒贖歸，言諸巡撫商邱宋公犖，改建先生祠。祠後傾圮。嘉慶元年，吴江徐待詔達源重修之，兼置田以奉祭事。十二年，又與其徒趙知事筠增築外垣，規制廓於其舊。是時待詔家已中落，而急於名義如此，迄今四十四年矣。向之所修者又剥落頹毁，而待詔家益貧，乃謀與好義之士共任完葺之事，而屬記於余。

我朝褒䘏前明死節之臣，凡抗顔行拒國命者，皆許其忠而略不忌諱，專謚通謚，照耀史策，所以勵忠節、示臣則也。先生屏居榛莽，不接世事，無拒命之蹟，故轉爲褒揚鉅典所不及。而不屈身以繼父志，忠孝大節實與亡身湛族者同風厲百世，是故專祠之設，亦推衍國家激揚忠義之意，不可廢也。

好義之士，敬遵國典，以時修其祠宇，弗使圮毁，於以昭朝廷褒崇之美，於以見閭里風俗之厚，使過其地者瞻拜祠下，凛然於先賢之志節而勃焉興起，豈不於人心士習大有裨哉。宜待詔之屢爲修治，而不能自已也。余與待詔有舊，其勇於行義也久欽於余心，又以貞臣志士之祠興廢繫於風教，事似緩而實急，故樂爲記之如此。道光十九年歲在屠維大淵獻畢元月。

重修祠堂碑記

朱　綬

徐先生俟齋之殁一百四十餘年，郡人士顧君禄等募金以倡復新其祠，而以南嶽大師及戴、吴兩先生祔經，始於道光十九年八月，越月告成，而徵余言以文其麗牲之碑。

先生祠即居上沙時所謂澗上草堂也。先是先生既殁，寡媳孤孫依其族人以活，鬻草堂爲富家葬地。吴江潘徵君耒具牒當事，贖屋創祠，於是澗上草堂遂爲先生祠。始末詳徵君所爲《祠記》中。嘉慶建元之歲，去創祠時已久，風雨所剥，漸就傾毁。時主祠祀者爲潘君某，徵君裔也。懼先德之弗克紹，舉祠地券約授門下士徐君達源，徐君即於是年一修治之，且置田如干畝，畀守者備灑埽費。然所爲祠僅三楹耳。後十四年，有趙君筠者，徐君弟子也。首輪己資繚垣於門外，於是先生之祠有門、有堂、有齋、有庖湢之所，規制乃具。上沙村者，當靈巖、天平兩山之間，嵐氣鬱蒸，木質易腐，徐、趙二君居吴江之平望，去祠地又較遠，每歲以寒食一拜祠下，守者勤惰不得以時察，故亦屢修而屢壞。夫徐先生丁勝國之季，遭君父之難，抱幼安穿榻之志，嬰王褒攀柏之痛，布衣粗食，終身不入城市，苦節之貞，卓卓爲海内逸民之首，是百世而下聞風興慕必有其人，矧在棲息之地，神爽之所憑，而邦之賢士大夫往來其間徒付之欷歔憑弔，不亦重可哀歟。顧君是舉，徐君發之，趙君贊之。夫以三十年中三事修葺，而始修之人得屬目於其際，不可謂非勝事也。

祔祀之議，倡於鄞縣全庶常祖望有徐先生祠記文，徐、趙二君修祠時當未及見，尤君崧鎮以示顧君。庶常謂：先生餓澗上時，獨大師能食之，於其歿也，南枝能葬之，而其生平蹈海之迹，稽田尤能合之，俎豆之設，惡可少也。獨是庶常之文垂世者且數十年，徐、趙二君又勤於考辨者。徐君輯《澗上草堂紀略》網羅富矣，而終未及此，豈事之舉廢必有其時，亦可見斯人好義之心歷久不變，而數先生之風節所以感之者深也。抑予更有説於此：澗上之祠創始於潘徵君，而徐先生遺屬謂易亭、次耕深知篤信，比於託孤寄命之重，卒能不避嫌怨，與戴山人力保其家，今山人得祔祀，而潘、楊兩先生不得於春秋肸蠁分明水一盂之供，恐非徐先生志也。又考吾郡祠祀，惟文靖公祠列於祀典，而澗上祠未入官祭，此雖不足爲先生輕重，而景行維賢可通禮意，儻亦有心桑梓者所宜熟計也。願以諗後來者，是爲記。

致莊静庵先生書

潘　耒

老先生以厚德清修優遊林下，不預一外事，不通一雜賓，恬素之風，寧静之度，闔郡無不景仰。德輝在近，極切瞻依，恐煩興居，未敢瀆叩。兹有一言，不得不敬陳於左右者：上沙徐俟齋先生，前詹事勿齋公之長子，登壬午賢書，自詹事公殉節後，隱居不出，匿影深山，拾橡茹芝，三旬九食，高風苦節聞於海内，身没之日，四壁蕭然，子嗣早亡，惟一孤孫，今甫九歲，寡媳撫之，居於舊廬，所謂澗上草堂者也。懷賢慕義者，迄今過其門墻，莫不徘徊瞻企想高躅之猶存。兹忽聞有盛使金姓者，圖謀風水，賄徐之族人，欺誑孤寡，買此屋爲葬地。遠近聞之，人人駭歎。侍生輩忝通門故舊之誼，痛憤尤深。以老先生爲其家主，可以禁飭，敢略陳梗概，有大不可者三焉：

自昔名賢屋舍千載不磨，過栗里者必訪靖節之宅，登孤山者必拜和靖之祠。俟齋先生之風節誠足廉頑立懦、興起百世。老屋數椽，先生坐卧於斯，著述於斯，歌哭於斯，爲孤寡者固不當舍而他去，即貧不自存，止可暫典諸人，異日尚可恢復，寧有貪得善價賣作墳山之理。在盛使既有積金，何地不可葬，何山不可買，而必佔高賢之廬以爲埋骨之地，於心安乎？其不可一也。凡交易事例必通知原主，此房正屋，徐得之於某，某又得之於某，旁屋别得之於某，原主現存，舊契現在，並無任從拆卸改造字樣，如有原銀，不能禁其回贖。今一旦賣作墳山，原主豈能無言。孀婦不達事體，孤兒茫無知識，目下朦朧成交，將來必致興訟，徐族借以開銷産價，孤寡所得幾何？在盛使何苦以錢財買葛藤之産，冒惡名而啓訟端，其不可二也。大凡立契必業主出名，雖同胞兄弟於産無分者止可列在居間，不得同爲售主。今聞此屋立契以徐復官同兄伯吹爲賣主，伯吹與復官族屬甚疏，止以山中無所依傍，暫寓其家，何得列名同作賣主，似有剖分産價之意，且復官之母華氏現存，何不云同母華氏而言同兄伯吹，徐族人人可以有言。在盛使亦當訊明此屋果與伯吹有分否，而乃草草立契，於理不順。其不可三也。有此三者，尋常交易尚不妥，而况墳墓？施之於庶姓尚不能，而况世家？在盛使或恃富豪有心强佔，或爲人所誤失於詳慎，俱未可知。敢求老先生正言曉諭，令其知非，速解議，以存名賢之遺蹟，以全孤寡之敝廬，有裨於名教不細。萬一盛使不遵主命，不恤人言，悍然從事，則通國傷心，人神共憤，吴郡雖小，猶有人焉，決不令高節孝廉之居，化爲多金臧獲之墓，必將訴諸當事，鳴鼓而攻。侍生輩夙奉教言，不敢不先聞於左右也。憑穎不勝虔切。

致宋中丞公書　同上

伏維憲臺澤洽南天，仁漸薄海，治生輩近依玉節，日在涵濡覆露之中，莫罄頌揚，徒深依戴。敬有啓者，本郡徐俟齋孝廉隱居求志，樂道安貧，苦節清風著聞海内，素爲憲臺所重。其辭世時，蒙致厚賻，得濟黔婁之貧，氓庶靡不感頌。其居在上沙村，老屋數椽，爲孤孫寡媳棲身之所。今忽有宦僕金姓者，圖佔風水，誘結徐族，買作墳地，孤嫠無知，任其行事，甫立文契，遽謀拆毁。高士之廬將化爲僕隸之墓，輿情駭歎，公論不平。士人好義者謀醵資買屋改作祠堂，而金姓恃强不肯解議，爲此具牒，公籲戟轅。惟憲臺尊賢褒德，即往哲遺蹤久經湮没者，不靳搜訪表章，必不令當今賢士之居一旦爲他人埋骨。懇賜批行查禁，準許改屋爲祠，頒賜顔額，垂諸永久，實亦有裨風教，足爲千載美談。治生輩或誼切通家，或情深師長，用敢代爲申達。事出大公，仰祈垂諒，憑穎不盡虔切。

公議潘徐合同議單

立議單戴南枝徐若臨等，議得澗上草堂乃徐俟齋先生故居，向係寡媳華氏、孤孫復官居住，後因移寓婁門族中徐某家，遂聽某將草堂賣與金姓爲葬地。俟齋門人故舊潘稼堂等以爲不可，而周敉寧等具呈撫憲，請醵資買屋爲祠。批府審斷，着金姓清出房屋，徐某吐還原價。撫憲准詳在案。

今稼堂情願獨成義舉，買屋爲祠，憑衆公估徐處房屋連基地時值銀六十兩，潘處所有吴江縣田一十二畝，亦時值價銀六十兩，以田價抵屋價適足相當，公同立契交易。其屋任從潘處改祠，其田任從徐處管業。但因隔縣不便辦賦收租，公議不論豐荒，潘處每歲交冬米八石，以作孤寡膳米。其房價之外，稼堂復願每歲贈銀八兩，以爲膳金，俟復官成立之日方止。稼堂本意惟在存屋建祠，守祠必須有人，孤寡願居，仍聽孤寡搬回居住，但不得轉租與人。倘孤寡别有遷移，須將裝摺等件點明交割潘處，以便收管。倘徐某與金姓未了葛藤，自應遵憲斷於徐某名下理直，與潘處無干。兩相允協，各無異言，立此合同議單，各執一紙存照。

康熙三十九年七月　日，立合同議單：　戴南枝、徐若臨、華斗初、徐麗正、宋大樵、徐心誠、宋服王、徐古卿。　允議：　潘稼堂、徐復官。

澗上草堂祠屋地址共五畝八分，每年上下兩限條銀三錢八分三釐，漕米三斗九升九合。户名徐祠宋，因宋牧仲中丞所定故也。今改立徐祠堂辦賦。徐達源識。

俟齋徐先生手帖跋

彭紹升允初

俟齋徐先生書瘦硬通神，如傲雪老梅，屈折蕭疏，生意自足。此册乃徐先生與外甥吴超士手帖，吴君之子穆少彙而藏之者也。後附水樵子《會約》一通，邀諸朋好醵金就俟齋爲繼粟計，而懼傷其廉也，則索徐先生作畫以償之。噫，諸君之誼篤矣。徐先生之行亦苦矣。予嘗得徐先生畫，一畫山水，一畫散花天女，俱翛然拔俗。觀《會約》所云，徐先生畫在當日已爲人寶貴如此，君子固多能乎。抑其可愛而傳者，又不獨在區區筆墨閒邪。識者辨之。

徐昭法先生手札跋

陳　鱣仲魚

余頻年寓吴，每慕斯邦往哲流風，而于徐昭法先生之高節尤欽仰焉。今年正月，偕黄蕘圃主事及寒石長老步上沙，拜先生祠，賦詩紀事，歸而得其手書詩幅，一時傳以爲奇事。頃者，吴春生明經復以先生與震老手札九紙裝潢成册，慨然持贈。震老乃楊維斗先生之中子，名无咎，字震百，與先生及崑山朱致一用純稱「吴中三高士」，皆以先人死忠、以名節相砥礪者，詳見張尚瑗所譔《楊易亭傳》。《傳》又稱，徐臨没以孤孫相託，震百不避嫌怨，卒保其家。今觀諸札，知震百嘗在澗上草堂以課其子。蓋先生三子皆先卒，故臨終以孤孫相託，良足慨矣。而中弟六札云「致老篝燈細論」，即指朱致一。又稱「勤中兄及明老」則爲王武勤中、楊炤明遠，皆一時遺老典型，想見南邨節概。而筆札之佳，真不啻珊瑚鉤也。昔全謝山庶常作《澗上先生祠堂記》，云欲增置粟主合食曰南嶽大師儲公，曰山陰戴先生南枝，曰嘉善吴先生稽田。今潤上之祠日就傾圮，安得好事者葺而新之，并增震百、致一兩先生之主，以彰三高士之目，不亦偉歟。因讀是册而發其端，且質吾良友。嘉慶十年十二月既望，識于津逮舫。

徐俟齋先生畫象記

張　鑑秋水

道光乙巳冬，吴郡諸君子修潤上祠堂，吾友王硯農與斯役，歸過余，言近訪得先生舊象，將刻而陷諸壁，願爲之記。因記祠創自潘氏，徐山民、趙静薌重修，皆有授受淵源。今硯農於趙爲舅氏，而潘、徐亦世交，是則諸君子奔走恐後，直皆先生異世之交友也。天下之達道五，君父外，友居其一。先生清操亮節，追逢薛而侣夷齊，皜皜乎尚矣。惟先生友後世者無窮，而生前之友或未盡知也。兹配食祠中者：一吴佩遠爲文靖女夫，出奇計脱徐闇公於海上；一戴南枝則蕺山弟子，賣分書、瞥馬鬣封於青芝，全謝山嘗言之。不知不僅此也，尊而師門則葉聖野、朱節孝、鄭桐庵，而方外退翁不與焉。親而交游則鄭三山、葛瑞玉、楊震百、張蒼眉、萬年少、姜如須、張大圓、李灌溪，而昭代潛庵輩不與焉。皆見余史補，悉數之不能終也。夫下交者道廣如此，則上交者友天下爲未足，而尚論古人。諸君子之自待亦不薄，炙言論於硯山，與仰音暉於潤上，無二致也。東坡有言，有形之物尤不可長，金石之堅俄而變壞，則兹刻將祠賴象歟，象託祠歟？皆不可知，亦聽之後之在朝在野者相與式瞻而已矣。丙午二月。

徐俟齋先生書畫卷跋

吴縣　潘遵祁順之

朱孝定稱俟齋先生志極高而不可及，即文章翰墨繪染之事，皆斷斷然不屑爲古今第二人。先生以海内遺民，窮餓終老，而零縑斷楮，當世珍之若吉光片羽。蓋其高風亮節，興起百世，非徒以文章翰墨繪染之事重也。是卷爲先生壽業師沈匡翁作。案，沈諱明掄，字伯叙，以恩貢中崇禎癸酉副舉。精《春秋》，名著復社，與先生之父文靖公善。乙酉後，授徒自給三十餘年。今讀先生之文，猶可想其風範。而先生之禀承義方，擇師講學，養之有素，於兹益信矣。先生自訂《居易堂文集》載《與業師沈伯叙先生書》，而此文軼之。按，文中稱「金陵某公」者，蓋指蒙叟匡翁曾館其邸中也。復社諸賢當時以聲氣賈禍，先後踵接，若匡翁之窮年矻矻，不入州府，與先生志趣尤有鍼芥之契。宜乎，非先生之文不足以壽匡翁矣。卷中題辛亥春正月爲康熙十年，迄今甲子適三周。先生斷斷然不苟之節溢於楮素，即論文章翰墨繪染之事，亦三絶備焉。嗚呼，斯真不可及矣。

附録卷下 同時往還詩文

徐俟齋表兄六十壽序

朱用純 致一

古今魁奇碩傑之士，其所以行成德立、炳烈百世者，亦由於志之非常而已矣。《書》曰「功崇惟志」，《易·蠱之上九》曰「不事王侯，志可則也」。而《孟子》亦曰「士惟尚志。志高乎一鄉，則爲一鄉之士；高乎一國，則爲一國之士；高乎天下，則爲天下之士。而爲百世師者，能奮志乎百世之上也」。予雖交於天下者寡，而心所服從、以爲志極高而不可及者，唯我俟齋一人。俟齋於經史百家之書、名山之藏，靡不熟讀深思，其上下古今人物皆出乎尋常識辨所不逮，而與之默契於精微之間久矣。目空千古而欲超而上之，故其於君臣父子之倫，出處辭受之節，以至文章翰墨繪染之事，皆斷斷然不屑爲古今第二人。予所見夫志之高者，誠未有如俟齋者也。予獨異時會不齊，蒼蒼之待夫人者，險易亨屯，不知若何爲之宰制於其間？以俟齋不肯少貶其志，即使履順易，涉夷坦，優游乎富貴福澤，未嘗不爲天地間間出偉人，而必處天崩地陁、風駴波翻之日。跡其平生所遭，皆極人世之憂患，天亦若以人世所憂患者，聚而加諸俟齋，使之歷試而後無憾，何哉？蹇險顛阸，從來魁奇碩傑之士所由出也。不處夫甚難安之遇，則不得爲特立之人。不兼處夫古今所未處之遇，則不得爲萬全無遺行之人。由今而後知天下之仰俟齋者，爲名孝廉，爲義士，爲逸民，爲孝子，而不知其所以至於是者，非獨造物鍾英靈之氣，乃其精神閱久而彌焕，如金之在冶，丹之在竈，千鎔百鍊以成之也。

予與俟齋屬在中表，又以先節孝應文靖公請，授經俟齋昆仲。予少俟齋五歲，從學館舍，雖騃無知，蚤受俟齋劘切。已而並罹大故，歌《黍離》，廢《蓼莪》，又竊附於同志。四十年來，俟齋守土室，予亦閉户授徒，雖蹤跡不數數往來，而稠洽之好如親兄弟。今三月二十二日，爲俟齋六十降辰，俟齋之壽殆與元會運世相終始，夫豈百年以内歲月之所能壽，然而情溢於中，有不能已於一言爲壽者。竊以爲知予者莫如俟齋，而知俟齋亦莫若予之深，則不覺其言之切。孔子謂伯夷、叔齊不降其志，不辱其身，夫惟不降其志，爲能不辱其身，苟使世之人有復出吾上者，是即不勝其降屈。而予觀俟齋之志，直若有踰泰岱、垂日月、陵天地而未足爲高者焉。顧其一生建立，皆在蹇險顛阨。造物之數，會有轉移，《復》之朋來，端由於《剥》之碩果，天安知不以窮居不損者，即使之大行不加，而俟齋於豐融夷易之地，復將爲古今天地間不易及之偉人也，而亦以俟齋之志卜之矣。

徐俟齋先生七十壽序

潘　耒

達天德、盡人倫之謂道，忠孝廉節其分見而異名者也，非忠孝廉節則道不行。然世固有忠孝廉節而未能合道者，一時之慷慨，一事之奇特，亦足成名，顧或勉焉而不能安，暫焉而不能久。惟夫從容中道之君子，於是數者，若服食寢處，終身由焉而無時暫離，若夏葛冬裘，隨措之而無所用意，斯卓然曠代之人師，而非奇節獨行之流可同年語矣。當崇禎末，吴徐文靖公以大忠立臣極，其從容就義，實合乎道，視他人之忠有加焉。吾師俟齋先生，爲公長子，早登賢書，遵公之訓，體公之志，遯迹深巖，土室樹屋，與世隔絶，終始一節，不磷不緇。天下稱忠孝者歸焉。賣箬畫蘭，非力不食，藜藿不糁，人莫能强以一錢之餽，守約固窮，四十年如一日，天下稱廉節者歸焉。人之望之，率如天半龍門，不可梯接，以爲是孤高峻厲人也。然此特其迹耳，未足以概先生。先生學醇而德完，外介而中和，坦夷粹白，浩浩然，落落然，清而容物，未嘗以己律人，刻厲之行不存乎躬，矯激之言不出乎口。學識冠世，不輕臧否人物。文章言語妙天下，而寸長一善，奬賞如弗及。行高當世而勤求寡過，譽滿天下而恒恥過情。

自滄桑以來，不乏高隱之士，然或遺榮而未能遺名，避世而未能忘世，於是有振奇吊詭之行，於是有牢愁憤激之辭，輕者以傷生，重者以掇禍，皆不得爲中庸之道。惟先生也，威武不屈，富貴不移，譽言不喜，毁言不懼，世事萬變於前而無所動其心，憂患轗軻、極人世難堪之境而脩然不改其樂，是謂盡倫盡性以身體道者。方諸古人，申屠蟠之明哲，郭林宗之高朗，陶元亮之冲和，殆兼而有之。而世第以謝臯羽、鄭所南之流相比擬，則淺之乎知先生矣。夫仙掌一石，蓮花一峰，非不高也，而自岳視之則不見其高；瞿唐一峽，牛渚一磯，非不奇也，而自大江視之則不見其奇。先生其爲嵩華乎，不爲一峰一石乎，其爲江河乎，不爲一峽一磯乎。

今兹辛未春，先生壽登七十，通門義故多捧觴致詞稱壽。耒不敏，竊以先生爲完節不朽之人，固將與文靖公同炳日星而光史册，以千秋百世爲壽，固不在乎大耋期頤。而大冬嚴雪，天將留不食之果爲生人根蒂，其必使之享大年、臻上壽，亦無煩頌禱者。獨惜世人稱述先生未足窺先生之藴，故就所闚測者質言之，庶今百世而下，知先生爲依乎中庸之君子也。

書徐俟齋懷舊篇後

朱用純致一

昔人以柳州《先友記》多含刺譏爲不自重，蓋其用意有淺焉者，特以是見先人交道通博，非俯仰曩今有所傷感事變而然也。俟齋特節抗行，其處今天下，蓋亦孤矣。顧有得從雲烟寥闃之地與之往還游處，自非同志，其孰幾之，而况師友淵源，尤所不忘於中者，故於死生之際，敘致淋灕，一篇之中，而國難、家憂、人品、物態、倫常、性情、學問，悉可概見。此六經所爲立教，而俟齋特於詩發之。夫豈後世文章家所易幾者。若僅流連篇章，以爲法由腐史，才優少陵，則猶先末後本。《詩》三百篇，固非以篇法、章法而傳之無窮者也。

復徐昭法居士

釋宏儲繼起

蒼眉飯僧上喦，頭兩日，陰雨客少，山堂如太古，蒼眉語語入道，乃相與語，昭法則語語情至。故我嘗言古今無不情之佛菩薩也。蒼眉曰：昭法過月半，文成到山。昭法之文不可得也，山僧何辭。但山僧不自壽，人壽山僧，山僧不受也。昭法知我，祇以我兩人交情成昭法之文，至文也。提着我爲法門、爲師長、爲諸方龍象，不惟夾雜昭法之文，我所不欲也。山僧識廉恥、知痛癢者，倘昭法阿所好，必摘其長而忘其短，不免逢諸方之怒，以累昭法。在今日無廉恥、不識羞者多，故唐宋佛法盛時，唱道者刹竿相望，諸宗師豈盡皆賢，然有畏忌不敢妄作，一有不善言公論屏絶。二三十年來變易祖法，何嘗有一點正知正見。小民不足論，卿大夫亦從風而靡。昭法愛我自領意于言語之表也。珍重。

復徐俟齋書 沈明掄伯敘

久不過澗上草堂矣，經數寒暑，纔得聚首，又以胸次殷憂填委，語多絮聒，殊爲可惜。然書聲琅然薄於林際，筆研窗几皆有古香，亦足使老人形神頓易矣。再阻江村橋，月色來親人，微風到篷，颯颯有秋意。昨讀手札，一字一珠，亦復一字一淚，諸公雖多警策，未有能若是之情理兼至，使之聞之有不蹶然生悔，非人情矣。此關繫老人骨肉，關繫宇宙間天經地義，非尋常文字可比也。前扇如故珠復還，稼老極爲欣躍。十絶正如裴、王贈答，興復不淺。來箑又如羲、獻復出，即當置之襟袖，誇示同人，以爲美談。敬謝敬謝。

與俟齋孝廉書 巢鳴盛端明

自丁未暮春獲奉良晤，倏忽三秋，眷懷彌積，時有緒言欲寄，以乏便鴻，祇有神往。頃八月初旬奉有手翰，知道兄見懷之深、注存之篤也。并悉道履，可勝慰藉。唯我道兄質任堅剛，窮而彌厲，真可謂百世之師矣。弟盛淑其下風，雖埋影孤村，不與知故相接，而時時奉一俟齋以爲師表，聞聲相思，豈必握手相語哉。彼林宗不宿而去，士季一辭而返，皆漢晉之流習，非世外之真契也。道兄何必引此以爲病耶。曩日半晌之晤，誠恨其促，因有他賓在坐，不可以留。然弟私心爲已多者，古人相視而笑，以爲至足，寧尚存乎見少哉？「日月擲人去，晨雞不肯鳴」，此非陶靖節之詩乎？然於斯時，卜居南村，抗言在昔素心晨夕，高卧羲皇，而今也，欲言無和，顧影自悲，舉步萬難，縮地無術，唯有夢寐可慰相思。而積思不舒，沉痾益劇。弟舊年雖了向平之事，明歲履耳順之期，而白首蕭蕭，槁項籬落，去日苦多，夙心終結，亦付之永歎已矣。何如道兄以未衰之年，獲潛養之實，咫步有閑，耳目有屏，外累既遣，内心自静，神宇泰定而學道愈充，門以外截然寘之。尚何觸耳而驚，經心而痛者之有哉？然愛重一身，不唯爲己，戒心慄慄，無時不然，終身之憂，君子所履。其兹日之謂乎？若弟性鄙學荒，離羣多疚，今益年索氣衰，不克自進，祈高明有以迪之，無間於遠近也。望之望之！

答俟齋書

吴祖錫佩遠

累紙手教，盈卷畫圖，珍重開緘，先讀數百言，一字一痛，讀至「形迹雖殊，毫髮無間」二語，則涕淚交迸，如湧泉矣。抱志之士遭值坎壈，最難知者肺腸，最可議者形跡，不逢直諒多聞仁人長者，誰爲恤其隱而鑒其外，横被譏評者多矣。閔凶之子，于淪喪之後，惟此中端明有知我之情，西江宋未有有知我之言。未有謂我于其門人曰：此君涉歷四方，胸有一大題目，横走竪走皆不離此，非他人浮游者所能藉口。端明裹足不出户限者三十年，自頃弟歸，一至近郊，再到吾廬，諄諄懇懇，以天祐不可不答，末路不可不慎爲戒。詞意俱苦，言之不足，繼之以歌詠，然其動色相誡，蓋猶以我爲完人而邀我于遠道也。自非知其肺肝，鑒其形跡，能以十五年之遠一見無猜疑，相對如昨日乎。至於吾兄，則越萬里而形影相隨，更百年而斯須不隔，不特兄之許我毫髮無間，弟亦自信爲毫髮無間，可以無負仁人益友。然日暮途遠，敢不自懼，敢不自勉哉。生綃六幅，初對之驚心眩目，展轉再三，流涕相向，忘其是晝矣。見贈百韻，幸於風日和好得暇書就，俟弟來取，但不知有佳紙否？弟更有進者，吾兩人可圖、可詠，將來似不止於此。吾兄尚當濡筆以俟也。

答徐昭法書

朱用純致一

古人三日不見，輒擬刮目相待，何况五年。弟自問行無所益，學無所得，冒昧而前，慚對良友。若吾兄則德高而懷益退，學大而心益小，足見吾兄省治之功精矣、密矣，其爲進境弘矣、多矣。接見九月朔日書，猶懃懃懇懇，自視愈欿然不足，而謬以弟爲少有所知、委懷下問者，無乃捨秋陽之曜，而資螢爝之末光，忘洪河之流，而浥涓勺之微潤耶。然弟安敢仰負虚懷，不一竭其固陋以報尊旨？今人有以程子主敬之學爲執著而不圓通者，又有以爲未足盡聖人之學者，弟獨以爲敬即天行之健，天一息不健，則四時不行；一端不健，則萬物不生。《易》於乾言健不言敬，於坤言順即言敬。聖人法天之健，故六經、四子皆言敬也。一敬而天下之理得矣，天下之能事畢矣。堯之「允執厥中」敬也，舜禹加之以「惟精惟一」而敬尤著。不敬則雜何繇精，不敬則輟何繇一。自是以後，歷聖羣賢未有外敬以爲學。至於文王而《詩》、《書》所以言其敬者，尤爲曲盡。使非文王實有以積中而著外，安能稱道精微若是。故曰文王我師也。但敬有自然者，有强勉者。「不思而得，不勉而中，從容中道」，自然之敬也。「非禮勿視，非禮勿聽，非禮勿言，非禮勿動」，强勉之敬也。吾輩能于一念之發，一物之應，實下强勉之功，自然漸進有得。以吾兄二十年大節苦行，敬身之道，當今之世孰逾吾兄。而手教猶云「結習既深，根塵難泯，既知之，復蹈之，既悔之，復犯之」，此吾兄之所以既弘且毅，必求至于聖人之域，而吾黨之所以仰望而莫可幾及也。然所云「既知復蹈，既悔復犯」，必有實見其然，而非貌爲是説者，此無他，主敬未密耳。視聽言動或從内出，或從外來，未有不聽命於心者，聽命於心而以吾之神明才力可否行止其間，未有可行而不行，可止而不止，止其所不可止，行其所不可行者也。但此際幾微之辨最宜體勘可否，或出於太虚，或出於偏著，此人心道心之殊誠僞之判，而王霸之所由分也。要之，吾心若能時時警覺，則虚與偏著亦自有不容掩昧者。故《易》曰「齋戒以神明其德」，即或事大理微，學有未及，則參之前言往行，質之友朋議論，亦所以盡敬也。雖事理極明且易，苟平昔此心放倒，臨時安得卓然不亂？故君子有全體之敬，有隨事之敬，隨事之敬即是全體之敬，但於動而爲用，更加之意耳。

竊觀吾兄酬應人倫，微喜諧謔，諧謔雖無損于大節，要非君子之所宜爲。何者？德盛不狎侮也。《書》所云「狎侮君子，罔以盡人心；狎侮小人，罔以盡其力」，猶是爲治天下須得人心人力者言之。若學者之事，則身心之間何處可容狎侮？身狎侮而其職不修，心狎侮而其體不立，所謂德盛不狎侮者，正以狎侮之非有害于人，而有虧于吾德也。孔子曰：「修己以敬。」己非外人物，而爲孤子之己。修亦非外人物，而爲偏寂之修。與人接物而不失其敬，正是持己而不失其敬，故一修己而人安，百姓安。弟嘗謂他人一分可忽，便是自己一分學力未到。此語諒不悖聖賢修己之旨。蓋聖賢實見人之于我，此心同，此理同，吾無可驕於彼，彼無可爲我忽也。夫婦之愚不肖可以與知與能，及其至也，雖聖人亦有所不知不能，夫又可忽乎哉，夫又可忽乎哉！狎侮之心畢竟起於忽人，忽人之心畢竟起於不自修，未見自修之至而猶忽人者也。此「允恭克讓」所以爲堯之德，「温恭允塞」所以爲舜之德也。忽人亦有二故：一則以自矜而忽之；一則以非人而忽之。吾兄檢身若弗及，寧復自矜？然吾而智則易見人之愚，吾而賢則易見人之不肖。吾兄負絶世之識，抗曠古之操，凡至乎前者，智且失其爲智，賢且失其爲賢，而况乎愚不肖，在彼猶自灼見，分量無可遁藏，而况吾兄之超然玄覽于其上？然而以高臨下，君子所戒。所以見人之非亦繇于不能自忘于善，但比傲然自得者爲有間耳。二者皆學道之障害，此須直下斬截，如操銛鋒利鍔更不可犯，乃見學力。

竊觀吾兄之意，又欲先得乎道以爲之主，而後可以言學，此猶狃於參禪學佛者之見。若聖賢之道，則不離乎事事物物，即事事物物而道在，即事事物物而學在，苟欲先得乎道而後言學，則離道與事物而二之，亦析學與道而二之矣。朱子曰人須是「博學、審問、慎思、明辨、篤行」，然後可到簡易地位。若先以簡易存心，便入異端去。惟於事物而見其簡易，故雖應天下之事，接天下之物，而不覺其煩難。若舍事物而求其簡易，則苟應一事，接一物，便覺煩難，不勝紛錯。此弟所以謂禪學與聖學絶不相同，而吾兄亦既驗之而有見者矣。若謂學無把柄，但深探六經、四子之書而把柄在焉。吾兄之所以憂無把柄者，亦坐既知復蹈、旋悔旋犯故耳。則弟所謂聖賢之學，無過一敬者，正乃把柄之所在也。以敬而學，學安得不博；以敬而問，問安得不審；以敬而思，思安得不慎；以敬而辨，辨安得不明；以敬而行，行安得不篤；以敬而與人接物，與人接物安得不盡其道！敬猶長隄巨防，防之密也，滴水不漏，敬之至也，毫髮無尤。故一敬而天下之理得，天下之能事畢，變通鼓舞，盡利盡神，希聖希天之學盡在於是。程子謂敬乃徹上徹下之道者，正以此也。然此亦就弟鄙見云然，未知當否，伏望條其得失，而明以教我。若弟於力行則猶未有得，觸處過端，怨艾藂生，嘗自歎念同志者寡，輔仁無徒。非吾昭法，其誰與歸。

此番入山，見吾兄勇猛精進，壯志無前，不勝慶幸。願吾兄惕之，勉之，又堅持之，即以所自惕勉者，倡我於前；又以所自堅持者，翼我於後。幸後之日相與有成，庶上以仰承先志，下以不虛此生，亦不負吾兩人生而同時、同地、同志、同道，無鹵莽滅裂，半塗自廢而爲異端曲學所笑。以後音問往來，務各言其所得，交勉其所不逮，亦無爲徒相贊許，近於標榜者之所爲。禱祝禱祝，懇切懇切。

又　　同上

表弟用純頓首、頓首，謹復俟齋老表兄尊前。伏蒙高誼，爲先人撰傳見示，兼拜手教，懃懇備至，恭讀迴環，感而繼泣，泣而且愧。嘗論弟子受業於其師，得以行成德立者，雖曰淵源有自，陶鑄有資，亦由天挺人才，其精神志慮，自有以奮興而遠到也。惟其才之偉傑爲與道親，故其於師門之一言、一動、一步、一趨，皆有以得其（指）〔旨〕趣，而受其裁成，古來聖賢所謂見知、聞知皆是道也。不然則雖日遊鄒魯之門墻，日依閩雒之几席，亦何自而知其所以爲孔孟、所以爲程朱也哉？而其所得於師門者，復有以身著之、以言顯之之不同。顔、曾之在孔門，奉無隱之傳，不言之教，神明默成，以馴造道之極致，而不聞頌揚孔子之爲聖何如其至，又何如其大，此所謂以身著之也。而孟子謂智足以知聖者，則皆曰汙不阿私所好，雖有若、子貢、宰我三子之德行，若不逮夫顔、曾，而其善言孔子，則亦未有若是精實至當者。

恭惟老表兄執經先人之日，用純尚在童蒙，顧亦嘗厠處其間，竊見吾俟齋篤信之思固已與諸從遊者有别。維時俟齋科名甚早，志氣甚盛，方謂大其師承者在乎經國家而利民人，不謂先人旋踵尊先公之後，痛從彭咸遺則，而吾俟齋亦遂屏居土室，抑何不幸。然而四十年來，履非常之危遇，歷百折而不回，同於一日，則於師門之所承傳，亦既身著之矣。雖始也入奉趨庭之命，而又出聆函丈之誨，既也内懷偉元攀柏之痛，而又外深端木築室之悲。然自非天挺人才，自以其身維繫千古之綱常，彝倫之名教，亦安能在三之際盡孝盡義若茲也。即不復以其文爲先人揚芳播烈，而後世皆知俟齋徐先生爲節孝朱先生弟子，其於先人爲有光而滋重也多矣。況復舉先人一生綱紀，布列彙而爲傳，則是身著言顯，一人兼之。以先人之名德大節，或不負乎斯文。用純則何幸而邀此榮，蓋自顧不肖，幼聞嚴訓，又得以中表子弟仰覩尊先公大君子之末光，而且蒙先人之澤，與吾俟齋契誼深厚垂五十載，然而悠悠畢生，無所振奮，即比於没溺塵溷者差若有間，然不過朽株枯木同爲腐廢，既不能以行諸身者發揮先人之遺緒，又不能以其言導揚萬一，能無愧歟。若夫銜戢之忱，充溢五内，子瞻謂「多言何足爲謝」。仰祈炤悉，不宣。

又　　同上

竊惟老母六十年中艱難險阻靡不畢嘗，積德累善以迄於今，亦云瘁矣。顧以先君殉節，痛結於中，履茲慶辰，義不受觴，故宗族鄉黨僚友之欲爲吾母壽者，用純兄弟含悽抱疚而不能不懇懇以辭之也。然獨以爲吾母之徽美既若彼，而不欲壽之大義又若此，誠得仰求當世君子叙而記之以垂不朽，是真壽也。既不違吾母不欲壽之意，而又無失用純兄弟願壽之心也。夫君子而可以使人不朽，孰有過我昭法徐子者哉。德義文章度越今古，得一言之與則榮於黼黻而信於世。然而用純兄弟自顧不材，貽辱所生，徒以先人餘庥，得混交於下執事，而實庸疏鄙穢，無足採取。故用純前者叩訪之時，接對之下，數前却於心口之間而卒不發者，誠有所自愧也。

今者仰承吾兄不忘先君之義，言念吾母之德，而略用純兄弟不孝之罪，並憫其不能立身揚親之恥，錫之敘言，以表慈懿，而又申之以圖畫，期於吾母之年喬松比永，如天之福，何以當之，汗慄驚疑，罔知所措。夫當世所欲得徐子之文以顯其親者，何可勝數。然往往匍匐宛轉祈語門下，卒不能得一言，疲乃廢去。今何幸不吝榮施，應心而得，豈用純兄弟所敢覬覦萬一哉。蓋非吾母之德不足致徐子之文，而非徐子之高義亦不能眷惠真篤如此。於是跪而進之吾母。吾母受而讀之，至情切中，不覺淚之交下，而命用純兄弟所以爲覆書者，曰：「爲吾謝徐孝廉。得師教而復大之以重我門墻者，徐孝廉也。而又欲厚幸於我家，以有此贈。然吾所以至今日者，爲諸子也。今又老，不能復教諸子。孝廉其無道我善，以滋吾戚，惟是稱説師教，以善吾諸子，無令不肖其父者，孝廉事也。」用純謹具母命，西向再拜奉覆，臨書感激，不知所謝。

又

同　上

去歲自春及夏，以主家有急足往來白馬鄧尉之間，故弟得時時以數行附達記室，而兄亦時時見報，方謂吾兩人會面雖稀，而音問頻通，則猶非了不相聞者比也。自六七月間，有逋賦一事，此尤賴有往來之信，恨不得朝夕頻繁，而弟僅草一書奉訊，兄亦於王元坦兄來附書報吾。此書在閏月二十六日得見，自後則絶不相通以至歲終。以吾兩人之關切，又當風波駴激之會，即不能一見面相勞苦，乃至曾不得一字之信，兄謂吾之中腸若何安排也。猶幸而兄之心固所謂和如膠漆、堅如金石者耳。不然不容不疑吾意之少疏矣。

爾時傳聞怪異，頃刻變幻，風鶴皆兵，賴元坦兄在吾里，弟倉皇荒忽，惟奔走。瑞五、元坦許相與攢眉搔首、嚼齒頓足，既愁且恨，而計莫能出也。不得已而爲之筮，得《渙》之九二，曰：「渙，奔其機，悔亡。」心因喜兄終必得亡其悔而得所願，然何能已今日之奔乎，又何以使吾兄知之急，爲奉身而遯乎？抑所謂機者又何處所乎？曾欲與瑞五飛棹入山，又欲倩元坦使者持書奉報，特以傳聞未確，恐徒相驚擾，故不果。然此止爲逋賦一事也。若他怪怪奇奇之事，元坦兄來，曾頗悉之，至八月初秋孫兄來，則又悉之。噫，天之置我昭法於此，不知何心？然弟於此有竊怪吾兄者，交與有常情，倫品有定量，凡過情以相與、越量以相從者，其人未有可信者也。以兄之博達宏通，而獨失於此耶？非吾處心之薄，理固然耳。又聞秋孫兄云：昭法屏處僧寮，莫知其處。然則昭法固不謀而協於筮。雖然，其如弟之欲從末由何？弟楊梅之約不果，斷擬中秋奉訪，至中秋而又若此，兄謂吾之安排方寸又若何也。重陽時爾音兄來，亟訪吾兄行止及尊眷所在，而疑似無定語。及十月初，瑞五歸自山居，則云昭法逋賦事已豁然，而其身卒不可得見。復有友人自郡來者，或云吾兄浮沉七十二峰間，或云在堯峰，最後乃聞在天池，又言是尊眷而不得吾兄所在。及冬末，古如上人來，瑞五晤之，始云昭法定在天池。及十二月四日手書至，又不言卜居何處，意者在天池有日，以弟爲必知無疑也耶。

及接是札，正除夕，讀未畢，便不禁涕淚嗚咽。非以久不通問而忽得信，回念風波驫激之時，喜極而繼之以悲也。

蓋札中云「日日至午尚猶枵腹」。嗚呼，誰堪聞此。是日，弟雖瓶罍罄竭，燈火蕭條，猶得濁醪一杯，脱粟一飯，以侍老母。念吾昭法，荒山壁立，不知如何度歲，真欲腸寸寸斷。令嗣之殞，良朋傷痛，聞鄭三山先生已徂謝，此在吾兄又大不堪事，如何如何。札中怪吾不赴約西來，理固當怪，然正不知弟脱奮身而前，兄於何處待弟，弟亦於何處尋兄，一番浪走何益？坐館之人，尤不能不重惜也。今年弟館已易，到館獨遲，燈節前幾與瑞五同鼓櫂，爲風雨阻，今又纔坐，不便即出。弟今亦不敢與兄復約來期，恐進退之際轉增吾兄意緒縈擾，故當突然來前，使吾兄陡然一喜耳。卒爾寫懷，不覺覼縷。

又　附來札　　　　同　上

兩年以來，承周玉老諸公有畫社資弟薇蕨。今歲併此謝却矣。人固自有造物，造物自有定限，總無須營營者。吾兄以爲然否？

許魯齋云「學者治生爲急」，先儒以爲此語病在「急」字，觀此則知治生亦非必害道，但不當著意耳。畫社之却，足見吾兄樂天順運之學。然以弟觀之，世路將來益復艱難，而年歲又必將有奇凶異災，人生固有定分，又況吾輩，而豈有營求分外者，但於義之所無傷，力之所當盡者，則亦不必過爲豁刻自處。蓋畫社之舉，亦友朋之所以交盡其誼，原非吾兄有意營求，事既出於同方合志之友，則亦吾兄義之可受，又況以畫相酬，則又不徒受之而亦有先儒治生之意焉。大約有意營求固非道，過於豁刻亦非道。養其身以有用則饔粥，豈特爲口腹之奉，吾兄必有以處此矣。率復，不盡委曲。

又

同　上

一行造訪，動隔經年，向以爲恨事，至於今又不僅經年而已。此雖出於時會之多阻，而亦自怪其身之何乃不自由耶。弟窮愁潦倒莫甚，客冬至於歲除，則昏昏儚儚度此數日。而昏昏儚儚之中獨耿耿不忘者，則惟吾兄之近況未諳若何，恨不得縮地之術便置身在左右，既悉兄之履遇，復披寫吾胸中沉悶。大約人所處之最不堪者，事不容不與命相從，身不容不與心相背耳，而弟實坐此。獻歲一二日間，猶不能稍自遣。比者乃有甚快意者，老母去秋病甚，冬初稍健，而冬杪乃復疲極，新正來頓覺進境勝前，向苦不克强飯，今加餐矣；向苦不違牀席，今能起坐立矣。真新年之介福。其他愁悶不覺盡且退聽，而體爲之輕。又復正接吾兄手書，不必面悉近境，但讀手書一過，便覺意氣暢適，真是脱然無累。弟且不顧書中所云兩年攢眉拊膺之苦，但就近時所可手額稱慶之喜，則益爲之體輕。此人倫中之真境至情，弟固喜兄之喜，亦惟兄能喜弟之喜耳。情多阻隘，更詳他幅，不具。

又

同　上

上壽之儀，深愧輶褻顧，溷擾山齋，窮晝申旦者累日，極抱不安，如何如何。承許尚有大文惠教，祗以睽别既久，衷曲填委，未免貪共談悉，竟不及讀，此則歸後所爲悵然者耳。令似英穎絶人而温醇不露，非常之器，實所罕見。前在高齋，欲以一言相益，竊念弟所欲言皆令似所能，故不復少效。然畢竟有區區鄙忱者，自昔聖賢微言大義，如令似之異禀，固當一見領會，但講論之功終不可少，以資禀之高而更講究，則領悟益復淵通。弟極淺固，竊於四子之書微有所窺，託在至契，不敢故匿，又念就學往教均有甚難，前已面悉，如何如何。惟有往來方寸耳。姜奉世兄倘有便羽，乞爲致懷。再一訂八月會晤之約如何？

與俟齋書

吴嘉楨 源長

尊公浩然之氣千古長存。大兄純孝，高遯林泉，堅守先人之志，士林莫不誦之。但空山不可久居，鄉村多盜，剽掠之患其小者也。近來匿影山阿者多不測之禍，維斗、臥子、公旦、彦林無辜慘戮，大可畏也。況妬賢之人此間不少，不以忠節仰慕，轉以立異萋菲，每聞其言，不勝浩嘆，倘有讒毁，做成機穽，誰能挽回？深爲大兄慮之。今日之計，速速進城與二哥同居，兄弟相依，和光混俗，可以處亂，可以避禍，守身之道不得不然，萬勿固執，遺事後之悔。恃在世交，敢效狂直，祈大兄俯聽。望之，望之！尊公大事及時早襄，世界紛紛，烽火可慮，并祈留意焉。

與徐昭法書

魏 禧 凝叔

五年前獲交兩日，公知足下高風峻節，爲古人所難能。弟嘗語人云：「武林汪魏美飛鴻千仞，吴門徐昭法寒冰百尺，人不可得而近，况得而狎玩之乎。」頃游武林，與魏美爲昆弟交，來吴門不見昭法，誠大恨也。二兄高致如一人，而足下苦節之貞尤不可及。新建有楊友石者，非義不食，疾惡人如仇，弟每辟爲今之伯夷。南康宋未有，一介不苟，而舂容樂易與物無忤。諸君子皆古高士，然廉頑立懦，聞風興起，則必以徐、楊爲先聲矣。弟久懷靈巖老人能爲天地留正氣，耑趨方丈，亦冀得(兄)「見」君子。會聞外事，又復遠舉。悵望太湖，鬱如滓渤，相見當有日也。

與徐俟齋先生書

王之晋　蘇松兵備道

待罪名邦，託居仙圃。敬仰先賢大節，遥挹主人高風。儗直造墓廬，一申瞻企。自愧塵鞅碌碌，遂致策之不前。兹者投劾以去，又復剌促遄歸，晤對光儀竟成欠事矣。惟是久託萬間之芘，而未獻一芹，慚悚盈襟，無可自逭。聊具戔戔，少展寸忱，非敢云賃廡之資也，統惟笑茹爲荷。偶有鶴一只欲將去，不知肯相隨否？如其不羈，或當留爲山池之玩也。臨啓不盡瞻依。

與徐俟齋先生書

汪爚南　吴縣知縣

台兄以高華之哲，發瓊英之門，弟聞風相思，實於徐子，夙繫聲情，既復從牛鶴老得悉台臺素履，意氣干雲，風雅應世，不減當年。南州高士，未及握手，殊云耿悒。因念十餘年前，弟雞窗風雨，惟尊翁先生琅篇是佩，誼猶私淑，安在今日不可以通家誼效懃懇也。時奉功令，爲諸上公車者勸駕，知台臺痛情《蓼莪》，無心應制，但例當具呈本縣，申詳藩司，以便彙報儀部。不則恐當事者不察，概以引避相繩，未免觸忌，有累明哲耳。祈台兄速裁之。專此以聞。按臺盧大人景仰之切，已託田寅翁專致，不盡欲言。

與徐俟齋先生書　田本沛長洲縣知縣

恭惟老先生鴻飛冥冥，天際人也。弟心切識荆，而風塵面目，愧不堪登碩人門，謹此修候興居，以誌懿德之好。昨面按臺盧大人，對弟輩極道老先生之高，心切儀之。老先生何吝一見，定有爲台臺處之最當者也。俗冗中不盡欲陳，尚容匍匐晋謁。

夏五月率兒炤哭奠徐勿齋宫詹陽山權厝處　楊補無補

震蕩驚離亂，蹉跎愧此來。空山朱夏肅，深樹野禽哀。奇骨留埋玉，丹心詎死灰。蘋蘩不成薦，落日悵徘徊。

大節貞臣義，悲辛豈在予。不禁知己淚，忽已濕襟裾。懷舊轉多憾，思君彌有餘。慚非謝皐羽，吊鳳敢辭虚。

同徐昭法登陽山箭闕　同上

嫋嫋天風吹我衣，千巖丹碧麗朝暉。石棱中斷開雙闕，山勢支分見四飛。陽山一名四飛。煙際五湖洲嶼疊，秋深南國塞鴻歸。干戈白髮登臨在，猶幸名山志未違。

觀雲海歌陽山頂晨起同昭法　　同　上

中宵雨歇開朝光，冉冉白雲生下方。千巖萬壑盡滅没，銀海平鋪一混茫。山南矗矗無數峰，但見出水青芙蓉。靈巖塔細蓮子小，蓮子峰名。九龍斷續疑穹窿。何如瀛洲汎瑶島，方壺員嶠洪濤中。羲和揮鞭日馭發，光景變幻殺青紅。徐子咄咄歎希有，山僧亦曰經年偶。天都峰頂我曾逢，十五年來今夢否？

辛卯冬過徐昭法湖莊　　同　上

細雨霑舟楫，西風落雁鴻。敢辭江路遠，所樂故人同。門傍晚湖白，村連霜樹紅。深杯接燈火，語緒不知終。

同昭法復過令姪舜英山齋　　同　上

山徑鐘聲裏，煙村黄葉邊。鷄豚收夕照，秔稻穫湖田。襆被重留宿，霜蟾共醉眠。南州風義重，數過豈徒肰。

壬辰春同徐昭法吴佩遠徐于木暨兒炤雨中登長雲峰　　同　上

細雨侵寒食，穠花引杖藜。敢辭衣帶濕，愁爲嶺雲迷。信宿禪床舊，重來好客齊。名山謝衰疾，尚賴故人携。

徐昭法山居　　顧夢游與治

未免塵中去，其如惜別真。得朋能愈疾，留客不知貧。天地存諸子，蒹葭老此人。相逢惟痛飲，往事莫沾巾。

山中喜遇徐昭法共飲　　陳瑚言夏

一夜寒香萬樹開，相逢花下且銜盃。窮途兄弟難成醉，故國烽烟易入哀。雪滿山中蘇武窖，雲横江上謝翺臺。寸心不盡斜陽晚，濕遍青衫首重回。

同晦木高旦中王雙白鄒文江文孫符周子潔徐昭法集靈巖寺　　黄宗羲太冲

艷説古吴名勝地，松風五月隔兵塵。應憐此日軍持下，同是前朝黨錮人。霜雪蒙頭羞佛火，與亡昨夢到蟣臣。狂言世路難收拾，不道吾師狂絶倫。

與徐昭法　　同上

人傳徐昭法，可聞不可見。我今上靈巖，鐘鼓集法眷。相看盡陳人，不參以時彦。徐子最後來，布袍巾幅絹。儲公覽拙文，珍重壓端硯。徐子翻讀之，喟然而稱善。謂是震川後，叙事無人薦。虞山加粉澤，可謂不善變。落此一瓣香，百年如覿面。出其論文書，并與他著撰。體裁既整齊，字句亦工鍊。夜坐天山堂，諸家評略遍。人言子寡言，子言如竹筧。乃知世知子，猶爲子之羨。

徐昭法山居　任大任鈞衡

漠漠重陰合，荒荒野日殘。亂山尊酒夜，細雨草堂寒。華髮風前短，離懷醉後寬。五湖歸去好，款款話漁竿。

過新塘橋弔徐文靖公　楊炤明遠

每向新塘涕淚垂，捐軀猶想放船時。乙酉六月十二日夜，公坐一小船問夜之早晚，待旦而赴水，曰以便收吾尸也。招魂江漢誰投賦，止水園林空鑒池。公絶命詞有云：江萬里吾師也，特余不入城，雖有園林止水，不得不死於路耳。萬古綱常堅自任，一生名節信無虧。公將畢節時，每沉吟曰：三百年之綱常，一生之名節。表忠旌義何年事，此日流芳憑口碑。

寄徐昭法　同上

卜宅聞君在上沙，共言此地最清嘉。山田秋斂家藏米，園户春深人采茶。杯蟻緑時浮竹葉，樹雞黄處落松花。逃名鹿豕爲羣久，過客休題高士家。

徐昭法招遊堯峰留其居易堂旬日始得入山七昔　同上

經秋坐愁城，何處豁心胸。扁舟湖上至，要我登堯峰。堯峰昔共登，佳遊不厭重。踴躍飽朝餐，挂席乘長風。今年十月半，天煖氣融融。林野無驚飆，巖壑餘秋容。及此晴光好，猶能看丹楓。郊闢遇吴子，來自古醉李。經年未得面，邂逅心歡喜。握手野田中，欣然告所以。吴子爲我言，願言少相俟。三日以爲期，來共遊山水。過期斷來信，風雨中宵起。相對色惆悵，丹楓其落矣。十日淹草堂，主人不解衣。夜夜秉高燭，深坐談霏霏。薄醉步中庭，月白霜鴻飛。振翮雖冥冥，矰繳正不稀。莫矜毛羽高，慎旃免危機。

今朝佩遠來，踴躍向山路。登眺亦等閑，艱阻何多故。交辦勇猛心，佳遊卒相赴。取道歷鄧尉，瞑色宿玄墓。明發度西堰，蒼茫蔽煙霧。淅淅枯葦鳴，平沙集鷗鷺。透迆數十里，舟人復錯誤。及抵堯峰寺，丹厓已日暮。

山僧舊相識，入室情依然。還下向時榻，風雨何喧闐。午夜聞寒鐘，惝怳夢覺閑。曉來雨聲歇，涇雲猶滿山。竹杖從僧乞，扶持入層巔。浩浩望太湖，中有萬斛船。瞬息去百里，風檣飛接天。

亂石從横起，嵯峨入天半。何人作此奇，層壘勢汗漫。意者是隕星，歷歷積無算。不然從地出，如何脉絡斷。風來争欲落，卻立不敢玩。蟄龍亦徙宅，石洞留巖畔。下有龍洞。

巖壑既擅奇，僧舍亦清穆。相留可判年，告歸每局促。陰霾日月昏，盗賊滿川陸。此地藹桑麻，居然淳樸俗。安得置半畝，深松結茅屋。

人日懷昭法兼寄貫時　　同　上

去年人日往上沙，草堂酌酒看梅花。老年兄弟忽聚首，新春之樂樂無涯。自兹一别俄經歲，此時此日孤房睡。以足瘍故卧。小徐不見出城來，大徐亦少緘書至。可憐人日不逢人，寂寞書堂形影親。彩縷人勝賜何日，惆悵三人鬢似銀。

九日同徐俟齋登高照山兒在與觀成侍　同上

久未共良友，把酒娱令節。今日同登高，步步生歡悦。青山出門是，晴空復皎潔。石上苔蘚碧，草閑花可折。吾老攜班杖，俟齋有不屑。及乎履徑險，兒扶尚愁絶。從我借笻枝，筋力誰優劣。老人匡背坐，仰面看岪嵲。後生陟其顛，超騰亘勇決。衰遲百爲阻，努力趁氣血。蹣跚下山立，老樹鬱盤結。云是太師墳，范文正公祖墓。徘徊仰前哲。登高古所尚，姓字疇不滅。孟嘉王子安，風流人誦説。雕蟲何足誇，勉旃學人傑。

貽徐孝廉枋　徐　晟禎起

我嘗慕貞隱，獨師陶徵君。尋菊日夕佳，羲皇爲我春。當其詠荆軻，志意非常倫。乃知天下士，鋒穎藏其身。寥寥數百載，南州嗣清塵。述史鄙孟堅，間問賤子雲。明哲匪不懷，筆削垂絲綸。采芝西山下，學釣東渚濱。晞髮痛飲酒，吾願隨斯人。

寄贈徐孝廉俟齋　吴江沈永馨建芳

孺子崇勁節，躡跡柴桑後。隱兹鄧尉麓，繞屋山水秀。土肥蕨可採，泉甘齒可漱。澹然世外情，結念但故舊。高標聳逸峰，令名馳宇宙。緬懷丘壑間，松風響清晝。

鄧尉山遇徐昭法即别愴然有懷　　韓純玉蓮廬

吳趨間隔三百里，離亂相兼十二年。此日弟兄仍一面，曩時師友半重泉。同依慧日爲禪侶，忽遣樵風送客還。無限斷魂收不盡，長松習習寺門前。

玄墓山遇明孝廉徐昭法即别愴然有懷　　同上

邂逅逢君淚滿襟，殷勤重訴歲寒心。還元閣上秋風急，尹樹堂前暮色侵。初服不隨滄海變，高情嘗與白雲深。暫時把臂還成別，欲訪幽期何處尋。尹樹堂，勿齋先生讀書處。

懷吳中徐昭法次其韻　　李鄴嗣杲堂

吳中有高士，遺世獨幽居。風日臨蒿逕，山川集草廬。樹頭柏實老，谷口杖痕疏。欲寄相思字，三江未渡魚。

尚許能乘興，還開雪下舟。短衣過舊址，釃酒上神邱。垂老懸雙涕，將衰滿百愁。冰霜君共我，何事失相求。

墅區訪徐孝廉昭法時已移家去　　姜埰如農

林塘幽窅草漫漫，勢轉湖天萬木寒。滿地烟蘿春欲住，霎時風雨歲將闌。沙團鴻雁風初冷，花著枇杷雪乍乾。聞道緑蓑雙槳去，不知何處一枝安。

寄徐昭法二首　朱鶴齡長孺

一別精廬歲月徂，比來曾有宿春無。身窮溝壑能逃忌，隱託文章不厭孤。春院繁華傷錦繡，秋風落葉感菰蒲。稻粱那得縻黄鵠，莫怪長饑化白鳧。

山館凄清五夜鐘，知君鉛槧興難慵。松龕火出書帷細，草逕烟封筆格濃。可爲問奇量酒户，惟因讀史發辭鋒。相思彷彿林梢月，惆悵雲巒隔萬重。

訪徐昭法山中　周映康豐玉

跡同元亮隱東籬，路訪金閶西更西。山繞一村蓬徑曲，樹封四帀蓽門低。尚能嘔血成朱鳳，那肯忘情逐木雞。談到更深新月上，隔林不斷夜烏啼。

吴佩遠徐昭法晚過　包捷鷟箋

野岸黄泥路，繁花二月天。有來客不速，休使榻常懸。秉燭愁仙鼠，披衣拜杜鵑。人生寧再少，莫負酒如泉。

過澗上書屋　余弘道曾唯

精衛俯幽磵，盡日聞泉聲。夜中山雨過，枕上秋濤生。坐來始一聽，頓覺心神清。觴咏懽相持，悠然遺世情。愧我謀生拙，五載塵滿纓。歎息重惜别，月印前溪明。

寄徐俟齋孝廉　釋大燈同岑

廿年知避世，清望重夷齊。采藥空山頂，高歌大澤西。月明蘆荻冷，花發杜鵑啼。早晚扁舟至，孤峰共爾棲。

憶先師每深秋過澗上，輒命竹輿曉至堯封，促潛同行，從靈巖後山路折入。先師棄潛兄弟，此事長絶。甲寅冬至前一日泣而筆記，他日寄昭法讀之共愴然也　釋南潛

後山秋訪路，紅樹兩輿行。入户舊峰對，坐深寒靄生。逸事此堪畫，孤懷聽世評。人間徐孺子，隔地一呑聲。

晤昭法，會昭法生日，昭法以爲相見一奇　同上

（潤）〔澗〕上閉雙扉，靈巖青在眼。吾不來七年，樵道登如棧。入門問憂患，往返覆書柬。一聲呼先師，淚下不可綰。人間忽師法，雲烟蕩無限。以君金石心，一令浮薄赧。吴中諸高賢，凋落去如鏟。如翻舊本書，一板復一板。君言此故爾，板去尤苦揀。揀去必至要，崩崖定誰捍。紅葵射白髮，湯餅花爲饌。飯畢始語我，快事聊一莞。今日會生辰，相逢同茗盞。盤中備星祝，移供非以簡。昭法皈先師，自稱幅巾弟子。

題昭法畫石　同上

箬盧圖上遭鈍置，畫我支笻看冷雲。個是渠儂親寫照，碧嶙峋繡古苔文。

雪後上堯封頂作澗上畫評　同上

雲山料簡到荒古，如點韋郎五字詩。淡而雋得味外味，積雪來看應倍宜。

比於閣帖書逸品，灑落王濛神似之。老木寒沙是何許，孤游欲赴山樵期。

寄俟齋孝廉　徐　釚電發

入春曾買剡溪櫂，別後還聞更卜居。栗里柴車今在否，南州高榻定何如？疏簾不隔朝雲入，斷嶺低看落照餘。準擬秋風叢桂發，扁舟重問孝廉廬。

柬俟齋孝廉　同　上

峨峨山上松，粼粼水中石。石用礪齒牙，松以比勁節。崔嵬大樵巔，蒼翠如欲滴。大樵，山名，俟齋隱居處。中有仙人居，仿佛餐霞客。有時發清嘯，石破山亦劃。偶然點豪素，烟雨生四壁。曠覽有餘情，蒼崖貼天日。躡屩企高蹤，褰衣欲相即。無奈塵垢牽，營營寡所適。因憶去年冬，皓月當中夕。飲我坐山齋，落葉紛蕭瑟。茲情詎可量，離憂至今積。

靈巖值徐昭法孝廉子、解衣贈之、口占一絶　魏　禧

凍死不穿趙氏衣，尊公嚴冷久相知。過庭他日如相問，只道斯人住翠微。昭法非義不食，非其人不食，常絶糧，有饋米數石至門下者，峻却之。

九日侍澗上先生登照山作

潘耒

木落潭影空，秋山净當牖。蠟屐復囊萸，相將作重九。眷言懷吾師，衰遲多病後。索莫對黄花，可無一尊酒。挈榼遠相存，偕我同門友。一笑慰老懷，百愁埽如帚。看碑金薤披，展畫烟雲走。雅詠間清言，觴行無停手。忽然念登高，發興未曾有。扶輿弟子職，逶迤陟岡阜。羅坐得平坡，臨眺日未酉。歸雲羃遥山，川原劃而剖。皓月生東溟，垂垂可攬取。樂飲欲忘歸，洗盞盡數斗。戲馬與龍山，得有此樂否？吾師土室卧，禁足廿年久。乘輿聊一出，異事詫童叟。吾曹所欣幸，靈光餘一叟。意氣老不衰，可卜期頤壽。謝傅光東山，羊公名峴首。兹山雖一丘，佳名當不朽。年年捧杖來，心期庶無負。

整理後記

《羅振玉學術論著集》第八集以補史、考史爲内容，計十四種：

補宋書宗室世系表　一卷
補唐書張義潮傳　一卷
高昌麴氏年表　一卷
瓜沙曹氏年表　一卷
魏書宗室傳注　十二卷
魏宗室世系表　一卷
魏書宗室傳注校補　一卷
五史校議　五卷
新唐書宰相世系表補正　二卷
三國志證聞校勘記　一卷

唐折衝府考補　一卷
唐折衝府考拾遺　一卷
萬年少先生年譜　一卷　附録一卷
徐俟齋先生年譜　一卷　附録二卷

其中前四種屬補史，第五至七種係據傳世墓誌作史注，亦屬於補史一類，八、九、十、十一、十二則爲前人書作校、補，十三、十四則年譜，故列爲一集。點校之役，同仁分工：一、九、十、八出王同策手，二、三、四、十三、十四出張中澍手，五、六、七出張中澍、管成學手，八出陳維禮手，十一、十二出黄中業手。每種成，皆由我覆審最後定稿。惟病中昏瞀，恐仍多譌誤，敬希博雅君子惠予訂正。

一九八六年三月羅繼祖識于長春吉林大學古籍研究所